김유정 문학의 재조명

김유정 문학의 재조명

2008년 11월 25일 1판 1쇄 인쇄
2008년 11월 30일 1판 1쇄 발행

엮은이 _ 김유정문학촌
펴낸이 _ 박성모
펴낸곳 _ 소명출판
등록 _ 제13-522호
주소 _ 137-878 서울시 서초구 서초동 1621-18 (란빌딩 1층)
대표전화 _ (02) 585-7840
팩시밀리 _ (02) 585-7848

somyong@korea.com | www.somyong.co.kr

값 17,000원
ISBN 978-89-5626-349-6 93810

김유정 문학의 재조명

Re-viewing the Literature of Kim You Jeong

김유정문학촌 편

소명출판

::서문

김유정 소설만큼 다양한 해석이 가능한 소설도 없을 것이다. 심지어는 정반대의 해석이 내려진 경우도 있다.

김유정 소설에 나타난 부부의 생존 방식은 한국의 전통적 가부장제의 건재로 읽히기도 하고, 그것의 해체로 읽히기도 한다. 김유정 소설에 묘사되어 있는 토속성 짙고 궁핍한 강원도의 농촌은 우리 민족의 원초적 고향으로 해석되기도 하고, 황폐한 식민지 현실로 해석되기도 한다. 김유정 소설의 결말 부분에서 자주 사용되는 반전의 기법에 대해서는 이를 한국의 전통적인 설화 구성법의 원용으로 보기도 하고, 서구의 탐정소설 구성법의 원용으로 보기도 한다. 김유정 소설의 구연체(口演體) 언어에 대해서는 이를 설화 구연의 현장 상황 혹은 판소리 공연의 현장 상황의 재현으로 판단하기도 하고, 현실세계를 생생하게 반영하는 서양의 사실주의 기법의 도입으로 판단하기도 하고, 언어 자체의 미감을 즐기는 모더니즘의 기법으로 판단하기도 한다.

김유정 소설에서 어떤 이는 우리 민족 고유의 향토성을 읽어내고, 어떤 이는 인류적 보편성을 읽어낸다. 김유정 소설의 정서의 본질에 대해서는 그것을 한국적 해학으로 보는 이도 있고, 한국 특유의 비장미로 보는 이도 있다. 김유정의 총체적 평가에 대해서는 한국의 전통적인 해학

정신을 잘 계승한 작가, 식민지 현실의 구조적 모순을 고발한 참여문학 작가, 이념을 상실한 모더니즘 작가 등 여러 가지 견해가 있다.

김유정 소설에 대해서 이처럼 다양한 해석과 평가가 내려지는 것은 그 구조가 그만큼 탄탄하기 때문이다. 구조가 탄탄한 작품은 생각의 폭을 넓혀주고, 사고의 깊이를 더해준다. 구조가 탄탄한 작품은 시대에 따라 계속 새롭게 해석되면서 시대를 넘나들며 읽힌다. 고전이 되는 것이다. 이러한 작품을 읽으면서 삶의 진실과 아름다움을 좀 더 넓고 깊게 터득하는 것은 우리에게 큰 즐거움이다. 작품의 탄탄한 구조를 자기 나름으로 분석해 보고, 서로 다른 분석 결과를 놓고 뜻 맞는 사람들끼리 토론을 벌이면서 생각의 날을 갈기도 하고, 여태껏 모르고 있던 인생의 정황을 발견하는 것도 즐거운 일이다.

이 책은 이러한 즐거움의 소산물이다. 우리는 매년 늦봄에 자리를 만들어 김유정 문학에 대해서 연구한 것을 발표하고, 이 발표에 대해서 토론을 벌였는데 토론은 좀처럼 끝나지 않았다. 토론은 저녁 회식 자리까지 이어졌고 2차의 술자리까지도 이어졌다. 이 발표와 토론을 거쳐 완성된 글들을 묶어서 책으로 낸다. 발표・토론의 결과를 학자는 논문 형식으로 정리했고 소설가는 에세이 형식으로 정리했다. 대부분이 김유정의 문학을 새롭게 해석하려는 연구들이어서 책의 이름을 '김유정 문학의 재조명'으로 정했다.

2002년에 춘천시 신동면 증리 실레마을에 '김유정문학촌'이 문을 열었고, 2003년부터 매년 4월 하순에 '김유정문학제'를 열고 있는데 그 첫 행사는 학술회의이다. 첫날에 학술회의를 열고 이튿날부터 산문백일장, 김유정 소설 입체낭송, 김유정문학기행, 점순이 선발대회, 닭싸움, 닭멀리날리기, 닭잡기 등의 행사를 벌인다.

이 책에 실은 글들은 2003년부터 2007년까지, 그러니까 제1회부터 제5회까지의 김유정문학제 학술회의에서 발표와 토론을 통해 완성과 숙성의 과정을 거친 글들이다. 2008년에는 김유정 탄생 100주년을 맞아

'한국의 웃음문화'를 주제로 하여 대규모의 학술회의를 열고 이것만 별도로 묶어서 책으로 발간하게 되었다. 그러니까 이 책 『김유정 문학의 재조명』과 『한국의 웃음문화』를 동시에 발간하는 것이다. 이 책에 부록으로 실린 두 편의 창작 판소리 사설은 2008년의 김유정 탄생 100주년 기념행사를 위해서 만든 것이다.

김유정문학촌은 전상국 촌장님의 끊이지 않는 열정으로 많은 일을 해내고 있다. 매년 작고 큰 행사들이 연중 내내 이어지고 있다. 열악한 조건에도 불구하고 새로운 일을 자꾸자꾸 만들어 내시는 그 열정이 놀랍고 존경스럽다. 매년 여는 학술회의도 전상국 촌장님의 뜨거운 열정으로 큰 성과를 거두고 있다. 이 자리를 빌어 깊은 감사를 드린다.

그 동안 발표와 토론에 적극적으로 참여해 주신 여러분과 정성스럽게 책을 만들어 주신 소명출판의 여러분에게 깊은 감사를 드린다.

2008년 9월

기획 및 편집책임

전신재

::차례

/부록/

김유정 전기의 몇 가지 표정

박세현

1. 짧은 머리말

김유정의 문학적 전기들이 여러 지면에서 산견된다. 이러한 전기들은 각각 나름의 관점을 통해 작가의 생애와 문학 세계를 성찰하는데 기여하고 있다. 그러나 이들 전기들이 선택하고 있는 서술방법과 해석상의 문제들은 비슷하거나 다른 모습을 보여준다. 따라서 이 글은 김유정을 다루고 있는 전기 혹은 전기류의 텍스트를 한꺼번에 조망하면서 이들 전기들의 특징적 모습과 표정을 살피고자 한다.

2. 논의를 위한 전제

김유정의 전기를 검토하기 위해서 먼저 구획지어야 할 전제가 있다. 문학적 전기에 대한 개념적 정리를 염두에 두면서 전기와 비전기적 자료를 구분하는 일이 그것이다. 실제 김유정의 문학과 생애를 중심에 둔 글들은 한두 편이 아니다. 이 자료들은 나름의 관찰과 판단으로 김유정을 재구성하면서 전기의 대열에 끼고자 한다. 그러니까 이 문제는 이 글이 다루게 될 김유정 전기의 범주를 확정짓는 일과 관계된다. 실제로 작가와 관련된 글 중에는 추모의 자리에서 쓴 아주 짧은 글에서부터 픽션의 형태가 가미된 것과 폭넓은 조사와 자료의 방증을 통해 이루어진 단행본에 이르기까지 그 진폭은 다양하다.[1)]

본고는 김유정의 전기작업들을 고찰하려는 자리에서 김유정 전기의 다양한 진폭을 개방적으로 수용하고자 한다. 다시 말해 전기로서의 품격을 충분히 갖추지 못한 텍스트라 하더라도 논의의 능률을 위해 검토의 대상으로 포함시킬 것이다. 이러한 판단에 입각하여 본고가 선정하고 논의코자 하는 전기적 텍스트는 각주 1)에서 적시한 목록과 같다. 그런데 이 목록은 그것이 '전기'라는 항목으로 함께 묶이는 데는 다소 논란의 여지가 있을 수 있다. 이를테면, 김문집의 글은 그것이 전기가 되고자 한 텍스트라기보다 김유정을 추모하기 위해 쓴 평론가의 주관적인 감상문에 불과하다는 견해가 충분히 제출될 수 있다. 본고는 이 점

---

1) 이 글에서 김유정의 전기적 텍스트로 삼고자 하는 자료는 ① 金文輯, 「金裕貞의 藝術과 그의 人間 秘密」, 『朝光』, 1937.5(『김유정전집』, 현대문학사, 1968에 재수록. 본고의 인용은 이에 준함), ② 李箱, 「金裕貞－小說體로 쓴 金裕貞論」, 『青色紙』, 1939.5(『김유정전집』, 1968에 재수록, 본고의 인용은 이에 준함), ③ 安懷南, 「謙虛－金裕貞傳」, 『文章』, 1939.10, ④ 金永壽, 「金裕貞의 生涯」, 『김유정전집』, 現代文學社, 1968, ⑤ 李東柱, 「金裕貞」, 『月刊文學』, 1974.1, ⑥ 金永琪, 『金裕貞－그 문학과 생애』, 知文社, 1992.6, ⑦ 全商國, 『유정의 사랑』, 高麗苑, 1993. 앞으로 본문 안의 인용은 필자와 쪽수만 밝혀나갈 것임.

을 강하게 부인할 의도는 없다. 그러면서도 김문집의 텍스트를 논의에 포함시킨 의도는 명백하다. 즉 김문집의 글이 애당초 작가에 대한 전기를 고려하지 않았다 하더라도 이 글은 김유정의 작품 세계와 인간의 중심을 통찰하는 힘을 보유하고 있다는 측면에서 충분히 전기적이다. 이는 김문집이 당시 여러 경로를 통해 작가 김유정을 인정하고 지지했다는 증거들을 통해서도 그가 김유정의 인간적 면모에 대한 상당한 이해가 있었음이 입증된다. 이와 같은 측면에서 김문집의 글은 불충분한대로 전기의 미덕을 다분히 포함하고 있기에 논의에 포함시킨다.

두 번째로 전제되어야 할 사안은 이상, 안회남, 이동주, 전상국의 전기들이 '소설' 혹은 '소설체' 등의 부제나 장르 표지를 달고 있다는 점이다. 그러나 전상국의 것을 제외한 나머지의 것은 '소설'이라는 명칭이 무색할 정도로 사실의 나열과 기록성에 충실하고 있다. 그런 만큼 김유정 전기에서 잠칭되고 있는 '소설'의 개념은 허구라는 개념과 동일선상에 있다기보다 작가와 관련된 사실(fact)을 객관적으로 바라보려는 기술상(記述上)의 '거리' 확보를 위한 표지(標識)로 이해된다. 그러면서도 김유정과 관련된 전기적 기록에 '소설'이라는 표제가 붙은 비소설적 기록이 3편에 이르고 있음은 흥미로운 일이다.[2] 전상국의 소설은 다른 '소설류'의 전기들과 의미있는 차이점을 드러낸다. 전상국의 것은 앞서의 '소설'들처럼 사실에 봉사하고 있으면서도 '장편소설'이라는 장르명칭에도 부합되는 미학을 확보하고 있다는 뜻에서 그렇다. 다시 말해 전상국의 전기는 명백히 전기를 지향하되 그것이 소설이라는 미학 속에서 존재하기를 희망한다. 그러니까 허구와 사실의 경계를 허물면서 새로운 소설 미학을 혹은 새로운 전기의 형태를 제시하고 있다는 점에서 복합적인 구조를 가진 전기라 하겠다. 이상(李箱)의 것을 비롯한 '소설'류의 전

2) 李箱의 것은 '소설체로 쓴 김유정론' 이라는 부제가 달려 있고 安懷南의 것은 '金裕貞傳'이라는 부제와 함께 蔡萬植 · 朴泰遠 등의 소설과 함께 '창작란'에 게재되고 있다. 이동주의 것은 '實名小說'이라는 명칭이 부기되어 있다.

기적 텍스트는 허구적 사실과 사실적 허구, 즉 사실과 허구 앞에서 머뭇거릴 이유가 거의 없다. 반면 전상국의 텍스트에 이르면 이 문제는 다소간 복잡한 양상을 띠게 된다. 그것은 이 전기를 (혹은 이 소설을) 전기로 볼 것인가 소설로 볼 것인가, 아니면 전기적 소설로 볼 것인가 소설적 전기로 볼 것인가와 같은 난점에 부닥치기 때문이다. 그러나 본고에서 이 문제를 대하는 입장은 명백하다. 즉 전상국의 것이 비록 '장편소설'이라는 장르 표지를 달고 있다 하더라도 이 자리에서는 명백한 김유정 전기의 하나로 간주하고 논의를 전개할 것이다. 전상국은 「작가의 말」에서 '김유정의 짧고 어두운 삶을 관통한 그의 병적 열정의, 섬광 같은 예술혼의 소설적 진단', 그리고 '작가 평전이 갖는 서술의 단조로움과 문학성의 결여, 작가론의 그 도식적 결론 도출, 사랑 소설의 한계인 그 깊이의 옅음과 통속성으로부터 한 발짝이라도 자유로워지고 싶은 욕심이 이러한 부조화의 이중주를 연주하게 된 진짜 이유'라고 명시하고 있다. 전상국은 평전과 사랑소설을 하나로 묶겠다는 의도를 드러내고 있다. 사실 전상국의 텍스트를 판단하는 자리에서 전기적 요소에 강조점을 두느냐 소설적 요소에 강조점을 두느냐의 문제는 어쩔 수 없이 어렵고 까다로운 성찰을 요구한다. 이 점에 대해서도 본고는 유연하고 개방적인 입장을 견지하겠다. 전상국의 텍스트를 소설로서 존중하되 전기문학의 전범으로 삼는데도 주저하지 않겠다는 뜻이다. 이 소설을 검토한 독자라면 이 텍스트가 김유정의 전기적 사실에 어느 정도 충실하고 있는가를 명료하게 이해할 수 있을 것이다. 그 순간 전상국의 '소설'은 '전기'의 자리로 넘어간다. 지금까지 김유정의 전기적 텍스트를 대하는 기본 입장을 정리해 보았다. 결국 소설류와 비소설류에 대해서 개방적으로 접근하겠다는 것이 이 전제의 요지가 된다.

세 번째로 전제할 것은 이 글이 선정한 일곱 가지의 전기를 어떤 순서에 따라 논의할 것인가 하는 문제다. 이 문제는 대수롭지 않게 여겨질 수 있겠으나 사실은 그렇지 않다고 본다. 이는 한편으로 기존의 전기 텍스트를 어떤 기준으로 묶을 것인가와 관련되고 다른 한편으로는 전기 기술의 방식을 해명하는 일에도 상관되기 때문이다. 이를테면 전기류와 비전기류로 나누어서 전기적 텍스트를 관찰할 수 있는 방법이 있다. 이 분류의 기준은 지나치게 소박하다는 이론적 비난을 면키 어렵지만, 적어도 김유정의 전기를 검토하는 자리에서는 유용성이 인정될 수 있다. 지금까지 보고되는 전기 텍스트들이 기실은 이 범주에서 단순화될 수 있기 때문이다. 다음으로 검토할 만한 것은 연대기(chronicle life), 회화(pictorial), 서술적 회화(narrativ-pictorial)와 같은 범주로 세분하여 살필 수 있는 길이 있다.[3] 이 분류의 방법은 전기의 기술방법과 관련하여 의미 있는 시사점을 던져주고 있다. 그러나 이 자리에서는 이 방법을 원용하되 곧이곧대로 적용하지는 않을 것이다.

앞서 말한 방법들을 제외하고 나면 전기 발표의 순서에 따라 검토하는 방법이 남는다. 이 방법이야말로 너무 소박하고 단순한 것으로 치부될 수 있다. 하지만 본고가 이 방법을 선택하려는 데는 분명한 이유가 있다. 작가의 문학과 삶의 증거(evidene)는 제한적일 수밖에 없다. 전기작가(傳記作家)들이 대상 작가를 다루기 위해 다양한 분석과 종합을 거치는 동안에 그들의 흥미가 집중될 수 있는 자료는 역시 앞 시기에 집필된 전기 자료 이상의 것이 없을 것으로 본다. 간단히 말해 전기 텍스트는 서로 영향의 수수관계 위에 놓여 있으며, '발표 연대순'의 검토는 텍스트간의 대화내용을 밝히는데 있어 일정한 효과를 거둘 수 있다고 판단된다. 김유정 전기를 처음으로 검토하는 자리에서는 더욱 그렇다. 김유정의 전기를 검토하기 위한 이 글의 중심적인 전제는 전기의 개념을 편협하게 잡지 않겠다는 의미로 요약할 수 있고,[4] 다음으로는 김유정

3) 레온 에델, 김윤식 역, 『작가론의 방법—문학전기란 무엇인가』, 삼영사, 1983, 187면.

4) 전기에 대한 개념상의 혼돈이 있을 수 있겠으나, 여기서는 김유정의 전기작업의 전체적인 면모를 조감하기 위해 전기의 범주를 넓게 설정한다. 이런 관계로 인해 본고에서 사용되는 전기 개념은 어느 정도 유동적이거나 제한적일 수 있을 것이다.

전기 텍스트 상호간에 존재할 수 있는 집필상의 영향관계를 비롯한 전기의 전모를 밝히기 위해 '발표 연대순'으로 검토하겠다는 것이다. 이를 통해서 작가 김유정의 수수께끼를 밝히려는 시도의 하나인 전기작업들의 총체적인 현황이 밝혀질 수 있을 것으로 기대된다.

이상에서 전제한 사항 속에 포함되어 있지 않으면서 김유정의 전기를 다루는 자리에서 반드시 숙고되어야 할 까다로운 사안이 남아 있다. 전기 작업에 앞서서 이들 전기에 유형무형의 압력을 행사하고 있는 작가의 자전소설이 존재하고 있기 때문이다.[5] 전기작가들에게 있어 자전소설이 갖는 권위는 상당하지만, 그렇다고 자전소설의 내용을 그대로 수용할 수도 없고 전면적으로 배격할 수도 없다는 데에 딜레마가 있다. 따라서 전기를 효과적으로 검토하기 위해서는 반드시 작가의 자전소설에 대한 입론(立論)이 정리되어야 한다. 이 부분의 논지에 대해서는 필자의 다른 글이 있기에 그것으로 대신하고자 한다.[6]

3. 김유정 전기의 몇 가지 표정

논의를 위한 전제에서 이미 언급한 바 있듯이 김유정의 전기적 텍스트의 포괄적 상황을 검토하기 위하여 본고는 전기적 자료들이 발표된 시간적 순서를 존중할 것이다. 본고가 논의의 중심으로 잡은 전기들을 발표 연대순으로 열거하면 다음과 같다. 김문집(金文輯)의 「김유정의 예술과 그의 인간 비밀」, 이상(李箱)의 「김유정—소설체로 쓴 김유정론」,안

5) 「兄」 「生의 伴侶」 「두꺼비」 「연기」 「심청」 「이런 音樂會」 「슬픈 이야기」 등이 자전소설의 계열에 든다.

6) 박세현, 『김유정 소설 연구』, 인문당, 1990, 117~135면 참고.

회남(安懷南)의 「겸허－김유정전」, 김영수(金永壽)의 「김유정의 생애」, 이동주(李東柱)의 「김유정」, 김영기(金永琪)의 「김유정－그 문학과 생애」, 전상국(全商國)의 「유정의 사랑」 등이 그것이다. 이제 이들 전기들에 대해 각각의 서술상의 특징과 방법들을 살펴보고자 한다.

1) 김문집－「김유정의 예술과 그의 인간 비밀」

김유정의 전기적 텍스트로 제일 먼저 다루게 될 것이 김문집의 것이다. 김문집의 것은 일견 전기와는 거리가 먼 것으로 간주될 수 있다. 요컨대 이 글의 당초 의도가 작가 전기 내지는 그러한 범주로 의도되지 않았다는 의미다. 이 글은 김유정이 작고하고 난 직후, 김유정 추모 특집으로 마련된 『조광(朝光)』의 지면에서 제목이 지시하는 바와 같이 작가의 예술세계와 인간을 포괄적으로 다루었다는 점에서 뒷날의 전기작가들에게 의미심장한 빛을 던져주고 있다.[7] 여러 측면에서 전기와는 동떨어져 보이는 김문집의 것을 중요하게 거론하고자 하는 이유가 여기에 있다. 평론가 김문집이 김유정의 문학적 특장을 잘 이해하고 지지한 옹호자의 한 사람이었음은 주지의 사실이다. 그러므로 그는 지속적으로 그리고 애정을 가지고 김유정의 작품을 독서해왔다고 볼 수 있다. 이러한 비평적 관심은 자연스럽게 작품 뒤에 있는 작가의 인간적 존재에 대한 관심으로 이어지고 실천된다. 이 점에서 김문집은 김유정의 세목에 관해 발언할 문학적 지분을 충분히 가지고 있다.[8]

---

7) 이 글과 짝하여 살필 만한 김문집의 글로는 「病苦作家 救助運動의 辯」(『朝鮮文學』, 1937.1), 「金裕貞」(『김문집평론집』, 靑色紙社, 1938), 「金裕貞의 悲戀을 公開批判함」(『女性』, 1940)이 있다. 이 글들은 김유정의 인간됨과 문학세계를 조망하고 지지한다는 점에서 한결같고 아울러 그의 개인적 불행을 이해하려는 지극한 애정으로 점철되어 있다는 점에서 공통적이다.

8) 김문집이 『조선문학』의 지면을 통해 범문단적으로 김유정 돕기 운동을 발기하고 추

김문집의 글은 스스로 문학 전기가 되기보다 다른 전기 혹은 전기 작가에게 일정한 비전을 제시한다는 점에서 주목된다. 「김유정의 예술과 인간비밀」은 한편으로 작가의 작품세계에 대한 상찬적 추모의 글이자 한편으로는 인간과 예술의 세계를 아우르는 인상비평이면서 거기에 머물지 않고 김유정의 전체를 보듬어내는 비평적 통찰력을 보여준다. 아울러 김문집의 것이 작가의 사후, 추모의 자리에서 작가의 생애와 문학세계를 요약하는 사회적 기능을 띠고 있다는 점도 의미있는 대목이다. 다음에 제시하는 두 개의 인용을 통해 김문집의 글이 행사할 수 있는 영향력을 짐작할 수 있을 것이다.

①君은 江原道 春川産, 徽文을 아마 마치지 못한 채 延傳과 普傳에 一,二個月씩 다녀보았으나 家勢가 傾衰했다기보다 재미가 없어서 一如히 집어치우고 放浪과 職業을 섞어 맛보았으니 「소낙비」가 朝鮮日報에 일등으로 당선했을 적에는 君의 직업은 실로 '金鑛쟁이 뒷잽이'였다. 鑛쟁이 따라 다니면서 밥도 얻어 먹고 登記所 심부름도 하고…… 아마 그렇게 하고 돌아다닌 모양이다. 그 君의 집안은 어떠했느냐 하면 春川서도 손꼽는 家門으로 數三千石 추수를 했다한다. 아버지와 兄이 家産蕩盡의 경쟁을 한 것은 君의 소년시대의 일이었다. (김문집, 438)

②一言以蔽之하면 그의 藝術은 그의 苦痛에 逆比例해서 즐거웠었다. 나는 그의 文章의 즐거움을 새로이 즐기지 않을 수 없다. 과연 나는 그 悲痛한 君의 文章藝術의 즐거움을 즐겁게 하는 그 재주를 사랑한다. 裕貞은 소설이 무엇인지를 모르는 소설가다. 立體的 構成도 없고 플로트도 없고 고츠(骨)도 없고 트릭도 없을뿐더러 문학의 教養조차 없다면 없는 작가다. 그럼에도 불구하고 유정의 소설만큼 나를 魅惑하는 소설은 外國文壇의 新人中에도 없다. 애기 젖빠는 本能으로 裕貞은 소설을 쓴다. (김문집, 443)

진해나간 일화는 널리 알려져 있다. 사족: 김문집의 과장을 다소 삭감하더라도 그만큼 유정에 대해 애정과 고평을 아끼지 않은 비평가는 다시 찾기 힘들 것이다. 이와 같은 사실은 그의 「병고 작가 구조 운동의 변」과 같은 글에서 여과없이 잘 드러나고 있다.

인용문 ①과 ②를 통해 김유정에 대한 김문집의 사색과 판단을 이해할 수 있다. ①은 작가의 신상명세에 관한 정보를 비교적 소상하게 기록하되 객관적 거리를 유지하고 있다. 다시 말해 위에 기록하고 있는 사실이 객관적이고 타당하다는 확신이 깃들어 있다. 이에 비해 인용문 ②는 인용 ①과는 대조적이다. 즉 김유정의 작가적 특장을 날카롭게 파악하고 있다는 점에서 비평가다운 시선이 십분 발휘된 통찰이다. 그러나 이러한 문학적 통찰은 여기에만 머무는 것이 아니다. 한 작가의 작품세계를 인정하고 전폭적으로 지지한다는 것은 작가에게는 물론이거니와 비평가에게도 커다란 행복이다. 드문 경우지만, 비평가로서 이와 같은 지점을 비켜가지 않았다는 점에서도 김문집의 비평행위는 이 분야의 희귀한 예로 기억될 만하다. 다시 말해 김유정은 비평가 김문집의 비평적 '발견'에 값하는 존재라 하겠다. 그런 만큼 작가에 대한 통찰의 정확성과 넉넉함이 함께 보장될 수 있는 신뢰가 확보된다고 본다. 이 점이 김문집의 글에 커다란 힘을 부여한다. 그러나 작가에 대한 애정이 지나쳐 더러는 균형을 상실하는 위험도 없지 않다.

특히 김유정이 죽음에 이른 원인의 일단을 작가의 실연에서 찾는 태도는 일면 그 개연성을 추인받을 수 있으나 지나친 과장으로 기울 위험이 있음을 지적해야 한다. "그를 肺病으로 몰아간 것은 그의 술의 탓이요 우리의 善良한 裕貞으로 하여금 그만큼 술을 要求케 한 것은 그의 靑春의 特權이었다. 청춘의 특권? 비꼬인 君의 특권은 그의 一代의 失戀"(김문집, 439)이었다고 단언할 정도로 김문집은 김유정의 실연의 배후에 대해 단호하다. 그의 이러한 견해는 「김유정의 비련(悲戀)을 공개(公開) 비판(批判)함」과[9] 같은 글에서 김유정의 연애 대상이었던 여인을 거

9) 여기서 김문집이 비판의 대상으로 삼고 있는 여성은 詩人 朴龍喆의 누이동생이자 文學評論家 金煥泰의 부인이 된 朴鳳子로 전해지고 있다. 박봉자와 함께 김유정의 대표적 열애의 대상이었던 다른 한 여인은 당대의 名唱으로 알려진 朴綠珠다. 김문집은 「김유정의 비련을 공개 비판함」 속에서 박녹주에 대해서는 우호적이되 박봉자에 대해서는 맹렬히 비판하고 있다. 김유정의 求愛에 상대 여성들이 어떻게 반응했는가

침없이 비판하는 격앙된 태도를 보여준다. 각주에서 덧붙인 것처럼 이 부분에 대해서는 액면만으로 납득하기 어려운 구석도 있다. 즉 작가에 대한 애정의 도를 감안해도 비이성적으로 이해될 수 있는 여지가 없지 않다. 그럼에도 불구하고 김문집은 여러 편의 평문을 통해 김유정의 인간과 문학에 대해 명민하고 날카로운 판단들을 던져놓고 있다. 그러므로 그의 글은 '전기'라는 명칭에는 부합되지 않는 측면이 있음에도 불구하고 특유의 혜안으로 당대에 이미 김유정 문학의 본질을 꿰뚫어 보았다는 점과 일련의 선언적이고 도발적인 비평문을 통해 김유정을 소신있게 지지했다는 데에 그 의의가 발견된다.

2) 이상-「김유정-소설체로 쓴 김유정론」

이상의 전기는 '소설체'의 특징이 십분 발휘된 텍스트다. 이 전기는 '소설'이라기보다 소설의 시늉을 빌어 온 '소설체'라는 묘미를 가지고 있다. 분량으로 보아서도 그것은 장편(掌篇)에 지나지 못한다. 이상의 전기 텍스트는 김유정의 일면을 점묘해내는 것으로 소임을 다하고 있다.

가 비판의 근거로 작용되고 있지만 김유정의 구애는 박록주·박봉자 두 여인 모두에게서 분명하게 거부되었다. 훗날 당사자의 한 사람이었던 박봉자는 '지금 여성들은 다르겠지만 당시는 아무리 新女性이라 하더라도 김유정같은 뜨거운 구애에는 침묵을 지킬 도리밖에 더 있었겠는가? 이후 김문집이 나 때문에 김유정의 명이 제촉되었다고 글을 썼는데 나는 불평하고 싶었지만 여러 가지 사정을 참작해서 입을 다물었다'(「金裕貞의 女人」, 『文學思想』 22호, 1974, 317면)고 술회한 바 있다. 이런 점들을 감안할 때, 김문집의 공개 비판은 다소 감정적이었다는 인상을 지울 수 없는데 이는 작가에 대한 과도한 애정의 발로와 김문집 자신의 다혈질적인 성향이 함께 투영된 결과가 아닌가 여겨진다. 아울러 당시의 문단적 역학관계도 음미될 필요가 있다. 왜냐하면 박봉자의 오빠가 『詩文學』을 주도했던 시인이자 시론가였던 박용철이었다는 점과 박봉자의 약혼자가 비평가 김환태였다는 사실은 비록 김문집과 그들이 일면식을 갖지 못했던 관계라 하더라도 서로의 존재를 의식하고 있었으리라고 추론할 수 있다. 이 부분에 대한 증언과 자료들이 더 보완될 필요가 있으리라 본다.

그러므로 한 인간의 문학과 그 체취를 통괄할 수 있는 그릇으로는 협소하다. 그렇지만 다른 전기 못지 않게 김유정의 체취를 전달하고 형상화한다는 점에서 평가의 가치가 있다. 이상의 「김유정」은 김유정을 비롯하여 이상, S君, B君이 술에 취해 벌이는 좌충우돌의 활극을 통해 김유정의 일면을 선명하게 부각시키는 데 성공하고 있다. 이와 같은 성공의 요인은 무엇보다 작가로서 이상의 명민함과 적확한 묘사능력이 전기 텍스트 속에 유감없이 발휘되었기 때문이다. 특히 이상은 김유정과 각별한 우정을 교환한 것으로 전해지고 있는데 이들 사이에는 동병상련과 문학을 통해 서로를 공감하는 바가 있었기에 이상의 '소설체' 전기는 폭넓은 공감과 설득력을 가질 수 있었다고 본다.

> 彰文社에서 내 執務랍시고 하는 중에 떠억 나를 찾아온다. 와서는 내 執務 책상 앞에 마주 앉는다. 앉아서는 바윗덩어리처럼 말이 없다. 낸들 또 무슨 그리 신통한 이야기가 있으리오. 그저 서로 벙벙이 앉아있는 동안에 나는 나대로 校正 等屬 일을 한다. 가지가지 符號를 써서 내가 校正을 보고 있노라면, 그는 불쑥 「金兄! 거 지금 그 표는 어떡하라는 표가요」 이런다. 그럼 나는 기가 막혀서, 「이거요, 글자가 곤두섰으니, 바로 놓으란 표지요」 하고 나서는 또 그만이다. 이렇게 平素의 裕貞은 뚱보다. 이런 양반이 그 곤지곤지만 시작되면 通姓을 다시 해야 한다. (李箱, 453~454)

인용문의 상황과 분위기를 통해 이상과 김유정의 인간적 관계를 잘 엿볼 수 있다. 더욱이 인간 김유정을 투명하게 떠올리게 하는 이상의 묘사력이 돋보이는 대목이다. 평소에는 '뚱보'인 김유정이 술에 취하면 다른 사람이 된다는 것인데 이는 이석훈(李石薰)이 증언한 '君은 대단한 沈默家였었다. 그러면서도 漸漸 친해지자 자기의 胸中을 率直하게 告白하기를 꺼리지 않았다. 나의 拙作 「移住民列車」에 대해서도 그 缺點과 長處를 말하고 그걸 읽고 나를 좋아하게 되었다고 하였다'[10]는 내용

10) 李石薰, 「裕貞의 靈前에 바치는 最後의 告白」, 『백광』, 1937.5, 152면.

에서도 잘 확인된다. 즉 평소의 유정이 과묵했다는 것을 이상과 이석훈을 통해 잘 알 수 있다. 그런데 유정에 대한 하나의 측면을 두고 이상의 묘사와 이석훈의 서술은 그 효과면에서 매우 차이가 남을 알 수 있다. 즉 김유정을 재구성함에 있어 평면적인 서술보다 소설적인 묘사력이 생동감과 입체감을 확보함에 있어 우수하다는 것을 확인할 수 있다. 이 점에 있어 이상의 전기 텍스트는 단연 돋보임은 물론 독보적인 김유정 초상화(pictorial)의 자리를 점유한다.[11] 인간 김유정이 처하고 있는 인생의 명암과 성격적 측면을 명징하게 유형화 하는데 성공하고 있다는 점이 이상의 '소설체' 전기가 갖는 의미라 하겠다. 아울러 두 사람이 교유를 통해 공유한 의식의 편린이 이 전기의 전편에 배어 있다는 점에서도 이상의 텍스트는 사실(fact)과 부합하면서 동시에 예술적 향기도 획득하고 있다.

3) 안회남—「겸허」

안회남은 김유정에 대한 사적 정보를 가장 많이 장악하고 있는 인물 중의 한 사람이다. 주지하다시피 그는 휘문고보에서 학생의 신분으로 김유정을 만나 한편으로는 급우요 한편으로는 문우로서 긴 교유의 시간을 갖게 된다. 이런 개인적 정황을 감안한다면 안회남이 김유정 전기 기술에 있어 일견 매우 유리한 입장에 있다고 하겠다.

안회남의 전기는 '김유정전'이라는 부제를 달고 있고, 발표 당시 『문장』지의 「창작란」에 게재됨으로써 이 전기가 한 편의 '소설'이라는 인

11) 李箱의 전기는 한 인간을 요약하고 있다든가, 고유한 특성을 찾아내어 인물을 규정・표현하고, 최소한의 배경만 사용하고 초상화의 경우처럼 대상 인물을 주어진 위치에서만 다룬다는 측면에서 레온 에델이 말하는 '초상화'의 개념과도 호응하면서 효과적인 표현을 득하고 있다고 본다(레온 에델, 김윤식 역, 앞의 책, 189면 참조).

상을 한층 강화하고 있다.[12] 안회남의 전기 텍스트는 자료와 분량의 측면에서 우월한 지위를 가지면서 김유정의 사후 그와 교유했던 경험내용들을 담담하게 서술하는 방식을 선택하고 있다. 이 글은 김유정과 많은 체험과 사색을 공유했다는 장처를 가지면서도 일방적인 찬미에 치우치지 않고 대상과 일정한 비판적 거리를 유지하고 있음이 돋보인다. 아울러 이 텍스트는 다른 전기들이 보여주지 않는 증언들을 내놓고 있어 주목된다. 이제 그 부분을 중심으로 안회남 전기의 특성을 살피겠다.

김유정을 살필 때, 반드시 거론되는 안건 중의 하나가 그의 연애 문제다. 이 문제는 김문집의 경우에서도 거론되었지만 쉼없이 반복되는 사안의 하나다. 문제는 연애의 대상보다 그 과정과 배경에 대한 심리적 탐색이라고 본다. 이 문제에 대해 김문집이 좀 과장된 접근을 했던 것과는 달리 안회남의 분석은 매우 냉정하고 비판적이기까지 하다. 즉 김유정의 연애 심리를 어머니에 대한 상실감과 연결짓고 있다. 이는 일견 타당하고 설득력이 있다.

> 남이 손가락질하며 비웃을만치 그가 그렇게 많이 비참한 외쪽 사랑의 슬픔을 겪으면서도 겉으로 태연자약했던 것은 어머님을 존경하는 마음, 어머님을 예쁘다고 하는 생각, 어머님을 그리워하는 정성, 이것이 그대로 자기가 연모하는 상대편 여자에게까지 연장하여 그저 꿇어엎드리고, 그저 미화하고, 그저 모든 것을 바치려는 태도를 취하게 된 것이리라 믿는다. 유정은 어머님에게 대한 사랑에 있어서나 애인에게 대한 사랑에 있어서나 그 보수를 채 상상하지 않고, 우선 정열이 불탔던 것이다. (안회남, 41~42)

---

12) 「謙虛」는 1939년 『文章』 10월호(제1권 제9호)에 게재된다. 당시 창작란에는 崔貞熙의 「肖像」, 李無影의 「挑戰」, 蔡萬植의 「摸索」, 朴泰遠의 「陰雨」, 선진수의 「실인기」, 梁柱東의 「샐러리맨」 등이 함께 실려 있다. 게재 당시 분량은 120매로 기록되어 있으며, 33면에 걸쳐 발표되었다. 안회남이 평소 私小說을 많이 쓴 작가라는 점을 감안한다면 그의 글이 '창작란'에 포함되어 있는 것은 어색한 일이 아니며, 편집상의 착오는 더욱 아니라는 반증이 된다.

어머니를 향한 그리움이 그대로 여인에게로 연장되었다는 분석은 동의받을 만하다. 연애가 성립되기 위해서는 쌍방간의 교류가 있어야 옳겠으나 유정의 경우는 모두가 일방적인 질주에 해당된다. 이는 김유정이 현실을 망각하고 자기를 몰입시키는 존재방식으로 연애라는 형식을 선택했으리라는 추론을 뒷받침 한다. 그러나 안회남은 김유정의 연애에 대해 이해는 하되 다소 냉소적인 태도를 취하고 있다. 연애의 대상이었던 여인에 대해 과소평가하는 한편으로 그런 여자를 선택하고 열정을 쏟아부운 김유정에 대해서도 비판적이다. '그 여자에게 손톱만치라도 존경하는 마음을 가질 수 없'(안회남, 44)다고 언급한 것은 이를 반증하는 증거다. 그러나 안회남도 한 여자를 향한 집요하고도 정열적인 유정의 '순심' 앞에서는 고개를 숙였는데 이 문제는 오래도록 김유정 이해의 중요한 길목이 되고 있고 앞으로도 그러할 것이다. 여자 문제 다음으로 흥미로운 안건은 김유정 가문의 축재 문제다. 이와 관련된 내용들을 인용해 보겠다.

①

내가 개벽사(開闢社)에 있었을 임시 춘천 출생의 車相瓚氏에게서 이야기를 들어

–생각했던 것보다 유정의 집이 더 큰 부자였던 것.

–그의 집안이 퍽 유명한 양반인 것.

–옛날 양반의 세력으로 재물을 모은 것.

이런 사실을 알았다.

"그러니까 유정이 할아버지 때……"

"그 할머니가 더 유명하지"

"할머니가요?"

"암 이야기가 많지"

"그러니까 양반 세력으로……"

"그저 함부로 잡어다 주리를 틀구 볼기를 때리구 해서, 그 큰 재산을 모았으

니까"

"아하!"

裕貞이가 짝사랑하는 기생과 더불어 술 먹는 좌석에는 나를 교묘하게 땃던 것과 같이 겉으로는 인사로 오너라 오너라 했지만, 친한 친구였으므로, 그 눈이 더욱 무서워 혹 무슨 자기 집안의 암흑면이 들추어질가 겁내어 내가 춘천으로 방문할 기회를 일부러 피하였던 것이 아닌가 한다. (안회남, 50~51)

②

「춘천 고향에서는 우리 집안이 망하는 것을 좋아한다.」

어느 때 裕貞은 이런 말을 나에게 했다. 나도 또한 車相瓚氏에게서 얻은 지식을 내대어 그에게 이야기한듯하다. 裕貞의 할아버지 시대에 양반 세력에 눌리어 재물을 빼앗기고 가진 곤욕을 다 당했던 이곳 백성들이 아직껏 원한을 잊지 않고 裕貞의 집안을 저주한다는 것이었다. (안회남, 57)

③

裕貞이 고향 춘천에서 동리에다 강당을 지어놓고 마을의 빈한한 집 아이들 수십명을 모집하여 글을 가르친 일이 있다. 월사금도 받지 않고 오히려 아이들에게 책값과 학용품대를 주어 공부를 시킨 것이다. 물로 강당도 裕貞이 제 돈을 들여 지었다. 그러니까 그의 조부 때 한 일과는 정반대의 일인데, 裕貞은 이렇게 착하고 좋은 일을 고향땅 백성들에게 베프므로써 조금이라도 선조의 죄악을 씻으려 했던 것이며, 사람들의 눈총을 피하려 했었음일가—.

언젠가 裕貞이 가장 기쁜 얼굴로 춘천 자기 동리에 사는 사람들은 모두 자기만은 존경한다는 이야기를 했고, 「무슨 날에 모여서 술을 먹게 되어도 술잔을 제일 먼저 나한테 가져오니까!」 하며 웃은 일이 있다. 그리고 다음에 동리 구장에게로 차례가 간다는 것이었다. 그랬을 게다. (안회남, 59)

앞에서 인용된 내용은 김유정 가문의 축재과정이 떳떳하지 못했다는 것, 김유정의 집안은 동리의 저주를 받고 있다는 것, 그에 대한 반동과 속죄의 차원으로 유정이 금병의숙을 열어 동리에 봉사했으며 동리에서 유정만은 존경받고 있다는 것 등으로 정리할 수 있다. 이 글의 안건은 안회남의 설명과 같이 김유정 가문의 재산 형성 과정상의 정당성 여부를 밝혀내는 데에 있다기보다 김유정이 이러한 사실을 어느 정도 인지하고 있었는가의 정도 문제다. 즉 자기 집안의 '암흑면'을 인정하고 그것을 진정으로 부끄러워 했는가, 그래서 안회남과 같은 친구들을 강원도로 초청하지 않았는가, 자기 집안의 문제와 금병의숙 개설의 상관성 등이 검증되어야 한다. 이러한 문제야말로 한 작가의 내면 심리를 제대로 파악하고 이해하는 데 도움이 되기 때문이다. 본고는 안회남이 제기하고 있는 집안문제와 금병의숙 간의 개략적인 인과관계를 인정한다. 그러나 이 문제는 그것만으로 단순화시킬 수 없는 당대의 역사적 배경들도 고려되어야 한다. 즉 당시에 농촌을 중심으로 전개되었던 농촌계몽운동의 정신과 선조의 축재과정에 심리적 부담을 느끼고 있었던 유정의 생각이 서로 조응한 지점에서 금병의숙을 개설한 것이라 추론해볼 수 있다.

안회남의 전기 가운데 특이한 것으로 김유정의 결혼 사실을 들 수 있다. 김유정과 교유했던 박태원, 이석훈, 이상, 김문집 등이 한결같이 김유정을 "장가 한 번 못 보내고 죽인 것이 무엇보다 憤하다"[13]고 토로하고 있는 것과는 너무 상치되는 사실이다. 그렇다면 왜 이런 문제가 제기되는가? 김유정은 과연 결혼했었는가? 이 문제는 김유정 전기에서 논쟁거리가 되기에 충분하다. 유정의 혼인과 관계된 안회남의 서술을 인용해 보자.

> 유정이 총각으로만 있다가 죽은 줄 알았는데, 나중에 그가 결혼했었다는 것이 발견되었다. 나도 까맣게 모르고 있다가, 그가 작고한 후에서야 永壽君에게서 들어 알았다. 그러면 어째서 유정이 나에게까지 그것을 감추었는지 내가 결혼한 날의 裕貞 일기를 보면, 그는 나를 퍽 행복스러운 사람이라고 말한 후, 자기는 도저히 그런 행복을 꿈꿀 수 없다고 하고, 「나는 영원히 결혼하지 않으리라.

13) 김문집, 「김유정의 비련을 공개 비판함」, 471면.

나는 문학과 함께 살련다. 그것이 나의 애인이요, 안해이다.」 이러한 의미의 것을 적어놓았는데 한 여자와 연애(戀愛) 없이 그냥 결혼(結婚)한 것을 부끄러이 생각하여 나에게 알리지 않았던 게 아닐가 추측된다. 어느때든지 항상 잘 한 사람의 이성을 연애하며 정열을 쏟아놓던 그로써는 자기가 사랑하는 여성은 딴 곳에 있고 조금도 사랑함 없는 다른 여인을 안해로 위한다는 것이 무슨 치욕같이 생각되고, 거짓인 것처럼 느끼게 되었으리라. (안회남, 65)

안회남에 따르면, 유정은 자신의 연애와 상관없이 사랑없는 여인을 안해로 맞아야 하는 상황이 있었다고 보아야 한다. 그러나 이 전기는 이 부분에 대한 심증만을 던져줄 뿐 유정의 결혼에 대한 자세한 정황을 입증하지는 못하고 있다. 다만, 유정의 조카인 김영수에 의해 증언되었다는 점은 이 대목이 진실일 가능성을 높여준다.14)

지금까지 안회남의 전기는 몇 가지 점에서 전기로서의 유리한 지위를 갖는다고 본다. 즉 전기의 대상 인물과 체험 및 사색을 공유했던 회남으로서는 유정의 생애를 기록하는 데는 행복한 위치를 점하고 있다. 이러한 점이 객관성 확보에 장애가 될 수 있을 터인데도 안회남은 이 난제들을 잘 이겨내면서 몇 가지의 주목할 만한 안건들을 제시했다. 유정의 연애의 심리적 배경, 유정 가문의 축재 경위와 금병의숙의 인과성(因果性), 결혼 사실 등이 그것들이다. 안회남은 이러한 안건들을 사실성과 소설적인 입체감을 통해 유정의 생애를 특유의 '신변소설체'로 잘 요약하고 있다. 아울러 안회남의 전기는 일방적인 찬미나 비판에 기울지 않고 사실과 비판적 안목을 균형있게 조화시킴으로써 친구의 회고담 차원을 넘어서는 좋은 전기의 형식을 남겨놓았다는 가치를 갖는다.15)

---

14) 전상국, 「유정의 사랑」, 330면. 여기서 김유정의 '연안 이씨와의 혼인설'이 뒷받침됨으로써 김유정의 결혼설은 신빙성이 높아졌다.

15) 김유정 사후, 안회남은 유정과의 우정을 배경으로 유정에 대해 증언할 문학적 지분을 누구보다 많이 보유했던 것이 사실이다. 아울러 그에 대한 자료들도 많이 가지고 있었음이 확인된다. 유정 사후, 전집을 내주겠다고 하며 유정의 유고와 유품을 모두 챙겨가고 돌려주지 않았고, 병석에 있던 유정을 위해 병문안 한 번 제대로 하지 않았

4) 김영수–「김유정의 생애」

김영수의 전기는 김유정의 생애 기록에 관한 한 하나의 전범이자, 공식 전기의 시초라고 적을 만하다. 그러므로 이 기록은 김유정 전기작가들이 최초로 입문해야 할 자료이자 최종적으로 졸업해야 하는 관문이기도 하다. 그만큼 김유정의 생애 기록에 있어서는 절대적 권위를 지닌다. 이러한 권위의 배경은 전기의 집필자들이 김유정의 일생을 거의 함께 견뎌낸 가족이라는 점이 먼저 꼽힌다. 다음으로는 김영수의 기록들이 저간의 유정에 관한 자료들을 결정적으로 종합하고 있다는 점과 일부 와전된 부분에 관해서는 김유정 생애의 입회인 자격으로 결정본을 제시하고 있다는 점이다. 그런 점에서 이 기록과 맞서거나 경쟁할 만한 전기는 없다고 해도 지나치지 않다.

김영수의 전기는 무엇보다 기록성에 충실하다. 이 글이 『김유정전집』의 한 항목으로 기획되었다고 해도 유정의 형수, 조카 영수・진수가 함께 기억을 복원하여 조합한 것이기에 기록의 내용도 신빙성이 높다. 이 전기는 본래 김유정의 생애를 복원하는 것을 그 본분으로 삼고 있기에 연대기적 서술의 방식을 좇고 있다. 아울러 유정의 출생, 가족관계, 병력, 교우, 여성 문제, 취향, 경제 문제 등 다양한 문제들을 폭넓게 취급함으로써 문자 그대로 유정의 생애를 면밀하게 조감하고 있다는 장점을 드러낸다. 말하자면 유정에 관한 한 모든 것에 대해 모든 것을 말하고 있다고 보아도 무방하다.

그러나 이 전기는 가족에 의해 기록되었다는 장점만큼 불리한 점도 내포한다. 즉 유정의 생애에 대해 정서적 거리를 충분히 확보하고 있는

다는 증언도 있다(전상국, 「유정의 사랑」, 327면. 영수옹의 증언). 훗날 안회남의 월북으로 인해 김유정 자료는 소실되고 만다. 김유정 자료가 영성한 데는 이러한 저간의 사정이 있다. 그러므로, 그렇기 때문에 김유정과 안회남의 우정의 배면에 있을 수 있는 문학적 경쟁은 검증되어야 할 항목의 하나다. 안회남에 대한 김유정의 회고도 재고의 여지가 있지 않겠는가? 死者를 향한 일방적인 회고는 얼마나 위험한가?

가, 기억이 망실된 부분에 대해 추측이나 예단으로 대체함으로써 정확성을 결여한 부분은 없는가에 대한 검증이 있어야 옳다. 가령 이 전기의 모두는 유정의 출생지에 대해 “그는 1908년 1월 11일 오전 11시 春城郡 新南面 甑里(실레)에서 父親 金春植씨와 母親 沈氏 사이의 8男妹中 일곱째로 태어났”(김영수, 391)다고 일말의 의심없이 단언하고 있다. 그러나 이 대목은 훗날 바로 이 사실을 기록한 당사자들에 의해 번복됨으로써 김유정의 출생지에 대한 혼란을 초래한다.[16] 유정의 출생지에 대해 애매성이 증가되는 데는 확신없는 증언도 문제가 되지만, 무엇보다 유정 자신이 강원도가 자신의 고향이라고 적시함으로써 판단상의 어수선함을 더해놓고 있다.[17] 이 문제는 유정의 전기를 논의하는 자리에서는 꼭 토의되어야 할 사안이나 토의로 머물 공산이 크다.

또 김영수의 전기는 유정의 연애에 대한 홍미로운 단서를 제공한다. 그러니까 유정의 어머니와 박록주의 이미지가 상당 부분 닮아있음을 언급하면서 유정이 박록주에게서 어머니에 대한 환상을 좇고 있다고 기술한다.

> 그가 가지고 있는 사진을 보면 여인으로선 큰 키에 기름한 얼굴하며 벗겨진 이마와 올라간 눈귀가 남자의 상에 가까우며 눈초리의 날카로움이 그 성깔의 팔팔함을, 그리고 꼭 다물어진 얇은 입술이 의지의 굳건함을 엿보게 했습니다. (김영수, 398)

> 후리후리한 게 몸맵시가 있나 길쭉한 얼굴에 말씨조차 정이 우러나지 않은 그런 매력없는 계집이었어. (김영수, 397)

---

16) 유정의 출생지에 대해서는 김영수·진수씨 두 사람 모두 춘천설을 부인하고 서울설을 시인했다(전상국, 「유정의 사랑」, 330면). 이에 비해 김영기는 『김유정—그 문학과 생애』에서 유정의 출생지가 춘천임을 의심없이 고증하고 있다(김영기, 13~29면).

17) 전신재 편, 『원본 김유정전집』, 한림대 출판부, 1987, 401면.

앞의 인용은 유정의 어머니에 대한 인상비평이고 뒤의 인용은 유정이 만취했을 때의 '독백'을 채록한 부분이다. 앞뒤의 인용을 비교할 때 외모상의 유사성은 수긍할 수 있지만 그렇다고 그것을 연애의 심리적 기저와 깊게 연결짓는 것은 단순성의 논리로 떨어질 가능성이 없지 않다. 유정의 전기 부분에서 이 대목은 매우 조심스럽게 취급되어야 할 문제에 해당한다. 김영수의 기록도 이러한 개연성을 인정하고 있다.

김영수의 전기에 기록되고 있는 어떤 문제들은 그것이 유정의 소설에서 귀납된 것이 아닌가 여겨지는 대목들이 있다. 가령 들병이에 관한 내용들이 그렇다. 유정이 들병이들과 어울린 적이 있다는 사실을 전제하더라도 현실과 픽션을 동일시하거나 픽션을 현실적 사실로 환원하는 데 따르는 위험이 없는 것은 아닐 터이다. 유정의 단편 「솥」에서 '근식'이가 들병이 '계숙'이와 동숙하는 머리맡에 들병이의 남편이 등장하는 대목과[18] 김영수의 기록은 거의 같은 맥락으로 조응하고 있다(김영수, 407)는 점에서 흥미롭다. 물론 김영수는 전기의 같은 장소에서 들병이가 유정으로 하여금 "어머니에 대한 向念을 일으키게 한 것을 보면 朴某 기생 다음으로 그에게 큰 영향을 주었다"는 점은(김영수, 407) 참고될 만하다.

무엇보다 김영수의 증언들은 다른 전기들이 포착하기 어려운 세세한 내용들을 전하고 있다는 장점을 가지고 있다. 작고 직전까지 현덕이 유정을 보살폈다는 것, 유정이 현덕의 계씨에게 부탁하여 한 달여에 걸쳐 유화로 된 자신의 초상화를 그렸다는 것, 장편소설 『숱밭』을 구상했다는 것, 이상 부부의 방문, 일본행을 꿈꾸었다는 것 등의 내용이 유정 생애의 세목을 보완하고 있다. 이와 같은 점들을 종합하건대, 김영수의 기록은 그만의 것이 아니라 가족 모두의 체험과 기억이 동원된 것이기에 내용이 다양하고 충분하다는 점을 특징으로 한다. 아울러 김유정 사후

18) 위의 책, 133~134면.

에 기록된 전기로서는 질과 양의 측면에서 제대로의 품위를 지녔다는 점에서 유정의 공식 전기로 꼽을 수 있다는 의의를 가진다. 그러나 전기 서술과정에서 유정과의 정서적 거리 문제, 사실에 대한 추측과 예단의 문제 등은 오래도록 검토의 대상이 되어야 한다. 또 전기(傳記) 기록자가 가족이나 친구라는 점이 강조되면, 그들의 자료가 절대시될 수 있는데 그런 이유로 인해 작가의 진실이 훼손되거나 독점되는 일은 피해야 한다. 그렇지 않아도 유정의 자료는 너무 영성한 편이기에 도처에 오류의 함정이 도사리고 있다.

5) 이동주－「김유정」

이동주의 전기 텍스트는 '실명소설(實名小說)'이라는 표제를 달고 있으며, 김유정 생애의 특징적인 국면을 중심으로 픽션이 가미된 전기다. 즉 유정의 병력(病歷), 들병이와의 애정 행각, 기생 옥화에 대한 구애 등의 문제가 소설의 중심 기둥이 된 짧은 꽁트다. 이동주의 '실명소설'은 '소설체'를 표방했던 이상(李箱)의 것보다 훨씬 소설적이고자 한다. 다시 말해 기왕의 자료들을 소설의 문맥 속에 녹여 허구화함으로써 유정의 삶 전체를 극화(劇化)한다. 이동주의 전기는 유정의 삶을 입체적으로 조망한다는 장점에 값한다. 그것은 이 전기가 자료를 병치하는 형태가 아니라 허구의 형태를 십분 활용했기 때문이다. 10페이지에 불과한 분량이지만 효과는 그 분량을 넘어선다. 그러나 검토되어야 할 문제점도 없지 않다. 즉 기왕의 자료를 장식적으로 활용했다는 혐의가 느껴지고 고증상의 문제점도 나타난다. 예를 들자면, 연희 전문 재학 기간을 2년으로 본다든가(이동주, 55), 박록주를 지칭하는 옥화를 '목로집 색시'(이동주, 58)로 묘사하고 있음은 적어도 잘못이거나 과장된 표현이다. 결국 이동주의 전기는 이상의 것과 비교될 수 있는 여지를 많이 가진다. 김유정의 지지자인 김문집이 이상의 「김유정」에 대해 59점의 점수를 매겼다는(김영기, 186) 일화는 소설체 전기가 넘어야 할 어떤 문턱으로 새길 만하다.

6) 김영기—「김유정—그 문학과 생애」

김영기의 전기는 김유정 전기 가운데 가장 발전되고 진화한 형태다. 그에게 이르러 비로소 제대로 된 편제를 갖춘 김유정 전기가 출현했다 해도 과히 어긋난 표현은 아닐 것이다. 그만큼 김영기의 것은 풍부한 자료와 식견이 동원된 종합적인 전기다. 기왕의 전기들이 회고담, 소설체 등의 형식을 차용하고 있는 데 반해 김영기의 것은 문학 전기의 체계를 분명하게 갖추고 있다는 점에서 김유정 전기의 한 정점을 이루는 데 모자람이 없다.[19]

이제 김영기의 전기의 특징을 분석해 보자. 먼저 서술의 측면에서 이 전기는 전지적 시점과 같은 서술 방법을 사용하고 있음이 눈에 띈다. 이는 소설의 기법을 빌어 쓰고 있다는 의미와 같다.

> 혜성처럼 등장했다. 무지개처럼 나타났다. 김유정(金裕貞)이 1935년 조선일보 신춘문예에 「소낙비」가 당선되고, 조선중앙일보 신춘문예에 「노다지」가 가작 입선되어 문단에 등단했을 때, 찬양의 소리가 전국에서 울려 퍼졌다. (김영기, 12)

인용문은 김영기 전기의 가장 첫머리에 해당하는 단락이다. 문장만으로 본다면 소설의 첫머리와 흡사하다. 김영기는 이러한 서술태도를

19) 김영기의 전기는 크게 김유정의 생애, 김유정의 문학, 김유정의 문단 교유, 김유정의 문학세계 등 4부로 나뉘고 각 부는 다시 장으로 부류되어 세부적인 소제목들을 달고 있다. 김유정과 관련된 사실들은 거의 남김없이 기록되었다고 해도 과언이 아니다.

시종일관 지켜나가고 있지만 자신의 전기에 픽션적인 요소를 가미함으로써 주관적인 판단으로 기울거나 자의적 해석을 내리지는 않고 있다. 이러한 점은 서술태도와 관련하여 전기의 신뢰감을 확보하는 데 도움이 되고 있다.

서술태도에 이어 김영기가 전기 텍스트를 통해 자료를 취급하고 있는 태도 역시 매우 정교하고 엄밀하다. 일차적으로 김유정과 관련된 모든 자료를 수집하고 체계적으로 분류, 종합함에 있어 비약과 오류를 피하고 있다는 점에서 매우 학문적이라 하겠다. 이는 물론 전기작가의 재능과 성실성이 균형을 이룸으로써 얻어진 결과일 것이다. 실제로 김영기는 김유정과 동향이라는 강한 연대감 속에서 일찍이 김유정의 문학세계를 비평적으로 조명하는 일에 헌신해 왔다. 그런 점에서 그는 김유정 전공자의 한 사람이고 그렇기 때문에 전기 집필의 더할 나위없는 적임자로 볼 수 있다.

> 재동공립보통학교가 있던 지역은 당시 우리나라 정치 · 경제 · 문화 · 사회의 중심지였다. 사대부 집안들이 이 지역에 거주했다. 경복궁, 창경궁, 비원, 운현궁 등으로 둘러싸여 있었고, 옛 관청들이 왕궁 주변으로 늘어서 있었다. (…중략…) 이 지역의 주민 대부분은 조정의 관리들로 구성되었고, 상류계급의 귀족층이 주류를 이루었다. 특권계급에 속하는 사람들이 거주하는 지역이었다. (김영기, 51~52)

인용문은 김영기의 서술 태도와 자료를 취급하는 명료한 관점을 극명하게 보여주는 예가 된다. 인용문은 김유정이 수학한 재동공립보통학교가 위치한 곳의 지정학적 특성과 문화적 특성을 간결하게 잘 요약하고 있다. 하나의 자료를 다룸에 있어 그 자료에 연결된 관계항을 성찰하는 일은 전기작가에게 매우 중요하다. 김영기는 비평가라는 직업적 특성을 전기 집필에 충실하게 반영하고 있다.

다음으로 이 전기의 구성을 살펴 보자. 출생(성장) → 소설쓰기 → 문단

교유의 순서로 진행되고 있는 것이 이 전기의 서술 순서다. 기왕의 자료를 종합하면서 작가의 생애를 순차적으로 정리하는 이러한 서술방식을 편년체적 기술이라고 지칭할 수 있다. 편년체적 기술은 작가의 생애를 정리하기에는 적절한 능률성이 보장된다. 또 편년체적 구성과 전지적 시점이 교차함으로써 전기에 입체성이 부여된다. 여기서 말하는 입체성이란 사실의 병치에서 오는 기술의 평면성을 지양하려는 방식을 지칭한다. 김영기는 이에 머물지 않고 대상을 객관적 · 분석적인 태도로 다룸은 물론 엄격한 실증적 태도까지 겸함으로써 전기를 훨씬 풍요롭게 만들어 준다.

이제 김영기의 전기에서 내용상 특이한 점들을 정리해 본다. 먼저 유정의 출생지를 춘천으로 단정하고 면밀한 조사를 통해 유정의 가계도를 고증해낸 부분은 이 전기에서 단연 빛나는 대목으로 보인다. 또 유정의 가계도를 통해서 유정의 문학적 재능이 어머니 심씨로부터 전해진 것으로 추론하는 것은 흥미로운 의견이다(김영기, 28). 다음으로 유정 가문의 축재과정에 대해 안회남이 「겸허」에서 부정적으로 언급한 것에 대해 김영기는 다음의 인용문과 같이 전면적으로 부정하고 있다.

> 양반의 세력으로 재물을 탈취했다는 증거는 없다. 또 춘천지방에 그런 이야기가 전해오는 것을 찾아볼 수 없다. 유정의 실레마을에서의 농민운동은 고향을 살리려는 마음, 고향을 살찌게 하려는 마음, 그리고 궁극적으로는 식민지시대 민족갱생의 거름이 되고자 한 데서 비롯되었다. (김영기, 118)

김영기는 유정의 농민운동을 회남이 언급하는 바와 같이 선조의 죄를 대속하기 위한 것으로 보지 않고 식민지시대 민족갱생이라는 대의명분 속에서 찾고 있다는 점에서 대조적이다. 김영기와 안회남의 상반된 시각과 해석은 양자가 일면적 진실에 접근하고는 있지만 전부 옳거나 전부 그르다고 못박기는 난처하다. 잠정적이지만, 유정가의 축재 문제는 김영기와 안회남의 견해가 양보적으로 타협하는 것이 타당성이 있어 보인다. 즉 양반이라는 사회적 신분을 통해 부를 축적했다는 것은 정당성만을 고집하기 어려운 측면을 가진다는 점에서 유정가의 축재와 그에 얽힌 동리의 분위기는 유정에게 심리적 부담이 되었을 것으로 본다. 또 당시에 진행된 브나로드 운동은 유정과 같은 젊은 지식인 청년들에게 소명의식을 고취하기에 충분했다고 본다. 그러므로 유정이 고향에서 〈금병의숙〉을 비롯한 농민운동을 주도한 저변에는 1930년대의 사회・역사적 환경과 유정의 개인적 환경이 맞물리고 있다고 봄이 더 그럴 듯하다. 이밖에도 「소낙비」와 「노다지」의 체험적 현장성을 논하면서 「소낙비」가 실화에 근거함을 역설한다. 그러나 이 문제는 '그런 사람이 있었다더라'와 같은 청문(聽聞)만으로는 고증이 되지 않는다고 본다. 또 철저한 조사와 고증을 자랑하는 전기가 취할 태도가 아니라고 본다.

더불어 작가의 전기는 생애를 고증하는 일만이 아니라 생애와 작품이 혼융된 세계를 제시할 수 있다면 더 바랄 것이 없을 터이다. 김영기의 전기는 유정의 생애를 엄밀하게 고증했고, 또 작품을 개관하는 일에도 소홀치 않았다. 즉 김영기는 자신의 전기 속에서 비평가로서의 직능을 십분 발휘했다고 할 수 있다. 하지만 김유정 모노그라피라기보다 주석에 너무 치우친 감이 없지 않다. 그렇지만 김영기의 전기는 적어도 김유정의 문학과 생애를 체계적으로 종합・정리했다는 의의와 치밀한 조사와 고증을 통해 김유정의 생애를 복원했다는 점에서 공식(公式) 전기(傳記)로서의 정점에 있음은 부인되지 않을 것이다.

7) 전상국 장편소설－「유정의 사랑」

전상국의 장편소설을 전기를 검토하는 자리에서 논의하는 것은 일견 문제적일 수 있지만, 이에 대해서는 '2. 논의를 위한 전제' 부분에서 잠시 해명한 바 있다. 요컨대 전상국은 평전이 갖는 서술의 단조로움을 극복하면서 사랑소설과 평전이 행복하게 결합하는 텍스트를 만들겠다는 작의를 「유정의 사랑」을 통해 구체화한다. 이런 점에서 전상국의 것은 논쟁적 소지를 갖는다. 그러나 이 글은 전상국의 텍스트를 소설로 인정하면서 동시에 한편의 역동적인 작가 평전으로 읽어낸다. 즉 전상국은 기왕의 전기 기록들을 수용하면서 그 위에 두 젊은 남녀의 연애를 펼쳐놓는 방식을 통해 한편으로는 기록에 봉사하고, 한편으로는 연애에 봉사하면서 동시에 둘을 교묘하게 겹쳐놓은 소설을 만들어냈다. 따라서 전상국의 소설은 평전과 소설이 요구하는 공통적 특질과 서로 다른 장르상의 요구를 동시에 만족시키는 야무진 구조를 가졌다는 점에서 흥미롭고 성공적인 전기다.[20] 그리고 역시 흥미롭고 성공적인 장편소설이다. 편의적이고 기계적인 발상이라는 비난에 직면할 수 있겠지만, 그렇더라도 논의의 능률을 위해 이 글은 평전 기록들을 중심으로 살펴나가려고 한다. 전상국의 소설을 소설로 분석하려고 했을 때는 매우 까다롭고 골치 아픈 문제들이 곳곳에 깔려 있다. '나'라는 인물을 통해 김유정의 생애를 탐사·분석하는 소설적 구조 속에는 두 개의 스토리가 따로 또는 서로 관계하면서 전개된다. 즉 소설의 주인물인 '나'와 김유정, '나'의 연인인 '하리'와 김유정의 연애 대상이었던 '녹주'가 서로 조응하면서 풀려나가는 이야기는 매우 난삽한 문제들을 내장하고 있기 때문에 자칫 논지를 벗어날 수 있다.[21] 따라서 특별한 경우가 아니고는

20) 전기작가는 상상력을 사용할 것(자료까지 상상해서는 안됨), 과거를 현재의 관점에서 이해할 것, 사실을 재판하는 투의 행동을 삼갈 것, 고인을 존경하되 진실해야 한다고 하는데 전상국의 전기는 이상의 유의점들을 충분히 존중하는 차원에서 기술되고 있다(레온 에델, 김윤식 역, 앞의 책, 18면 요약).

21) 「유정의 사랑」의 주인공 '나'는 국어학 전공의 기혼 대학원생이고 여자 인물 '하리'는 전직 교사 출신이며 미혼의 이지적인 수학 강사다. '나'는 작가, 김유정의 분신이자 '하리'는 유정이 추구했던 여성을 대리하는 구실을 맡고 있다. 즉 유정의 '이루어 지지 않은 사랑'과 유부남과 미혼녀의 일탈적 사랑을 대비시키면서 사랑의 본질을 추구하겠다는 작의가 분명하다. 소설에 등장하는 갖가지 식물에 대한 관찰과 묘사는 주인공

소설을 분석하는 태도를 버리고 평전 중심으로 논의를 진행할 것이다.

전상국은 유정에 관하여 김영기 못지 않은 향토적 연대감을 가지고 김유정을 추적해 온 작가다. 그러니까 그 역시 김유정 전공자라는 당당한 지분을 소유하고 있다.[22] 그런 점에서 그의 전기는 주도면밀하게 준비된 야심찬 노작에 값한다. 이제부터 전상국의 전기의 내용 중 새로운 의견으로 보이는 것들을 차례로 제시하고자 한다. 맨 먼저 눈에 들어오는 것은 유정의 출생지 문제다. 전상국은 유정의 고향을 서울로 규정한다. 필자가 제시하는 주장을 다음에 인용한다.

> 생존하는 마을 사람 누구도 김유정이 춘천에서 태어났다고 주장하지 못했을 뿐더러 김유정의 셋째 누나 유경의 주장에 일리가 있다고 생각했기 때문이다. 당시의 정황이 그 셋째 누나의 주장을 뒷받침해 준다. 춘천 의병이 봉기하던 구한말 한일합방을 앞둔 뒤숭숭한 세상에 춘천 실레 부자가 신상에 어떤 위험을 느껴 서울에 집을 마련해 식솔들을 옮겨 갔을 가능성이 높은 것이다. 어쩌면 그 이전부터 대부분의 식솔들이 서울생활을 하고 있었는지도 모른다. (전상국, 14)[23]

인용을 통해 볼 때, 기존의 춘천으로 고정되어 왔던 유정의 출생지에 대한 반론은 동의받을 개연성을 많이 거느리고 있다. 그런 점에서 출생지에 관한 문제는 앞으로의 숙제로 남는다. 그러나 출생지 문제는 작가의 전기에서는 밝혀져야 할 항목이지만 유정문학의 본원적 정서와 주요 배경이 서울이 아니라 춘천 실레마을이라는 점은 음미될 부분이다.

전상국의 전기에서 빛나는 부분은 역시 유정의 사랑에 대한 심층분석에 있다. 유정이 어머니에 대한 연모의 정을 연인에 대한 그것으로

의 전공이 국어학이라는 점을 감안하더라도 놀라운 경지다.

22) 전상국은 1985년 그의 모교인 경희대학교 대학원에서 「김유정 연구」를 석사논문으로 제출한 바 있다.

23) 이러한 주장은 같은 논문 330면에서 김영수 · 진수옹에 의해 분명하게 확인됨으로써 심증의 단계를 넘는 신뢰감을 형성하고 있다.

대체시켜 나갔다고 하는 기존의 의견들에 대해 전상국은 생각을 달리 한다.

> 그는 오직 자신의 외로움을 통해 자기 신념과 열정을 확인하고 싶었다. 그는 자기 자신을 깊은 절망의 밑바닥까지 떨어뜨린 다음 그 밑바닥에서 다시 솟아날 수 있는가를 시험했다. 그때 그가 필요했던 것은 자기 확인이었다. 그는 뭔가를 확인하지 않고서는 견딜 수가 없었던 것이다. (전상국, 107)

> 김유정의 그 편지 쓰기는 그야말로 발광이었다. 스물한 살 그 나이에 시작된 그 방황의 조짐은 심상치 않았다. 박록주라는 여자를 만났기 때문에 그의 편지 쓰기가 시작된 것이 아니라 그가 편지를 쓰지 않으면 안 되는 그런 절박한 상황 속에 박록주가 나타났을 뿐이다. 다른 여자가 나타났더라도 그것은 마찬가지였을 것이다. 중요한 것은 편지쓰기가 아니라 그가 처한 절박한 상황으로부터 탈출하는 것이었다. (전상국, 106)

두 개의 인용문은 유정이 집요하게 경사되었던 여성 문제에 대한 새로운 단서를 제공한다. 그러니까 자기 확인을 위한 대안으로서 탈출이 필요했고 그 출구가 박록주라는 여인을 통해 이루어진다는 논리다. 즉 외로움이라는 '열등 에너지'(전상국, 153)를 통해 새롭게 태어나고자 했다는 것이 전상국이 전기 속에서 부각시키고자 했던 주장의 요지다. 이러한 논지는 사랑소설이라는 겹의 구조 속에서 높은 설득력으로 다가온다. 유정의 짧은 삶을 추동해온 에너지가 외로움에 기인한 '열등 에너지'임을 밝히고 이를 통해 그의 연애와 글쓰기를 밝혀 나간 과정은 전상국이 김유정과 동업의 후배 소설가였음도 무관치 않을 것이다.

전상국의 전기에서 흥미를 끄는 것으로 유정 서자설을 들 수 있다. 유정이 첩실의 아들이라는 설은 동리 주민의 증언으로 채록되어 있는데 증언만으로 유정의 서자설이 확인되기에는 미흡한 점이 한두 가지가 아니다.

아, 그런데 김유근이 그 양반이 그때 쉰 살이 넘었는데 (김유근이는 본처 아들이구 유정이 그 양반은 첩실 아들이니까 그렇게 나이가 차이질 수밖에 읎지유 뭐.) 집에다 첩을 둘인가 셋인가 함께 데리구 살 땐데 웬 아새끼들이 글을 배운다구 짹짹거리니까 당장 내쫓데유. (전상국, 179)

위의 인용은 '1992년 10월 3일, 신남 금병산 기슭에서. 조문희옹(70세, 신동면 증리)이 구술한 것으로 기록되어 있다. 그러나 이러한 증언의 신빙성은 매우 허약하다. 왜냐하면 구술자 자신이 열살 경에 유정을 처음 만났다고 회상하는데 구술자 자신의 착오도 있을 수 있기 때문이다.[24) 더구나 유정의 부친 김춘식은 그의 아들 유근과는 달리 매우 근엄했다는 증언들이 설득력을 갖는다. 유정의 형 유근은 집안에 여자들을 여럿 거느리고 살았다고 하는데 이것이 선친의 취첩행위로 오해되어 전달되었을 가능성도 없지 않다. 더욱이 당시로서는 한 여자가 8명의 자식을 생산하는 것이 없지 않았기 때문에 유정의 서자설은 설득력이 떨어진다(전상국, 330~331).[25)]

이밖에 전상국 소설의 배경과 김유정 소설의 배경이 서로 넘나들면

---

24) 서자 문제는 유정의 가족측에 의해 강력히 부인되고 있는데 설령 그렇다고 하더라도 한국 사회의 문화적 관습으로는 인정되기 어려운 사안일 것이다. 우리의 경우 전기의 일반적 모습은 고작 작가에 대한 상투적인 추모나 상찬에 머물기 십상이다. 이처럼 전기문학이 한미(寒微)할 수밖에 없는 배경에는 사적인 프라이버시에 대한 완강한 封印을 들 수 있다. 앞으로 전기작업이 활발히 이루어지기 위해서는 작가의 사생활에 대한 봉인이 과감히 해제되어야 할 것이다.

25) 전상국이 표로 제시한 김유정의 가계는 다음과 같다.(전상국, 325)

부 : 김춘식 →	裕近 →	영수(남) →	진웅 →	기호 · 규호 형제
모 : (청송 심씨)	(대구 서씨)	진수(여)	석진절 등3남2녀	
	유달			
	유형			
	유경			
	유관			
	유홍			
	裕貞 →			
	부홍			

서 보여주는 배경적 교감은 전상국의 뛰어난 묘사력에 힘입어 이 전기의 좋은 장점으로 작용한다. 또 영수·진수옹의 육성을 채록하여 기록하고 있다는 점(전상국, 330),기존의 평전과 증언자들의 증언에 대한 일정한 비판(전상국, 28~29), 유정의 결혼설 확인(전상국, 330), 유정의 기적비 비판(전상국, 47), 강원도 춘천에서 이루어지고 있는 추모와 관련된 행사들까지 수렴하여 적고 있으며, 유정의 후배 소설가들의 인맥까지 더듬어 놓고 있다(전상국, 322).

이상의 내용들을 종합해 볼 때, 전상국의 전기는 전기와 소설이라는 두 개의 구조를 통합하면서 성공한 장편소설로 볼 수 있다. 또 기존의 김유정 자료들을 종합적으로 수렴하여 체계화하고 그것에 대해 일정한 비판을 가하고 있다는 점과 유족의 증언을 채록하고 있다는 점은 이 전기의 장점이다. 김영기의 전기가 비평가의 권능이 잘 구사된 것이라면, 전상국의 것은 작가의 권능이 넉넉히 발현되었다고 할 수 있다. 그러므로 전상국의 전기는 고증과 평가에 대한 관심 못지 않게 유정의 창작심리의 저변을 확인하는 데에 성공하고 있다.

4. 김유정 전기의 쟁점

지금까지 이 글은 김유정의 전기 기록들을 살펴왔다. 김유정에 관한 전기 기록들은 단순한 기록의 형태로 혹은 소설체의 형태거나 소설의 형태로 존재해왔다. 간단하게 말하면 기록적 전기와 허구적 전기로 대별할 수 있다. 서술의 형태는 전기작가가 효과적이고 능률적인 표현을 얻기 위해 선택하는 것이기에 그에 대한 특질들만 살펴지면 그만일 것이다. 그러나 전기작가들이 취급하는 자료들은 상상에 의해 조립될 수 없는 성질의 것이다. 즉 전기작가들에게 상상의 여지를 주지 않는다는 점에서 선택의 폭이 좁은 것이 사실이다. 특히 김유정과 같이 문학활동을 한 기간이 짧고, 더욱이 생애마저 단명으로 끝난 경우는 전기의 자료가 단출해서 편리할 수 있다. 사정이 이러한데도 불구하고 유정의 경우는 자료가 단출함에도 불구하고 의견이 일치되지 않는 부분들이 존재한다. 사실을 밝혀 줄 자료 자체가 망실되었고, 지인들조차 소멸했기 때문에 쟁점이 될 만한 사안들은 표류할 수밖에 없다. 이제 각 전기들에 공통적으로 나타나고 있는 대표적인 쟁점들을 살펴 보겠다.

김유정 전기에서 우선적으로 대두되는 쟁점은 그의 출생지 문제다. 김유정의 출생지로 거론되는 곳은 주로 강원도 춘천군 신동면 증리 427번지다. 유정의 출생지를 춘천으로 잡는 데는 두 가지의 근거가 작용했다. 하나는 유정 자신이 1936년에 『조광』에 발표한 수필 「5월의 산골작이」에서 "나의 故鄕은 저 江原道 산골이다. 春川邑에서 한 二十里假量 山을 끼고 꼬불꼬불 돌아 들어가면 내닷는 조고마한 마을이다"(전신재, 401)라는 언술과 1968년 김영수가 「김유정의 생애」[26]에서 춘천을 출생지로 기록함으로써 결정적 사실로 받아들여져 왔다. 그러나 전상국에 의해 유정의 출생지가 춘천이 아니라 서울이라는 설이 제기되었다. 춘천설은 그것을 기록했던 조카 김영수에 의해서 다시 번복됨으로써 춘천 출생설은 그만큼 비중이 감소되고 있다. 그러나 이 문제는 확고부동한 증거가 출현하기 전까지는 김유정 논의의 현안으로 작용할 것이다. 김유정 논의가 좀더 깊은 폭을 얻기 위해서는 춘천설과 서울설이 대두될 수밖에 없었던 유정 가문의 특이한 배경을 살피는 일이 더 의미있을 것으로 본다.

두 번째 쟁점은 김유정의 서자설이다. 이 문제도 전상국의 전기에서 제기된 쟁점으로서 논증을 통해 검증하기 난감하므로 김유정 연구의

26) 『김유정전집』, 현대문학사, 1968.

과제로 등록된다.

또 김유정의 결혼 사실도 쟁점이 될 수 있다. 즉 안회남에 의해 결혼설이 제기되었고, 전상국은 가족들의 인터뷰를 통해 결혼설을 유력한 사실로 만들었다.[27] 그러나 이 쟁점도 서자설과 같은 맥락에서 이해된다는 점에서 현안으로 남는다. 결혼설과 짝하여 유정 연구에 있어 최대의 쟁점이 될 만한 것은 단연 유정의 여자 문제다. 박록주, 박봉자로 기명화(記名化)된 여인들을 비롯하여 유정이 '왜' 그토록 여자들에게 무모한 '질주와 투신'을 감행했는가에 대한 문제는 유정의 삶과 문학의 핵심을 이해하기 위해 반드시 통과해야 하는 주제다. 유정을 논하면서, 그것이 생애가 되었든 문학이 되었든 간에 가장 빈번하고 확실하게 취급되는 것이 이 문제다. 유정이 여자에게 경사된 데에는 그의 조실부모, 병력(病歷), 경제적 궁핍의 가중과 같은 정신과 물질의 환경이 거론되어 왔다. 물론 이러한 견해들이 수긍이 가지만, 유정의 문학 작품에 반영된 여인형과 관계하여 설명할 수 있는 준거틀이 제시된 적은 없는 것 같다. 다만 전상국의 전기에서 유정과 나, 록주와 하리라는 등장인물의 대비를 통해 김유정의 심리가 입체적으로 조명되는 성과를 얻었다고 본다.

유정의 학력에도 쟁점은 숨어 있다. 즉 연희전문을 자퇴한 내력, 보성전문 입학 여부 등은 여전히 의문으로 남는 항목이다. 특히 유정이 1931년 4월 20일 보성전문학교에 입학했다고 전해지나 이에 대한 기록이 없다. 학과 성적이나 퇴학 날짜도 기록되어 있지 않고 퇴학자 명부만 남아 있다(김영기, 107). 학력에 관한 자료들이 충분치 못하므로 궁금한 부분은 추론으로 채워지고 있다. 추론이 사실의 자리를 차지해서는 안 될 것이다.

---

27) 안회남의 「겸허」나 그 누님 중 한 분이 밝힌 바에 의하면 김유정은 연안 이씨와 혼인했다가 며칠 못 가 소박 놓았다는 이야기가 있다. 이 문제에 대해 영수씨 남매는 '소박 놓았다'는 말을 좀 안 좋은 일로 생각하는 눈치였지만 당시 고모네들과 왕래가 별로 없었던 때라 잘 모르겠다는 것을 전제로, 그네들이 동생을 강제로 결혼시켰을 가능성이 아주 없지 않다는 의견을 조심스레 비쳤다.(전상국, 330)

끝으로 유정이 서울에서 춘천으로 귀향한 이유, 금병의숙을 개설하고 농민운동에 참여한 동기 등은 여전히 의문으로 남는다. 안회남의 발언처럼 선조들의 잘못을 씻기 위해 동리 사람들에게 글을 가르쳤다는 의견을 어디까지 수용해야 하는지는 충분히 쟁점이 될 소지가 있다.

지금까지 유정의 전기를 통해 본 쟁점들을 정리해 보았다. 김유정의 생애와 문학에서 쟁점으로 대두되는 사안들은 자료의 망실, 부실한 증언과 편견 등이 복합적으로 뒤섞여서 타성화 된 것이 아닌가 여겨진다. 어쩌면 김유정 전기에서 가장 확실한 것은, 김유정은 1937년 3월 29일 오전 6시 30분 30세의 나이로 경기도 광주군 중부면 상산곡리 100번지에서 그의 매형이자 휘문고보 동창인 유세준과 누나가 지켜보는 가운데 적적하게 영면했다는 사실일 것이다. 그리고 그가 한 사람의 좋은 작가였다는 사실도 쟁점을 벗어나는 확고한 항목이라고 본다.

5. 정리

이제 이 글을 정리하고 매듭지을 때가 되었다. 이 단계에 이르기까지 본고는 기존의 김유정 전기 자료들을 검토했다. 이 작업은 한편으로는 김유정 전기 작업의 개관을 위한 것이고, 다른 한편으로는 김유정 이해의 폭을 검토하려는 작업의 일환이었다. 이러한 논의를 수행하기 위하여 일곱 가지의 전기를 검토의 대상으로 삼았다. 그것은 다음과 같다. 김문집의 「김유정의 예술과 그의 인간 비밀」, 이상의 「김유정—소설체로 쓴 김유정론」, 안회남의 「겸허—김유정전」, 김영수의 「김유정의 생애」, 이동주의 「김유정」, 김영기의 「김유정—그 문학과 생애」, 전상국의 「유정의 사랑」 등이 그것이다. 이들 전기 자료들은 분량이 10여 쪽에 불과한 것에서부터 360쪽에 이르기까지 그 편차는 컸다. 또 고증에 치중한 기록적인 전기와 픽션이 가미된 허구적 전기가 공존하는 것이 김유정 전기의 형편이다. 이들은 서술의 형식에 있어서나 분량면에서 판이한 면이 있기에 같은 자리에서 검토하기에 부적절한 요인이 없지 않다. 그러나 이들 자료들이 한결같이 작가 김유정의 삶과 문학을 위해 헌신하고 있다는 점에서 이들을 한 자리에 놓고 검토하기로 했다. 또 전기들 상호간의 영향 관계를 이해하기 위해 전기가 발표된 순서에 따라 검토하였다. 지금까지 검토한 내용들을 간단히 정리하겠다.

김문집의 것은 감정의 개입이 균형을 잃은 흔적은 있지만, 김유정에 대해 깊은 애정을 가지고 터놓고 작가를 지지해온 비평가답게 유정의 삶과 문학에 대해 포괄적이면서 선명한 이해의 차원을 마련했다는 의의를 가진다.

이상의 것은 '소설체'라는 형식을 통해 김유정이 처하고 있는 인생의 명암을 상징적으로 함축하는 데 성공하고 있다. 또 두 사람이 공유한 의식의 편린이 전기의 전편에 자연스럽게 녹아있다는 점에서 사실에 충실하면서도 예술적 향기마저 획득하고 있다.

안회남의 것은 평소 많은 교분의 시간을 가졌던 친구라는 유리한 입장을 살려 '신변소설체'의 형식으로 유정의 삶을 그려냈다. 또 일방적 찬미나 비판에 기울지 않고 객관적 사실과 비판적 안목을 적절히 조화시킨 전기라 하겠다.

김영수의 것은 비로소 완성된 김유정의 공식 전기라 할 수 있다. 이는 김유정 생전에 입회한 가족의 입장에서 쓰여졌다는 점으로 인해 대단한 권위를 가지기도 한다. 또 김영수의 것은 유정에 관한 저간의 자료들을 종합하고, 수정하고, 판단하고 있다는 점, 그리고 뒤에 올 전기기록의 원천이 된다는 점은 이 전기가 갖는 중요성을 반증한다.

이동주의 것은 유정 생애의 특징적인 국면을 중심으로 하여 쓰여진 실명소설이다.

김영기의 것은 유정 전기 가운데 가장 발전되고 신화된 형태다. 또 이 것은 풍부한 자료와 지속적 관심이 하나의 종합을 이루고 있으며 자료의 정리와 고증에 충실함으로써 비평가적 권능이 십분 발휘된 전기라 하겠다.

전상국의 것은 평전 형식과 소설 형식을 결합한 전기소설이라 할 수 있다. 즉 이 전기는 평전이자 전기소설이라는 이중의 형식을 결합하고 있다는 점에서 입체적이고 역동적인 전기라고 할 수 있다. 아울러 이 전기는 작가로서의 안목과 성실성을 통해 유정의 정신세계를 조명해나간 특이한 평전이자 소설이라고 하겠다.

이상의 전기 검토를 통해 유정의 출생지·서자설·결혼설 및 여성 문제, 학력 문제, 귀향 이유, 농민운동을 전개한 배경 등의 쟁점이 엄연히 존재하고 있음을 확인하게 되었다. 김유정의 생애와 문학에서 쟁점으로 대두되는 사안들은 자료의 망실, 충분치 못한 증언에서 연유하는 소급적 왜곡과 이에 대한 추론의 권위 등이 복합적으로 뒤섞여서 고정되고 있는 것이 아닌가 여겨진다. 김유정 전기에서 확실한 것은, 김유정은 1937년 3월 29일 오전 6시 30분 30세의 나이로 경기도 광주군 중부면 상산곡리 100번지에서 매형이자 휘문고보 동창인 유세준과 누나가 지켜보는 가운데 영면했다는 사실일 것이다. 이상의 사실을 제외하면 나머지는 그의 지지자들에 의해 누벼진 기록일 뿐이다. 그가 한 사람의 빛나는 작가였다는 사실만이 작가를 둘러싼 쟁점과 논쟁을 비켜갈 수 있는 항목인지도 모르겠다. 그래서 우리는 오늘도, 어쩔 수 없이, 그의 삶과 소설을 새롭게 바라볼 수 있는 또 한 편의 문학적 초상화를 기다리게 된다.

김유정의 우울증

유인순

1. 들어가는 글

> 나는 숙명적으로 사람을 싫어합니다. 다시 말하면 사람을 두려워한다는 것이 더 적절할는지 모릅니다. 늘 주위의 인물을 경계하는 버릇이 있습니다. 그 버릇이 결국에는 말없는 우울을 낳습니다.[1]

김유정이 어느 잡지사의 설문지에서 자신이 우울증에 걸려 있음을 피력한 부분이다. 예술가들을 괴롭히는 우울증, 혹은 이상심리라는 어휘가 마냥 생소한 것만은 아니다.

프로이드는 인간의 정신을 에너지 체계로 본다. 그런데 이 체계는 '한정된 양의 에너지를 가진 닫힌 체계'[2]이므로 어느 한 대상이나 활동

1) 김유정, 「어떠한 부인을 맞이할까」, 『원본 김유정전집』(전신재 편), 한림대 출판부, 1987, 406면. 이후 이 책은 『원본 김유정전집』으로만 표기한다.

에 에너지가 과도하게 투입되면 에너지 체계 자체에 부분적 또는 전체적 붕괴를 초래하게 된다. 그 대표적인 예로 버지니아 울프, 헤밍웨이, 가와바타 야스나리의 자살을, 정신병원에서 임종을 맞아야 했던 휠덜린과 모파상[3]을 보게 된다. 한국의 경우 시인 김소월, 이장희, 희곡작가 김우진 들의 자살, 화가 이중섭의 정신분열이 이에 속한다. 물론 그들이 보여주는 우울증은 시대와의 불화, 개인의 기질적인 문제도 없지 않다. 그러나 대개는 창작과정 중에 그들이 쏟아야 하는 지속적인 집중력과 내면의식의 확대, 그로 인한 정신적 긴장감을 감당하지 못해 침몰되고 말았다는 사실 또한 인정하지 않을 수 없다.

흔히 우울증은 누구나 쉽게 감염될 수 있는 것이어서 '심리적 감기'[4]에 비유되고는 한다. 대개의 경우 우울증은 실패와 상실에 대한 심리적 반응[5]에서 시작된다. 이 글에서는 김유정이 고백하는 우울증의 양상과 정도, 원인, 그로부터 벗어나기 위한 김유정의 노력을 살펴보려고 한다.[6] 이를 위해 먼저 김유정의 자전소설 및 자전적 요소가 짙은 소설작품, 그리고 비소설 작품(수필 · 서간문 · 설문지 · 일기)에 나타난 우울의 양상을 살펴볼 것이다. 이는 일반소설에 비해 작가가 그의 생애와 생활체험을 비교적 솔직하게 작품에 반영하고 있는 까닭이다.[7] 나아가 지인들이

2) 홍숙기, 『성격심리학』(상), 박영사, 2000, 87면.

3) 모파상, 제임스 조이스, 고흐, 니체들이 겪은 우울증과 정신착란의 원인은 매독 감염에 따른 한 증상으로 지적되기도 한다. 데버러 헤이든, 이종길 역, 『매독』, 길산, 2004 참조.

4) 권석만, 『우울증』, 학지사, 2000, 14면.

5) 위의 책, 21면.

6) 김유정에 대한 심리적 연구는 의외로 빈약하다. 여기에 관련된 논문은 다음과 같은 것이 있다. 서정록, 「작품에 투영된 작가의 심층의식－김유정의 Female Complex를 중심으로」, 『동대논총』 제6집, 동덕여대, 1976; 이선영, 「김유정 연구」, 『예술논문집』 제24집, 예술원, 1985; 유인순, 「유정의 그물－김유정 문학의 심리비평적 연구」, 『김유정을 찾아가는 길』, 솔과학, 2003.

7) 김유정 자전소설 및 자전적 요소가 짙은 작품, 그리고 비소설작품에서 언급된 내용은 김유정 지인들의 증언(이상 · 안회남 · 이석훈 · 김문집 · 박녹주 · 김영수)과 거의 일치한다.

증언하는 김유정의 전기적 사실과도 연관시켜 앞에서 제시한 문제들의 답을 찾도록 할 것이다.

그러나 우울증이 김유정 문학에 어떤 영향을 끼쳤는가에 대한 상세한 연구는 다음의 과제로 남겨두기로 한다.

2. 김유정 작품에 나타난 우울증[8]

인간의 삶이란 환경과 상호작용하며 적응해 가는 과정이다.[9] 그런데 때로는 이 적응과정에 장애가 나타나 이상행동을 보이는 경우가 있다. 이때 이상행동이란 일반적으로 정상에서 벗어난 행동을 의미하며, 이들은 심리적 기능에 심각한 장애가 왔을 때 나타난다. 이들 이상행동의 집합체는 이상심리, 또는 정신장애라고 불린다.

김유정 작품의 경우, 농담(濃淡)의 차이가 있을 뿐 지속적으로 우울증(이상심리)의 그림자가 드리워진다. 그 중에도 자전소설이나 자전적 요소가 강한 작품군에서는 보통 이상으로 심각하다.

---

8) 우울증은 본래 이상심리(異常心理)의 하위 항목, 성격장애에 속한다. 그러나 본고에서는 김유정이 자신의 부정적인 정서를 혐인증과 우울증이라 불렀기에 그대로 따르기로 한다.

9) 권석만, 『현대이상심리학』, 학지사, 2003, 22면.

1) 김유정 자전 및 자전적 요소가 강한 소설작품에 나타난 우울증

(1) 무직자의 우울증

무직자를 등장인물로 다루고 있는 작품은 「심청」 「따라지」 「연기」 「슬픈 이야기」이다.

「심청」의 무직자는 '자기의 불평을 남의 얼굴에다 침 뱉듯 뱉아 붙이기 일수'이고, '남의 비위를 긁어 놓기로 한 일'을 하나의 향락처럼 즐긴다. 그의 세상에 대한 분노와 적대감, 불신은 상대 및 자신에 대한 공격과 비하(卑下)로 나타난다. 종로통에서 만난 깍쟁이는 '강아지의 문벌'보다도 못한 '거지 한 마리'로, 열댓 살 안팎의 중병자인 깍쟁이의 얼굴은 '노란게 말라빠진 노루 가죽'으로, 아기 거지는 '시르죽은 고양이' 또는 '벌레'로 인식된다. 이에 비해 몰인정한 순사 — 고보 시절 예수 믿기를 권하던 친구는 순사란 확실한 직장이 있기에 '베드로'로 추켜지고 철학자를 꿈꾸던 자신은 벌레의 일원으로 전락한다.

「연기」에서 무직자는 우연히 황금 덩어리를 얻어 꽃바람 부는 길을 살찐 도야지를 타고 돌아와 누님에게 큰소리를 치며 누님을 골린다. 누님과 싱갱이를 하는 중에 참새 한 마리가 달려와 목줄띠를 물어 채는 바람에 참새와 육탄전을 벌이는데, 콧속으로 들어오는 매캐한 연기에 놀라서 깨어보니 꿈이다. 「심청」에서는 제비가 물찌똥을 깔기며 무직자를 비웃고 「연기」에서는 참새가 무직자의 목줄띠를 물어 채면서 호흡을 방해한다.

「따라지」의 톨스토이는 누님에게 얹혀산다. 집세를 받아내지 못한 주인마누라 눈에 톨스토이는 '새파랗게 젊은 녀석이 웨 이리 헐 일이 없는지 밤낮 방구석에 팔짱을 지르고 멍하니 앉어서는' 얼이 빠져 있는 것이 마뜩찮다. 아끼꼬의 눈에는 톨스토이가 '등신'같아 안타깝다.

「슬픈 이야기」의 무직자는 '요즘 같은 쓸쓸한 가을철에는 웬 셈인지

자꾸만 슬퍼지고, 외로워지고, 이래서 밤잠이 제대로 와주지 않는 것이 결코 나의 죄는 아니다'라고, 우울증과 불면증을 일시적인 계절성 우울증[10]인양 이야기한다. 그는 매일 밤 부부싸움 하는 옆방 남편에게 충고를 하다가 오히려 사람들의 오해를 받고, 신당동 셋집을 떠나기로 한다.

(2) 실연자의 우울증

김유정이 박녹주를 짝사랑했던 사실을 작품화 한 것에 「생의 반려」와 「두꺼비」가 있다. 「두꺼비」가 먼저 발표되었다. 그러나 작품 내용과 완성도의 측면에서 보았을 때 먼저 「생의 반려」를 집필, 상처로 남았던 과거의 억압된 감정들을 방출시킨 다음, 객관적 시선으로 과거사를 희화한 것이 「두꺼비」이다. 서사 전개에서도 「생의 반려」는 짝사랑의 초기 단계를, 「두꺼비」는 사랑의 열병이 지난 다음의 후일담으로 다루어진다.

「생의 반려」에서 23세의 유명렬은 처음 기생 나명주를 본 순간, 운명적인 사랑을 예감, 이후 답장 없는 편지를 쓰느라고 자신을 소진시키기 시작한다. 그 무렵 명렬의 모습은 다음과 같이 묘사된다.

> 오랫동안 볕을 못 본 탓으로 얼굴은 누렇게 들떴고 손 안댄 입가에는 스물 셋으론 곧이듣지 않을 만치 제법 검은 수염이 난잡히 뻗히었다. 물론 번이는 싱싱해야 할 두 볼은 꺼지고 게다 연일 철야로 눈까지 퀭 들어간, 말하자면 우리에 가친 사람이라기보다는 짐승에 가까웠다.[11]

> 요즘에 와서 명렬군은 생의 절망, 따라 우울의 절정을 걷고 있었다. (…중략…) 그는 헐없이 광인이었다. 햇빛 보기를 싫어하는 그건 말고라도 거츠러진 그 얼굴이며 안개 낀 그 눈매—누가 보든지 정신병 환자이었다. 거기에다 방까

10) 권석만, 앞의 책, 202면.

11) 김유정, 「생의 반려」, 『원본 김유정전집』, 223~224면.

지 역시 우울하였다. 남쪽으로 뚫린 들창이 하나 있기는 하나 검은 휘장으로 가리어 광선을 콱 막아버렸다 그리고 담배 연기로 방안을 꽉 찼다.[12)]

한편 화자는 나명주에게 보내는 명렬의 연애편지 내용에 대해 다음과 같이 전한다.

그의 연애는 상대에게서 제 자신을 찾아내고자, 거반 발광을 하다시피 하는 것이다. 물론 상대에게는 제 자신의 그림자도 비치지 않았다. 그럼으로, 이것은 차차 이야기하리라 마는 때로는 폭력을 가지고 상대에게 대들어 나를 요구하는, 그런 괴변까지 이르게 되는 것이다.[13)]

명렬의 사랑은 상대에게 폭력적으로 자신과 동일시를 요구한다. 애정에의 신경증적 욕구에 사로잡혀 있는 것이다. 애정에의 신경증적 욕구는 충동적이고 무분별[14)]하며 지나치게 이기적이다. 여기서 유명렬은 극단적인 심리적 불안정, 정신병 환자에 가까운 모습이다. 그러나 이 작품은 유명렬이 나명주에게 직접 우송한 편지가 수취거절로 돌아오면서 중단된다. 작가가 작품을 완성할 수 없었던 것은 과거의 상처가 현재화되면서 당시에 느꼈던 절망과 우울이 극대화되어 작가와 대상(소재) 사이에 객관적 거리를 지킬 수 없었던 것으로 보인다.

「두꺼비」에서 이명호는 그가 짝사랑하는 기생 옥화의 오래비인 두꺼비에게 철저하게 이용당한다. 이명호는 지난날의 자신을 "쭈그렁 밤송이 같은 기생에게 정신이 팔린 나"[15)]였다고 자조한다. 어느 날 저녁, 집에 들러달라는 두꺼비의 통고를 받고 나자 첫사랑의 미련은 다시금 옥화에게로 달려가게 한다. 그러나 이번에도 역시 두꺼비에게 이용당했음

12) 위의 책, 233면.
13) 위의 책, 231면.
14) 카렌 호니, 이근후·이동원 역, 『여성심리학』, 이화여대 출판부, 1982, 282면.
15) 김유정, 「두꺼비」, 『원본 김유정전집』, 182면.

을 알게 된다. 모든 사실을 알고 난 명호는 늦은 밤거리를 돌아오면서 만물이 늙기를, 옥화도 늙기를, 그렇게 되면 그때에 옥화를 제 사람으로 만들 수 있으리라고 기대한다.

「생의 반려」에서 실연당한 유명렬은 나명주를 향한 애정의 신경증적 욕구로, 광인에 가까운 모습이었다. 「두꺼비」에서는 어느 정도 안정된 모습임에도 불구하고 등장인물들은 부정적 대상으로 그려진다. 박옥화는 냉혹하고 이기적이며 그들의 부모는 무지하고 동물적이다. 두꺼비는 음흉스럽고 안잠자기는 능글맞다.

(3) 불행한 가족의 우울증

대부분의 가족은 결혼과 출생을 통해 완성되고 죽음을 통해서만 탈퇴가 가능하다. 가정은 시간적으로 영구적이고 생물학적으로 혈연에 기초하며, 정서적으로 신뢰와 애정에 토대를 둔다는 말이다. 그러나 모든 가정이 다 그런 것만은 아니다.

김유정의 자전 소설 가운데 불행한 가족을 소재로 한 작품에 「생의 반려」「따라지」「연기」「형」이 있다.

먼저 형님에 관련된 부분들을 보기로 한다.

> 한 달씩 두 달씩 곡기도 끊고 주야로 술을 마시었다. (…중략…) 집안 세간을 부수고 도끼를 들고 기둥을 패었다. 그리고 가족들을 일일이 잡아 폭행을 하였다. 비녀 쪽을 두 손으로 잡고 그 모가지를 밟고 서서는 머리를 뽑았다. 또는 식칼을 들고는, 피해 달아나는 가족들을 죽인다고 쫓아서 행길까지 맨발로 나오기도 하였다. 젖먹이는 마당으로 내팽개쳐서 소동을 일으켰다. 혹은 아이를 우물 속으로 집어던져서 까무러친 송장이 병원엘 갔다.[16]

16) 김유정, 「생의 반려」, 앞의 책, 239~403면.

「생의 반려」에서 형님은 주색잡기를 일삼는 난봉꾼이고 정신이상자의 모습이다. 이에 비해 「형」에서는 아버지와 형의 갈등을 그리되 가급적 형님을 이해하려고 한다. 병든 아버지를 대신해서 집안일을 하고, 지극정성으로 병수발을 들며, 임종 때에는 단지(斷指)를 해서 그 피를 아버지의 입에 흘려 넣던 일들이 그것이다. 그러나 부정적인 면도 그려낸다. 바람난 형이 돈 때문에 가족들을 폭행하고, 장례 중에도 화류계 여성들과 난잡한 행동을 한다. 「생의 반려」에서 형님에 대한 기억은 정신이상자, 난봉꾼과 술주정뱅이, 잔인한 성격 등이다. 이에 비해 「형」에서는 형님을 이해해 보려고 하면서도 형님과 아버지 사이에 '칼'[17]을 두고 벌어진 갈등, 상중에 보여준 형님의 난봉과 가족 폭행을 통해 형님에 대한 시비를 비교적 객관적으로 그려나간다.

다음은 누님에 관련된 장면을 보기로 한다.

「생의 반려」에서 누님은 어린 나이에 출가했다가 소박당한 여성으로 경무과의 양복부에 다니는 직공이다. 누님은 누적된 과로로 공장 생활 5년이 못되어 심신이 황폐해졌다.

> 본디도 그는 성질이 급하고 변덕이 쥐 끓듯 하든 사람이었다. 거기다 공장에서 얻은 히스테리로 말미암아 그는 제 성미를 제가 건잡지 못하도록 되었던 것이다.[18]

공장에서 감독에게 문책을, 사내들에게 희롱을 당했을 때 누님은 동생이나 수양딸에게 분통을 터트린다. 심지어는 이웃사람들에게도 성깔을 부려서 '환장한 기집' '미친년' 소리까지 듣는다. 「따라지」에서도 누님은 경무과 제복공장의 직공이고, 히스테리 환자로 묘사된다. 「연기」에서도 누님은 히스테리 환자다. 그러나 이들 작품에서 누님은 일단 정

---

17) 김유정, 「형」, 앞의 책, 355면.
18) 「생의 반려」, 앞의 책, 241면.

서적인 안정을 얻게 되면 더 없이 상냥하고 착한 사람으로 돌아온다.

그렇다면 이와 같은 누님의 히스테리 속에서 아우의 일상은 어떻게 나타나는 것일까.

「생의 반려」에서 아우는 히스테리 누님의 "밥을 얻어먹고 그의 분풀이로 사용되는 한 노동자"에 지나지 않았다. 누님이 완력이 아니라 "은근히 빗대놓고 비아냥 거려 불안스럽게 하거나" 밸을 긁어 놓을 때마다 아우는 "얼굴이 해쓱해지며 금세 대들듯이 두 주먹을 부르르 떨었다." 내놓고 덤비지 못하고 속으로 삭이는 것이다. 그는 누님을 증오하지만 또 누님이 결코 나쁜 여자가 아니라는 사실을 알고 있기에 "누님에게 악의를 품었던 자신이 끝없이 부끄러워" 하며 "누님에게 원수와 은혜를" 아울러 품는 이다. 「따라지」에서도 아우는 누님의 포악 앞에서 무조건 잘못했다며 누님을 달랜다. 누님에 대한 반항이란 기껏 며칠 가출했다가 귀가하는 것으로 끝난다. 「연기」에서 아우는 누님의 힐책 앞에 이불 속으로 숨어들고 꿈속에서나 누님에게 큰 소리를 해댄다. 이렇게 보면 누님의 히스테리 앞에서 아우는 직접 반항하지 않는다. 아우는 암울한 상황 앞에서 부정적인 감정들을 내면으로 억압한다.

2) 김유정 비소설작품(수필 · 서간 · 편지 · 설문지)에 나타난 우울증

김유정의 비소설작품군은 수필이 12편, 서간 및 일기, 설문지 등이 6편에 이른다. 이들에서 김유정은 자신의 내면세계를 가감 없이 육성으로 들려준다. 김유정의 우울증이 현저한 작품들은 대개 병상에서 작성된 것이다. 중증의 질환상태에서 환자의 심리는 절망과 희망이 교차된다.

(1) 결핵환자의 우울과 절망

「밤이 조금만 짧았더면」은 1936년 7월경 정릉 암자에서 요양 중에 지어진 것으로 보인다. 중증의 폐결핵, 결핵성 치루, 수술을 감당할 수 없을 정도로 쇠약해진 몸, 절망감의 절정에서 그는 "일즉이 부모를 여윈 것이 차라리 행복이라고" 자위한다.

「병상 영춘기」에서는 "햇빛을 보는 것은 실로 두려운 일"이라고 고백한다. 혼자 대소변도 가릴 수 없는 중환, 조카딸의 도움으로 배변과 세수, 식사를 하고, 소화제를 먹고, 설사와 변비를 걱정하는 동안 다시 태양을 저주한다.

> 당장 햇빛만 안보면 된다. 나에게 낮은 큰 원수이다. 정낮이 되어오면 태양은 미다지의 전폭을 점령하여 들어온다. 망할 놈의 태양. 쉴 줄도 모르느냐. 미다지를 향하여 막을 가려치고 그리고 이불을 들쓰고 눈을 감고 이렇게 어둠으로 파고든다. (…중략…) 요즘으로 사람이 더욱 싫어졌다. 형수도, 조카도, 아무도 보고 싶지가 않다. 사람을 보면 발광한 개와 같이 그렇게 험악한 성정을 갖게 되는 자신이 딱하였다.[19]

「네가 봄이런가」에서는 구정날 아침, "슬(설), 슬은 새해의 첫날이다. 지금 나에게는 새것이라는 것이 여간 큰 매력을 갖지 않았다. 새것, 새것이 좋다"[20]고 생각한다. 계절은 봄이지만 병석에 누워 있어야 하는데서 오는 울분에 이불 속으로 기어들며 "이를 악물고 한평생의 햇빛과 굳게 작별한다." 햇빛과의 작별은 희망과의 작별이다.

19) 김유정, 「병상영춘기」, 앞의 책, 428면.
20) 김유정, 「네가 봄이런가」, 앞의 책, 434면.

(2) 결핵환자의 우울과 희망

가난과 질환으로 인해 고통스럽고 슬프고 우울하지만 그런 가운데서도 환자는 사랑과 건강을 꿈꾸고 기다린다.

「나와 귀뚜라미」에서는 폐결핵에는 삼복더위가 끝없이 얄궂다는 것을, 야심한 밤에 기침 발작으로 깨어나면 "살고도 싶지 앉지만 또한 죽고도 싶지 않다는 것"[21]을, '신묘한 음율'의 귀뚜라미 소리를 낯익은 처녀와 들을 수 있다면 행복하겠지만 그럴 수 없다면, 귀뚜라미 소리를 들으면서 건강한 밤을 맞고 싶다는 것을 피력한다. 「어떠한 부인을 맞이할까」에서는 자신이 염인증과 우울증에 그리고 심각한 폐결핵으로 각혈까지 하고 있음을 고백한다. 절망적 상황임에도 불구하고 자신과 같이 우울하고 자신과 같이 각혈을 하는 여자가 있다면 만나서 존경하고, 사랑하고 결혼해서 단 사흘만이라도 같이 살고 싶다고 고백한다.

한편 「길」과 「행복을 등진 열정」에서는 문학을 통해 자신의 길을 가려고 하는 모습을 보여준다. 「길」에서는 이미 지난 해(1935) 봄에 의사로부터 시한부인생임을 통고 받았다는 사실, 그럼에도 불구하고 연일 철야로 원고를 써왔었다는 사실과, 마침내 "나의 몸을 좌우할 수 있는 것은 다만 그 길"[22]뿐임을 고백한다. 그것은 바로 문학에 이르는 길이다. 작가는 그 사실을 알기에 주어진 '길'을 향해 매진하겠다고 다짐한다. 「행복을 등진 열정」에서는 현재 두 가지의 병을 앓고 있다는 사실(폐결핵과 결핵성 치루—논자 주)을 밝히고 "바뀌는 철만 기다리는 마음 그것은 분명히 우울의 연장"[23]임을 알지만 세속적 의미의 행복을 포기하고 문학에 대한 열정으로 살겠다는 다짐을 한다.

「병상의 생각」 「필승전」은 모두 작가 사망 78일 전, 11일 전에 씌어

---

21) 김유정, 「나와 귀뚜라미」, 앞의 책, 400면.
22) 김유정, 「길」, 앞의 책, 414면.
23) 김유정, 「행복을 등진 정열」, 앞의 책, 416면.

진 서간문이다. 문밖출입을 전혀 할 수 없는 상황에서 씌어진 글임에도 불구하고, 이들에서는 문학에 대한 사명감과 삶에 대한 욕망이 더할 수 없이 짙게 배어나온다. 「병상의 생각」에서는 작가의 세계관, 문학관에 대해 언급한다.

> 나의 머리에는 천품으로 뿌리 깊은 고질이 백여 있습니다. 그것은 사람을 대할 적마다 우울하여지는 그래 사람을 피하려는 염인증입니다. 그 고질을 손수 고쳐 보고자 판을 걷고 나선 것이 곧 현재의 나의 생활이요, 또는 허황된 금점에서 문학으로 길을 바꾼 것도 그 이유가 여기에 있을 것입니다.[24)]

김유정은 우울증과 염인증에서 벗어나기 위해서 문학을 선택했다는 것, 문학은 새로운 기법에 얽매일 것이 아니라 새로운 사회에 적극적 역할을 할 수 있는 것이어야 하며, 문학은 사랑에서 출발하여 대중을 한 끈으로 꿸 수 있는 것이어야 함을 강조한다. 이 글에서는 문학이 생활이고 생활이 곧 생명임을 강조하며 어디에서도 우울한 분위기를 찾기 어렵다. 문학을 통해 우울증에서 벗어난 자가, 문학을 통해 '인류의 여망'[25)]을 달성해 보고자 하는 거인다운 모습조차 보이고 있는 것이다.

김유정의 마지막 글인 「필승 전」에서는 일거리를 보내주면 50일 이내로 이를 처리해서 보내줄 것이라고 한다. 그래서 돈이 생기면 그것으로 닭을 한 30마리, 살모사 구렁이를 10여뭇 고아 먹고 일어서겠다고 한다. 그에게 주어진 생명의 시간이 불과 열흘 앞으로 다가왔음을 그는 인정하지 않는 것이다.

자전 및 자전적 요소가 짙은 소설에서 김유정은 1930년대 식민지 시대와의 불화를 직설적으로 언급하지 않는 대신, 시대와의 문제로 실업자의 우울을, 개인적인 문제로 실연자의 우울과 불행한 가족의 우울에

---

24) 김유정, 「병상의 생각」, 앞의 책, 449면.

25) 위의 글, 450면.

대해 고백한다. 이에 비해 비소설작품에서는 중증의 결핵환자가 겪는 절망과 희망에 대해 토로한다. 가난과 질병에서 오는 절망, 그러나 그의 육체적 생명이 졸아머리말기로 갈수록 더욱 작가로서의 사명감과 그를 완수하기 위한 건강에의 희망, 삶의 욕망을 강하게 보여준다.

3. 김유정의 우울증의 양상과 정도, 그리고 치유과정

김유정의 자전적 소설작품 및 비소설작품들에 투영된 우울증의 증상들을 살펴보았다. 이제 이들 증상들과 지인들의 증언을 참고하여 김유정이 보여주는 우울증의 양상 및 정도, 그 원인들을 추적하고 이들에 대한 치유의 과정과, 그리고 이들이 그의 문학에 끼친 영향을 살펴보기로 한다.

1) 김유정의 우울증의 양상 및 정도

(1) 회피성 장애

소년시절의 모습은 「생의 반려」에서 보인다. 유명렬은 비겁하게 보일 정도로 여러 사람이 있는 곳을 피하고 사람이 없을 때에만 운동장에 나가서 철봉이나 땅재주를 부린다. 학교 행사인 소풍이나 수학여행 시에는 어떤 핑계를 대고도 빠지었다. 마적 생활을 꿈꾸고 출석일수보다 결석일수가 많아 결국은 성적 불량으로 "사오 학년에 이르러서는 과정 낙제가 자리를 잡을 만치" 학교생활에 적응을 하지 못한다. 청년이 되어서도 "사람 대하기를 극히 싫어하는 이상한 성질"[26]이었다. 그는 "나는 숙명적으로 사람을 싫어합니다. 다시 말하면 두려워한다는 것이 좀 더 적절할는지 모릅니다. 늘 주위의 인물을 경계하는 버릇이 있습니다"[27] 라고 대인관계 회피 성향을 나타낸다. 뿐만 아니라 그는 주어진 난제 앞에서도 회피하는 모습을 보인다. 「슬픈 이야기」에서는 오해를 받고 셋집을 떠나려하고, 「두꺼비」에서는 세월이 지나고, 옥화도 늙기를 기다린다. 소년시절부터 청년시절까지 지속적인 타인과의 만남에 대한 불안과 두려움, 김유정은 회피성 성격장애를 갖고 있는 것이다. 김유정이 보여주는 회피성 장애의 정도는 DSM-IV[28]에서 제시한 7개 항목[29] 가운데 6개 항목을 충족시킨다. 중증의 장애이다.

(2) 경계선 성격장애

경계선 성격장애[30]는 강렬한 애정과 분노가 교차하는 불안정한 대인관계의 모습을 보여준다. 이 성격장애를 지닌 사람은 심한 충동성을 보이고 자살과 같은 자해적 행동을 반복적으로 나타내는 경향도 있다고

26) 김유정, 「생의 반려」, 앞의 책, 226면.

27) 김유정, 「어떠한 부인을 맞이할까」, 앞의 책, 406면.

28) DSM-IV(Diagnostic Statistical Manual of Mental Disorder-4th edition)은 1994 미국 정신의학회에서 네 번째로 개정 발표한 정신장애의 분류체계로 특정한 이론적 입장에 치우치지 않고 심리적 증상과 증후군을 위주로 정신장애를 분류한 것이다. 현재 DSM-IV는 정신장애를 17개의 주요 범주로 나누고 그 하위 범주로 300여개를 포함하고 있다. 권석만, 앞의 책, 117~121면에서 발췌한 것임.

29) ① 비난, 꾸중 또는 거절이 두려워서 대인관계가 요구되는 직업 활동을 회피한다. ② 호감을 주고 있다는 확신이 서지 않으면 사람과의 만남을 피한다. ③ 창피와 조롱을 당할까 두려워서 대인관계를 친밀한 관계에만 제한한다. ④ 사회적 상황에서 비난당하거나 거부당하는 것에 사로 잡혀 있다. ⑤ 부적절감 때문에 새로운 대인관계 상황에서는 위축된다. ⑥ 자신을 사회적으로 무능하고, 개인적인 매력이 없으며 열등하다고 생각한다. ⑦ 당황하는 모습을 보일까봐 두려워서 개인적 위험이 따르는 일이나 새로운 활동에는 관여하지 않는다. 위의 책, 345면.

30) 여기서 말하는 경계선이란 신경증과 정신증의 경계라는 의미로 신경증이 현실판단력에서 정상적임에 비해 정신증은 현실 판단력에서 뚜렷한 증상이 있는 것으로 차이를 보여준다. 위의 책, 119면.

한다. 뿐만 아니라 극단적인 심리적 불안정성을 보이며, 이들이 가장 두려워하는 것은 '버림 받는 것'이고, 그러한 상황이 예상되면 "사고, 감정, 행동에 심한 동요가 일어난다."[31]

「생의 반려」에서 유명렬은 나명주를 처음 보는 순간, 자신과 그녀에게서 동일시(同一視)를 느낀다. 그의 연애는 "상대에게서 제 자신을 찾아내고자, 거의 발광을 하다시피 하는 것이다." 그러나 그녀에게 보내는 편지는 "상대의 추악한 부분이란 일일이 꼬집어 들어서 발겨놓은 말하자면 태반이 욕이었다." 서간문 「병상의 생각」에서도 그의 논조는 비슷하다.

> '녹주, 내 너를 사랑한다.'
>
> 편지 끝에는 꼭 이렇게 혈서를 썼다. 나는 이 혈서만 보면 진저리를 치고 아궁이에 쑤셔넣곤 하였다. 편지는 매일 날아왔다. 그리고 편지 밑에는
>
> '내가 너를 사랑하는 것을 제발 알아다오, 네가 나의 사랑을 받아주지 않는다면 나는 너를 죽이고야 말겠다.'[32]

박녹주의 증언에 따르면 김유정은 혈서를 보내면서 애정을 강요할 뿐만 아니라, 칼을 가지고 찾아와 죽이겠다고 협박까지 했다고 한다. 이는 분명 정상에서 일탈한 경계선 장애를 보여주는 부분이다. DSM-IV에서 제시한 경계선 성격장애의 항목[33]은 모두 9항으로 이중 5가지 항목을 충

---

31) 위의 책, 330~331면 요약.

32) 박녹주, 「녹주, 내 너를 사랑한다」, 『문학사상』, 1973.4, 220면.

33) DSM-IV. 경계선 성격 장애 항목. ① 실제적인 또는 가상적인 유기(버림받음)를 피하기 위한 필사적인 노력, ② 극단적인 이상화와 평가절하가 특징적으로 반복되는 불안정하고 강렬한 대인관계 양식, ③ 정체감 혼란 : 자아상이나 자기 지각의 불안정성이 심하고 지속적이다. ④ 자신에게 손상을 줄 수 있는 충동성이 적어도 2가지 영역에서 나타남(예 : 낭비, 성관계, 물질 남용, 무모한 운전, 폭식), ⑤ 반복적인 자살 행동, 자살 시늉, 자살 위협 또는 자해 행동, ⑥ 현저한 기분 변화에 따른 정서의 불안정성(예 : 간헐적인 심한 불쾌감, 과민성, 불안 등이 흔히 몇 시간 지속되지만 며칠 동안 지속되는 경우는 드묾), ⑦ 만성적인 공허감, ⑧ 부적절하고 심한 분노를 느끼거나 분노를 조절하기 어렵다(예 : 자주 울화통을 터뜨림, 지속적인 분노, 잦은 육체적 싸움), ⑨ 스트레스와 관련된 망상적 사고나 심한 해리 증상을 일시적으로 나타낸다. 권석만, 앞의 책, 330~331면.

족시켜야 하는데 김유정의 경우는 적어도 8개 항목이 여기에 속한다.

(3) 편집적 성격장애

편집적 성격장애는 타인에 대한 불신과 의심을 가지고 적대적이고 공격적인 태도를 나타내서 주변 사람들과 지속적인 갈등과 불화를 나타내는 성격이다.[34] 이들은 과도한 의심과 적대감으로 인해 불평, 불만이 많고 격렬한 논쟁이나 공격적인 행동을 서슴지 않는다. 김유정의 경우는 경미한 증상의 편집적 성격장애를 보인다. 「심청」에서 무직자 청년은 심청이 별나서 "자기의 불평을 남의 얼굴에다 침 뱉듯 뱉아 붙이기가 일수요 건듯하면 남의 비위를 긁어놓기로 한 일을 삼는다." 그런가 하면 그의 눈에 띄는 것은 모두 아니꼽고 구역질이 나서, 상대방은 물론 자기 자신도 정도 이하로 비하(卑下)한다. 「생의 반려」와 「병상의 생각」에서도 연모하는 여성들에게 편지를 보내지만 그 편지는 상대방에게 공격적이고 적대적 · 경멸적이며 비판적이다.

(…전략…) 왜냐면 당신의 그 처참한 면상은 분이 덮었고 그리고 고은 비단은 궂은 그 고기를 가리웠기 때문이외다. 귀중한 몸을 고기라 하와 실례됨이 많음을 노여워마소서. 당신의 몸은 먹지 못하는 주체궂은 고깃덩어리외다.[35]

당신에게는 생명이 전혀 없습니다. 그 몸에서 화장과 의장, 혹은 장신구를 벗겨내고 보면 거기에 남는 것은 벌건, 다만 벌건, 그렇고도 먹지 못하는 한 육괴(肉塊)에 더 되지 않을 겝니다.[36]

DSM-IV에서 제시한 7항목 중 김유정이 보이는 증상은 대개 3개 항목

---

34) 위의 책, 307면.
35) 김유정, 「생의 반려」, 앞의 책, 250면.
36) 김유정, 「병상의 생각」, 앞의 책, 448면.

에 이른다. 그럼에도 불구하고 김유정을 경미한 편집적 성격장애로 보는 것은 박녹주와 박봉자에게 보낸, 어느 정도 시간 격차(7~8년)가 있는 편지에서, 사랑을 거절당했다고 느끼는 순간 억압된 분노의 감정으로 상대를 비하하기 때문이다. 편지의 논조는 지성을 가장하고 있지만 상대에 대한 불신과 내재된 공격성을 보여주는 것이다.

(4) 우울장애 및 양극성 장애

김유정은 「어떠한 부인을 맞이할까」에서 자신의 염인증이 우울증을 불러왔음을 고백한 바 있다. 김유정의 자전소설 및 비소설작품에 강도의 차이는 있을망정 우울증의 증상은 지속적으로 나타나고 있었다. 우울장애자는 일상생활에 대한 의욕과 즐거움이 감퇴된다. 우울장애자는 '슬픈 감정을 비롯하여 좌절감, 죄책감, 고독감, 무가치감, 허무감, 절망감'과 같은 부정적인 정서상태에서 놓이게 된다. 그래서 활력과 생기의 저하로 자주 피곤감을 느끼고 수면장애를 겪거나 과도한 수면을 취하기도 한다고 한다.

김유정의 자전소설 속에서 젊은이는 낮밤 없이 '요때기를 들쓰고 누웠'거나, '방구석에 팔짱을 찌르고 멍하니 앉아서는 얼이 빠졌다'. 그들의 방은 '들창이 하나 있기는 하나 검은 휘장으로 가리어 광선을 차단'한, 담배연기만 가득한 음울한 분위기다. 일상생활에서 젊은이의 활력이라고는 찾으려야 찾을 수가 없는 것이다. 그들은 언제나 쓸쓸하고 슬프고 외로워한다. 이와 같은 우울한 분위기는 그의 외모에도 그대로 반영된 듯하다.

> (…전략…) 나는 조광사에서 병적으로 겸손해 보이는 특이한 어떤 인물 하나를 유심하게 관시했다. 그는 질소한 한복을 입은 원기 없는 미남자였다. 그 무성하고도 일종 조화를 갖춘 두발풍경으로써 나는 그가 구파에 속하는 우울의

시인인가 하는 인상을 얻었었다.[37)]

인용문은 김유정의 첫인상에 대한 김문집의 평이다. DSM-IV에서는 우울증의 주요 증상[38)]을 9개 항목으로 제시하고 있는데 김유정의 경우는 적어도 8개 증상을 보이는 주요우울장애로 나타난다. 그런데 김유정의 우울증에서 보이는 특징은 우울 증상만을 보여주는 것이 아니라 갑자기 조증(躁症)의 상태로 옮겨가고 있다는 것이다. 말하자면 우울한 기분상태와 고양된 기분상태가 불시에 교차되어 나타나는 양극성 우울증(조울증)[39)]을 보여준다. 「심청」의 끝 부분이 화창한 봄날로, 「연기」에서 꿈속의 기고만장한 행복이 꿈속에서 깨어나는 순간 절망으로 바뀐다. 「두꺼비」에서 지난날의 회상은 분명 참담한 것일 터인데 화자의 목소리는 비정상적으로 의기양양하다. 평소 말이 없고 무력감에 빠져 있던 김유정이 조증 상태에 있는 모습은 이상이 쓴 「소설체로 쓴 김유정전」에서 보인다. 「녹주 나 너를 사랑한다」에서는 학생 신분에 어울리지 않

37) 김문집, 「병고작가 원조운동의 변」, 『김유정전집』(하)(김유정기념사업회 편), 1994, 386면.

38) DSM-IV에 제시된 우울증의 주요 증상들. 권석만, 앞의 책, 200면.
① 하루의 대부분, 그리고 거의 매일 지속되는 우울한 기분이 주관적 보고나 객관적 관찰을 해 나타난다.
② 거의 모든 일상 활동에 대한 흥미나 즐거움이 하루의 대부분 또는 거의 매일같이 뚜렷하게 저하되어 있다.
③ 체중조절을 하고 있지 않는 상태에서 현저한 체중감소나 체중증가가 나타난다. 또는 현저한 식욕감소나 증가가 거의 매일 나타난다.
④ 거의 매일 불면이나 과다수면이 나타난다.
⑤ 거의 매일 정신운동성 초조나 지체를 나타낸다. 즉 좌불안석이나 처져 있는 느낌이 주관적 보고나 관찰을 통해 나타난다.
⑥ 거의 매일 피로감이나 활력상실을 나타낸다.
⑦ 거의 매일 무가치감이나 과도하고 부적절한 죄책감을 느낀다.
⑧ 거의 매일 사고력이나 집중력이 감소 또는 우유부단함이 주관적 호소나 관찰에서 나타난다.
⑨ 죽음에 대한 반복적인 생각이나 특정한 계획 없이 반복적으로 자살에 대한 생각이나 자살을 기도하거나 자살하기 위한 구체적 계획을 세운다.

39) 위의 책, 201.

게 비단옷감이나 황금 트레반지를 비롯한 선물들을 보내왔다고 증언한다. 김영수는 김유정이 술이 취하면 의기양양해서 취중 토론 끝에 난투극도 벌이지만 '무슨 설움이 그리도 많은지 슬피 울기'[40]도 했다고 기억한다. 김유정의 조증은 DSM-IV[41]의 조증항목 7가지 중 적어도 3개 항목에 해당된다. 이들로 보아 김유정의 우울증은 양극성 장애, 곧 우울증과 조증이 갑자기 교차하거나 혼재한 모습을 보여준다.

2) 김유정 우울증의 원인과 치유의 과정

범박한 의미에서, 정상에서 벗어난 침울한 정서를 우울증이라고 부를 때, 김유정에게서 보이는 우울증의 증상들은 회피성 성격장애, 경계선 성격장애, 편집성 성격장애, 양극성 장애로 나뉜다. 그렇다면 이들 증상의 원인은 어디에 있을까.

첫째, 회피성 성격장애의 원인을 찾아보자. 회피성 성격장애의 주된 감정은 수치심이다. 이때 수치심은 자신에 대한 부정적 자아상과 관련된다.[42] 먼저 주목할 것은 김유정이 말더듬이었다는 사실이다. 자신의 말더듬과 집안의 몰락, 알콜중독 형님의 추태, 히스테리 누님이 일으키는 분란, 고향 사람들이 유정의 '집안이 망하는 것을 좋아한다'[43]는 사

---

40) 김영수, 「김유정의 생애」, 『김유정전집』(하), 335면.

41) ① 팽창된 자존심 또는 심하게 과장된 자신감
② 수면에 대한 욕구 감소(예 : 단 3시간의 수면으로도 충분하다는 느낌)
③ 평소보다 말이 많아지거나 계속 말을 하게 됨
④ 사고의 비약 또는 사고가 연달아 일어나는 주관적인 경험
⑤ 주의 산만
⑥ 목표지향적 활동(직장이나 학교에서의 사회적 또는 성적 활동)이나 흥분된 운동성 활동의 증가
⑦ 고통스런 결과를 초래할 쾌락적인 활동에 지나치게 몰두함(예 : 홍청망청 물건 사기, 무분별한 성행위, 어리석은 사업투자)

42) 위의 책, 347면.

실, 성적불량으로 인한 유급 등은 유정에게 커다란 부끄러움이 된다. 함께 유급한 안회남은 자퇴했다. 그러나 유정은 1년 뒤에 복학했다. 과감하게 자퇴한 안회남과 달리 낙제생 출신의 복학생이 지닌 손상된 자존심, 그로 인한 열패감, 이들이 복합적으로 누적되어서 김유정은 사람들을 두려워하고 회피하게 된 것이다.

둘째, 경계선 성격장애의 외재적 원인은 김유정이 어린시절에 받은 정신적 외상 곧 조실부모에서 찾아야 할 것이다. 부모로부터 '버림 받았다는' 무의식적 원망은, 일단 한 사람에게 마음이 끌리면 그에게 무섭게 집착한다. 두 번 다시 버림받지 않겠다는 집착은 박녹주에게 혈서와 살해 위협으로까지 나타난다. 그러나 일단 자신의 요구가 좌절되면 상대방에 대한 평가절하나 경멸들이 나타나기도 한다. 한편 김유정의 경우는 내재적 요인도 찾아보아야 한다. 어린 시절의 충격적 외상은 뇌의 생화학적 기능에 장애를 가져오게 된다. 즉 특이한 신경전달 물질이 관여하는 신경경로에 기능적 변화를 초래하면, 성인이 되어서도 타인의 상실에 대한 강한 정서적 반응과 충동적, 자기 파괴적인 행동을 보여주게 된다는 것이다[44)]

한편 혈통의 영향도 생각하게 된다. 경계선 성격장애자의 가족은 감정적이고 충동적인 성격 특징을 보여준다. 그런데 김유정의 가족사를 보았을 때, 아들에게 칼을 내던진 아버지, 알콜 중독자인 형님, 자살한 누님, 히스테리 누님, 실진한 누이동생[45)]이 있었다는 사실들로 보아, 김유정의 경우는 조실부모와 유전적 요인, 곧 내외재적 원인이 겹쳐 있었음을 보게 된다.

셋째, 편집성 성격장애는 기본적 신뢰의 결핍에 기인한다고 한다. 김유정의 경우 편집성 성격장애는 경미하게 나타나지만, 어린 시절 가학

43) 안회남, 「겸허－김유정전」, 『김유정전집』(하), 291면.
44) 권석만, 앞의 책, 334면.
45) 안회남, 앞의 글, 292면.

적 분위기(형님의 횡포)와, 효와 불효 사이를 오가던 형님의 행태, 온순함과 히스테리를 무시로 교체하던 누님과의 공동생활이 성격형성에 큰 영향을 끼친 것으로 보인다.

넷째, 우울증—양극성 장애의 경우, 역시 김유정에게서는 조실부모, 치질, 늑막염, 폐결핵의 영향 등에 주목하게 된다. 프로이드는 우울증은 기본적으로 사랑하던 대상의 상실에 대한 반응이라고 본다. 부모를 상실했다는 슬픔은 동시에 부모로부터 버림받았다는 분노를 발생시킨다. 그런데 이 분노의 감정을 터뜨릴 부모의 부재는 분노를 억압시키게 되고 이것이 결국은 자기 자신에게 투사되면서 자기 비난, 자기 책망, 실망, 죄책감으로 나타난다. 그리고 마침내 자기 가치감의 손상이 일어나면서 삶의 모든 기능이 약화[46]되는데 이것이 우울증으로 나타난다는 것이다. 한편 양극성 장애의 경우, 감당하기 어려운 고통을 수용할 능력이 결핍되어 있거나 그 사실의 수용을 거부하는 행위로 나타나는 것이 조증이라고 한다.[47]

다섯째, 김유정이 앓았었던 병력들도 우울증의 발생에 큰 작용을 한다. 유정은 1930년 늑막염 진단을 받았고 1933년 결핵 진단을 받았다.[48] 흔히 결핵은 시간의 질병으로 환자를 소모[49]시키고 소진시키는 병으로 알려져 있다. 1943년 스트렙트 마이신이 나오기 전까지 이 병은 치명적인 질병이었다. 자신이 치명적 병에 걸려 있다는 사실은 비극적 절망감에 우울증을 심화시키게 된 것이다.

그렇다면 김유정은 다양한 증상들이 혼재된 우울증에서 벗어나기 위해서 어떤 치유의 과정을 선택하고 있었던가.

1930년 4월 연전 문과에 입학한 김유정은 어느 봄날 청계천 야시장

46) 권석만, 앞의 책, 206~7면.

47) 위의 책, 233면.

48) 유인순, 「김유정 문학속의 결핵」, 『김유정을 찾아가는 길』, 솔과학, 2003, 133면.

49) 수잔 손탁, 이재원 역, 『은유로서의 질병』, 이후, 2002, 25면.

에서 박녹주와 이별[50]하고 춘천으로 와서 들병이와 어울린다. 젖먹이를 데리고 생활 전선에 뛰어든 여성들, 당장 먹고 살기 위해 성을 상품으로 내어놓은, 그래도 삶에 대해 절망하지 않는 풀뿌리 인생들의 강인한 삶 앞에서, 수려하고 험준한 강원도 산천이 보여주는 "엄숙하고 유창한 풍경" "건실한 시인의 서정시를 읽는 것과 같이 그렇게 아련하고 정다운 풍경"[51] 앞에서 유정의 병든 마음은 서서히 치료되어 가기 시작한다. 이른바 인식의 전환이 이루어지기 시작한 것이다. 그는 상경하여 1931년 보성전문 상과에 입학하나 자퇴하고 춘천 실레 마을로 와서 야학당 일을 보기 시작한다. 이 해에 안회남이 『조선일보』 신춘문예를 통해 등단했다. 이미 강원도의 산천과 그곳에서 강인하게 살아가는 사람들의 삶을 본 김유정은 천품으로 박힌 염인증, "그 고질을 손수 고쳐보기 위하여"[52] 글을 써볼 생각을 한다. 예술 활동의 근저를 이루는 것은 욕망의 실현이다.[53] "자신의 감정상태를 정확하게 표현하는 기쁨은, 그 감정이 고통스러운 것인 경우에도 자존감과 유능감을 증진"[54]시켜 정서적 성숙을 가져와 우울증을 치유하게 하는 것이다.

3) 김유정의 우울증과 문학

김유정의 우울증은 혈통에서 유전되고, 불행한 운명에서 기인된 중증의 것이었음을 앞에서 살펴보았다. 단순 우울증의 경우에도 그 파국은 자살로 치닫는데 비해서 유정은 예외였다. 그는 생명을 존중했고 삶을 사랑했다. 그는 글을 쓰는 것이 사는 것이라고 생각했다. 일반적으로

50) 박녹주, 앞의 책, 228면.
51) 김유정, 「강원도 여성」, 앞의 책, 421면.
52) 김유정, 「병상의 생각」, 앞의 책, 449면
53) 막스 밀네르, 이규현 역, 『프로이트와 문학의 이해』, 문학과지성사, 1997, 269면.
54) Nancy Mcwilliams, 권석만 외 4인역, 『정신분석적 사례이해』, 학지사, 2005, 193면.

작가의 우울이 창작과정 중에 나타난 정신적 긴장감과 이를 감당하지 못한 상황에서 발생하는 데 반해서 김유정은 주어진 우울증에서 벗어나기 위해 작품을 쓰고 작품을 쓰면서 우울증에서 치유되어 간다.

김유정의 비소설작품들은 단연 긍정적 정서가 우세했다. 그는 절망을 잊기 위해서 희망을 꿈꾸며 문학을 통해 살아보려고 했다. 소설작품들의 경우, 부정적 정서가 강하게 반영된 작품에는 「심청」과 「생의 반려」가 있다. 「생의 반려」보다 「두꺼비」가 먼저 발표되었지만 그 발표연대와 관계없이 「생의 반려」를 통해서 실연의 아픔과 형에 대한 원망, 누님에 대한 애증의 감정이 일단 여과된 다음 「따라지」, 「두꺼비」 「형」 「연기」 순으로 씌어진 것으로 보인다. 「형」은 형을 이해하려는 마음으로, 「연기」에서는 꿈속에서 누님에게 복수한다. 「슬픈 이야기」는 1936년 8월 이후 신당동의 형수집에서 살 때 집필한 것으로 무직자의 우울은 가볍게 다루어진다.

김유정 소설 30편을 조망할 때, 명백하게 봄을 배경으로 삼은 작품이 12편이다. 4계절 가운데 봄을 주목하고 있다는 것은 그의 정서가 얼마나 밝음을 지향하고 있는지를 짐작하게 한다. 그리고 이들 봄을 공간으로 한 작품은 1935년 1월부터 1936년 5월까지 집중적으로 창작된다. 비록 육신의 병은 깊어가지만 신예작가로 인정받으면서 그의 작가 정신은 고무되고, 작품 창작을 통해서 우울증에서 해방되기 시작한다. 수필 「어떠한 부인을 맞이할까」와 「병상의 생각」에서 고질화된 염인증과 우울에 대해 고백하지만 이때는 폐결핵의 악화로 각혈을 하고 있던 시기였다.

김유정은 미치지도, 자살하지도 않았다. 그가 살아보려고 했었던 것은 바로 작품을 통해서 자신의 삶을 완성해 보려는 의지가 있었기 때문이다. 그의 작품들에서 만나는 희극적 장면들은, 비극적 현실을 비극적으로 담아내는 것이 고통스러워서, 고통에 대한 심리적 방어가 웃음을 기제로 사용한 것은 아닐까. 그의 중증의 우울이 양극성 장애를 갖고 있듯, 우리는 김유정 작품에서 웃음과 울음을 동시에 본다.

4. 나가는 글

김유정의 자전소설 및 자전적 요소가 강한 소설들과, 비소설작품을 중심으로 김유정 우울증의 양상을 살펴보았다. 김유정의 우울에는 회피성 장애, 경계선성 장애, 편집성 장애, 그리고 양극성 장애가 중첩되어 있었다. 김유정의 중첩된 우울증의 원인을 알아보기 위해 그의 작품과 전기적 자료, 지인들의 증언을 토대로 살펴보았다. 그에게는 혈통에서 유전된 요인과, 조실부모와 불행한 가족관계, 낙제, 실연, 무직, 말더듬, 질병 등이 주요원인이 되고 있음을 볼 수 있었다.

김유정이 이들 중증의 우울중에서 벗어날 수 있었던 것은 고향 산천의 자연과 억척같은 생명력으로 살아가는 고향사람들을 보면서였다. 그는 "일평생 내 힘으로는 할 수 없는 무슨 커다란 그림자에 눌려 지냈다" "춘천 우리 고향에서는 우리 집안이 망하는 것을 좋아한다"[55]와 같은 무의식적 병리유발적 신념[56]을 갖고 있었다. 그러나 그는 식민지 시대 수탈의 현장에서 치열한 삶을 살아가는 고향사람들을 통해 세상에 대한 부정적 인식에서 벗어나기 시작했고, 무엇보다도 작품 창작을 통해 그에게 누적되었던 어두운 정서를 배출하면서 동시에 그가 회피하려고 했었던 세상 사람들에게 손을 내밀었다. 그의 우울증은 서서히 치유의 과정으로 들어서기 시작한 것이다.

김유정의 30편 남짓한 작품을 창작 순에 따라서 배치, 작품에 나타난 분위기의 명암을 살펴보면, 1935년 이전의 작품이 대체로 어두운데 반해, 신춘문예를 통한 신예작가로 주목받기 시작한 이후부터 폐결핵의 악화, 결핵성 치루가 발발하는 1936년 8월까지의 작품에서는 단연 밝음의 분위기가 우세하다. 그는 이무렵 왕성한 창작활동을 보이는데 그의

55) 안회남, 「겸허」, 앞의 책, 291면.

56) Nancy Mcwilliams, 앞의 책, 285면.

전 작품 가운데 봄을 배경으로 한 작품이 12편 남짓, 이를 통해서도 그의 어둡던 정서가 밝음 지향으로 향하고 있음을 볼 수 있다.

소수의 작품을 제외하고, 결코 행복하거나 풍요롭거나 편안한 삶이 아님에도 불구하고 등장인물들은 활동적이고 적극적이고, 절망을 모른다. 그들은 주어진 비극적 상황을 막무가내로 우직하게 때로는 우쭐대며 견뎌낸다. 그들이 만들어가는 고통스럽지만 고통스럽지 않은 듯이 엮어 놓은 삶은, 실은 비극적 삶을 비극적 삶으로 감당하기 힘들었던 작가의 심리적 방어기제가 비극적 삶을 거부 내지는 희극적 삶의 분위기로 변환시켜 버린 것이다. 다시 말하면 김유정 문학의 해학이란, 김유정이 인식한 비극적 현실에 대한 성숙한 방어적 책략인 것이다.

상실과 실패로부터 기인한다는 우울증, 너무 흔한 것이기에 대수롭지 않게 여겨지는 우울증, 그러나 방치하면 심각한 파국을 초래할 수도 있는 마음의 병이 우울증이다. 내외적 요인에 의해 우울증에 빠졌던 김유정은 고향과 고향사람들의 삶을 보면서 인식의 틀을 바꾸었다. 그는 드물게 작품 창작을 통해서 우울증을 치료해 나간 사람이었다.

본고에서는 김유정의 우울증에 주목했다. 이는 우울증이 김유정 문학에 어떤 영향을 끼쳤는가를 알아보기 위한 전 단계적 작업임을 밝혀둔다.

1930년대 소설과 식민지 무의식의 한 양상

김유정 소설에 나타난 향토의 발견과 섹슈얼리티를 중심으로

김양선

1. 머리말

김유정[1]은 1937년 29세로 사망하기 직전까지 불과 4년 남짓한 짧은 기간에 31편의 단편소설과 20여 편의 수필, 서간 등을 남겼다. 그 가운데 작품이 주로 발표된 해는 1935년에서부터 1936년까지 2년간이다. 농촌을 배경으로 한 작품들이 1935년에, 도시를 배경으로 한 작품들이 1936년에 주로 발표되었지만 아무래도 김유정 소설의 본령은 전자에 있다고 보아야 할 것이다. 이 점 때문에 그의 소설은 '농촌소설'의 범주에서 논의되어 왔다. 하지만 서준섭의 지적에 따르면 김유정 작품의 공간적 배경인 농촌이나 자연은 정상적인 농민 생활이 끝난 곳이다.[2] 이같은 점은 작품

1) 1933년 『제일선』이라는 잡지에 「산골나그네」를 발표한 바 있지만 본격적인 등단시기는 『조선일보』에 「소낙비」가 1등 당선, 『조선중앙일보』에 「노다지」가 가작 입선된 1935년으로 보는 견해가 지배적이다.

의 인물들이 대개 유랑민·노름꾼·잠채꾼·들병이 등으로 이들이 농민적 이해관계와는 상관없이 생계를 도모하는 데에서도 확인된다.

본고의 문제의식 역시 여기서부터 출발한다. 그의 작품이 식민지 시기 조선의 농촌 현실을 핍진하게 그리고 있음에도 불구하고 '농민소설' '농촌소설'로 규정하기 힘든 이유는 무엇인가. 본고는 그 이유를 1930년대 중반 우리 근대문학의 전체상과 연관지어 규명해 보고자 한다. 논의의 단서가 되는 것은 김유정 소설을 '토속성'이라든가 '전통의 계승'이라는 관점에서 바라보는 기왕의 논의들이다.

우리 근대 문학사에서 1930년대 중반은 식민지 근대 기획에 대한 회의가 광범위하게 행해진 시기이자 식민적 상황에 대한 주체의 인식이 심화되고 분화된 시기라 할 수 있다. 특히 『문장』파나 김동리·이태준 등에 의해 제기된 전통의 (재)발견 움직임이나 토속성의 발견은 주목을 요한다. 전통이나 토속성의 (재)발견은 일본의 식민체제가 야기한 파행적 근대에 대한 반(反)명제로서 식민지인들이 직면한 분열의 상황을 타개하거나 봉합하기 위한 심미적·문학적 기획의 일환이라는 게 본고의 가설이다.[3)]

이런 관점에서 본고는 특정 지역, 특히 토속적인 향토를 재현하는 과정에서 발현된 식민지 무의식의 양가성(兩價性)을 밝히고자 한다. 식민지 무의식이란 피식민자가 자신이 식민화될지도 모른다는 위기상황과 그것을 은폐하기 위해 식민 제국을 모방하는 과정에서 또 다른 타자와 야만을 발견하면서 형성된다. 일찍이 식민지 경험에서 출발한 우리의 불안정하고 불완전한 근대는 피식민자(colonized)가 끊임없이 제국주의 모국이 발명한 담론과 이데올로기를 모방하려 하고, 자기 안에서 타자를 만들어내는 과정을 거쳐왔다. 인식론적으로 타자의 발견에는 자신이 타자화되는 상태에 대한 불안과 그것을 넘어서려는 안간힘, 지배 담론에

2) 전신재 편, 『김유정 문학의 전통성과 근대성』, 한림대 아시아문화연구소, 1997, 339면.
3) 이 가설에 대해서는 '2장－향토성 재론'에서 자세히 다룰 것이다.

대한 공모와 저항이 중첩되어 있다. 이 과정은 대단히 분열적이고 양가적인 양상을 띤다. 향토의 재현 양상 및 방식과 관련하여 이와 같은 양가성은 피식민자(colonized)가 제국주의 식민 담론에 공모하면서 자기 안의 '타자'인 향토를 발견하는 과정과 근대 기획에 대한 회의 및 비판의 맥락에서 향토를 심미화하는 과정이 복합적으로 교호하면서 형성된다.

본고는 위에서 서술한 가설을 토대로 해서 1930년대 중·후반에 우리 근대문학의 새로운 경향으로 등장한 전통이라든가 향토, 토속성의 (재)발견이라는 맥락에서 김유정 문학이 차지하는 위치를 조명하고, 향토성·토속성이 식민지 근대에 대한 저항과 순응 사이에서 어떻게 양가성을 발현하는지 살펴보고자 한다. 또한 우리 근대문학의 재현 질서 속에서 주변성으로 범주화되어 온 향토와 여성의 섹슈얼리티가 결합하면서 전술(前述)한 양가성이 구체적인 육체를 얻게 되는 과정을 규명하고자 한다.

2. 향토성 재론

앞서 언급한 바와 같이 1930년대 중반에 들어서면서 우리의 식민지 무의식은 식민지 지배체제가 영속될지도 모른다는 데서 오는 불안과 절망감, 서구 제국의 근대주의와는 다른 일본식 근대주의와 동양주의에 대한 기대, 근대성에 대한 회의 등이 겹치면서 대단히 복합적 양상을 띠게 된다. 전통이나 토속적인 향토의 재발견, 동양의 발견 등이 그것이다. 이 발견물들은 반(反)근대와 탈(脫)식민의 저항적 텍스트로 읽힐 수도 있지만, 자칫 전도된 오리엔탈리즘[4]에 그칠 가능성이 있는 것도 사실이다. 토속적인 향토를 재현하는 작품들 역시 모방과 혼성성을 저항의 거점으로 삼는 피식민자의 저항의식과 식민 제국에 대한 열망이 투사되면서 나타난 양가적 결과물이라 할 수 있다.

먼저 향토로 일컬어지는 특정 지역을 서사화하는 방식은 제국주의가 식민지를 발견하고 발명해내는 방식과 대단히 유사하다. 제국주의는 식민지를 미개와 미몽, 야만과 같은 온갖 열등성의 지표를 동원해 규정하는 한편, 분열과 피로의 징후가 역력한 자기 세계로부터 도피하고픈 열망을 식민지에 투사하여 거기에 이국적이고 에로틱한 색채를 부여한다.[5] 식민화된 주체들이 자기 땅을 부정하고 타자화하는 심리학은 한층 분열적이다. 이들은 피식민지인으로서의 자기 위치를 부정하고, 자기 무리의 열등성을 찾아내는 한편 자기는 이 무리들과 다르다는 차이를 강조하면서 제국주의 주체를 더 열렬히 모방한다.

이는 우리 근대가 지닌 파행적 성격과 내밀하게 관련되어 있다. 서양이든 일본이든 모본(母本)인 근대가 이미 있었고 우리 근대는 그것을 뒤늦게 따라가느라 바빴다. 그 와중에 우리는 민족적으로나 지역적으로 타자화된 상태를 벗어나기 위해 우리 안에서 '타자'를 발명해야 했다. 그래서 발명된 토속적인 지역, 즉 '향토'는 제국주의 식민담론이 식민지인에게 투사했던, 또 식민지 지식인이 같은 땅의 민중에게 투사했던 온갖 열등성과 비루함의 자질을 고스란히 지닌 곳으로 의미화된다.[6]

---

4) 전도된 오리엔탈리즘은 다른 말로 옥시덴탈리즘(Occidentalism)이라 할 수 있다. 오리엔탈리즘이 '동양'을 타자화함으로써 서양의 우월성을 입증하고자 했듯이 옥시덴탈리즘은 이와는 정반대로 근대, 서양적인 것을 타자로 설정하고, 열등한 것으로 규정지음으로써, 역으로 전통적인 것, 동양적인 것의 우월성을 증명하는 방식을 취한다. 김양선, 「옥시덴탈리즘의 심상지리와 여성(성)의 발명」, 『민족문학사연구』 23호, 민족문학사학회, 2003, 93~94면.

5) 에드워드 사이드는 이처럼 제국주의가 식민지를 타자화하고 지배하기 위해 동원한 논리를 '오리엔탈리즘'이라 칭한다. 에드워드 사이드, 박홍규 역, 『오리엔탈리즘』(개정판), 교보문고, 2003 참조.

6) 필자는 이처럼 특정 지역을 서사화하는 데 내재된 피식민자의 의식을 근대 문학 형성기 작품을 중심으로 살펴본 바 있다. 김양선, 「탈식민의 관점에서 본 지역문학」, 『인문학연구』 10집, 한림대 인문학연구소, 2003 참조.

둘째, 향토에 대한 또다른 발명의 사례로 향토를 '원초적인 생명력' '근원회귀'의 공간으로 설정하는 경우를 들 수 있다. 근대화, 도시화에 지친 지식인들이 회귀하는 모성적인 공간으로서의 고향이라든가 에로틱하고 주술적이고 원시적인 생명력이 약동하는 공간으로서의 토속적인 향토는 우리 근대 문학이 지속적으로 선호해 온 공간적 상상력과 맞닿아 있다. 앞서 근대적 시선에서 야만과 미개의 상징이자 어두운 대륙으로 의미화되고 주변화되었던 곳은 이제 획일화된 근대의 논리, 중심의 논리에 포획되지 않는 반동적 기운이 가득한 곳으로 새로이 기호화된다. 식민화・근대화로 인한 열등감과 피로감, 환멸 등에 대한 정서적 대체물로서의 고향・농촌・향토는 '향토적 서정성'이라는 독특한 미적 아우라를 자아낼 뿐만 아니라 에로틱한 성적 자질을 지닌다. 성(sexuality)은 원시적 건강성, 생명력 등 전복적인 것으로 기호화된다. 이와 같은 과정을 거치면서 특정 지역은 '향토(鄕土)'라는 특정한 명명법으로 불리게 되었고, 향토를 그린 문학 작품들은 한국인의 고유한 '토속적' 정서를 잘 반영한 작품들로 우리 근대문학사의 한 자리를 차지하게 되었다.

우리는 이와 같이 특정 지역이 발명되고, 그것이 성과 절합됨으로써 식민지적 무의식이 공고화되는 전형적인 양상을 1930년대 이효석과 김유정의 작품들에서 보게 된다. 우리 근대문학사에서 두 작가가 차지하는 위상은 독특하다. 동반자 작가에서 원초적인 생명력으로 가득찬 토속적인 세계관으로의 급격한 선회, 다시 탐미적인 도시 공간으로 월경을 감행한 이효석, 구인회의 초기 멤버로서 낙향한 후 고향 주변의 산수나 여인들에게서 위안을 찾고자 했던 김유정, 기이하게도 두 작가는 향토적 서정성을 구현한 작가들로서 이른바 정전(正典)만들기의 중심에 있는 국어/문학 교과서가 가장 선호하는 작가들이기도 하다. 더욱이 이들은 요절한 탓에 일제 말기 여러 작가들이 범했던 '친일'의 혐의에서도 자유로울 수 있었다.

'향토적 서정소설'이라는 말을 처음 사용한 박헌호는 향토성에 대한 지향은 제도적 근대성에 대한 비판의 함의를 지니며, 분열된 민족은 향토성이 야기하는 문화적 공감대 속에서 민족으로서의 일체성을 확인받을 수 있었다고 보았다.[7] 권명아 역시 '향토'를 규정짓는 궁핍의 파토스가 '민족적인 것'에 대한 특정 감각을 생산하고 소비하는데 중요한 역할을 담당한다고 본다.[8] 그런가 하면 이혜령은 1930년대 중・후반 소설 도처에 등장하는 토속적 인간형의 세계를 분석하면서 이 토속적 인간형이 특유의 활력을 제공하면서 지식으로 표상된 근대적 자아의 무기력을 심리적・미적으로 보상해주는 투사물이고, 향토는 원시성과 본능이 펼쳐지는 무대라고 말한다.[9] 관점은 다르지만 이 연구자들 모두 근대성에 대한 회의나 비판의 맥락에서, 혹은 민족주의나 식민주의의 동원의 정치학에 전용되기 위해서 '향토'의 '궁핍'이 발명되었다는 점에 주목하고 있다. 신형기 역시 '향토의 발견'이라는 맥락에서 이효석 소설에 주목하면서, 이효석의 모더니즘적인 이국취향과 향토의 발견이 식민지 근대가 낳은 혼종의 시선이라는 동일한 매카니즘에 근거한다고 보았다.[10]

필자 역시 '향토(성)'에 대한 이들의 관점에 동의하면서도 이를 근대성 비판이라든가 동일성의 원리에 기초한 동원의 정치학으로만 파악하는 것은 일정정도 한계가 있다고 생각한다. 물론 근대비판, '반(反)근대'는 일본 제국으로부터 강제로 이식된 근대적 제도, 규율질서에 대한 비판이라는 점에서 반(反)식민의 함의를 띤 것이 사실이다. 이와는 정반대로 식민 시대뿐만 아니라 포스트 식민 시대에도 '향토'가 민족국가 구성원들의 분열을 봉합하고, 국가주의를 순조롭게 수행하기 위한 동일화

7) 박헌호, 『한국인의 애독작품-향토적 서정소설의 미학』, 책세상, 2001, 104~110면 참조.
8) 권명아, 「궁핍의 파토스와 국민문학화」, 『파라21』, 이수, 2003년 가을호.
9) 이혜령, 「한국 근대소설의 섹슈얼리티 연구-1920~1930년대를 중심으로」, 성균관대 박사논문, 2001.
10) 신형기, 「이효석과 '발견된' 향토」, 『민족이야기를 넘어서』, 삼인, 2003, 110~113면 참조.

기제로 동원된 측면도 없지 않다. 그럼에도 불구하고 식민주의 담론에 동조하면서 동시에 저항했던 피식민자의 (양가적) 무의식을 살펴보기 위해서는 이들이 만들어 낸 '향토'가 내부 식민지인 타자화된 장소이면서 동시에 견고한 식민주의에 틈을 낼 수 있는 균열의 장소라는 점을 동시에 살필 필요가 있다고 본다. 다시 말해 전통으로의 복귀든, 향토의 발견이든 그것이 지닌 복합적 의미, 포섭과 배제의 역학을 세심하게 규명해내야 한다는 게 필자의 생각이다. 똑같이 '향토'를 재현의 장으로 삼으면서도 그것을 역사와 현실이 제거된 신화와 운명의 장소로 본 김동리나 본능과 심미적 창안의 영역으로 한정한 이효석과 달리 분열과 균열의 틈이 역력한 김유정의 작품세계가 돋보이는 이유도 여기에 있다.

3. 모방을 통해 저항하기, 김유정의 '향토'

앞 장에서도 살펴본 바와 같이 김유정은 이효석과 더불어 해방 이후 문학(국어) 교과서에 빠짐없이 그 작품이 등재된 작가이다. 그런 만큼 그의 작품은 한국인의 정서에 밀착되어 있고 한국인의 향수의식을 자극하는 부분이 있다. 이와 같은 점은 그의 작품들 중에서도 독자들이 주로 좋아하는 작품이 「봄봄」과 「동백꽃」 등 농촌의 현실을 정공법으로 다루기보다 우회적, 서정적으로 다룬 작품들이라는 점에서도 잘 드러난다. 두 작품은 일본의 식민지 농업 정책으로 인해 파탄에 이른 식민지 조선의 농촌 현실을 성장의 문턱에 이른 청년 혹은 아이를 전면에 내세움으로써 우회적으로 다루고 있고, 사랑이나 결혼과 같은 보편적인 주제에 녹여내고 있다. 「봄봄」과 「동백꽃」은 리얼리즘적 시각에서 보면 지주(혹은 마름)와 소작인, 농노 사이의 갈등을 다루고 있지만, 이와 같은 갈등은 후경으로 물러나고 독자의 향수의식을 촉발하는 감각적인 묘사가 전경화된다. 가령 "밭 가생이로 돌 적마다 야릇한 꽃내가 물컥물컥 코를 찌르고 머리우에서 벌들은 가끔 붕, 붕, 소리를 친다. 바위틈에서 샘물소리밖에 안 들리는 산골짜기니까 맑은 하늘의 봄볕은 이불속같이 따스하고 꼭 꿈꾸는 것 같다"(「봄봄」)[11]라는 시적인 묘사라든가 산골에 지천으로 "한창 피여 퍼드러진 노란 동백꽃"이 풍기는 "알싸한 그리고 향깃한 그 내음새"(「동백꽃」)에 취한 소년, 소녀의 모습에서 우리는 평화로운 농촌의 봄 풍경을 마치 눈으로 보듯 감각적으로 느낄 수 있다. 이와 같은 농촌의 서정적 풍경은 우직한 청년, 순진한 아이의 눈에 비친 것이어서 일종의 '중립성'을 확보하고 있다. '자연의 인간적 전이'[12]라 할 만한 이 청년/아이들은 문명이나 근대성의 핵심인 합리성과는 관련이 없는 인물들이어서 현실에서 패배할 수밖에 없고 바로 그런 점 때문에 독자들의 연민을 유발한다.

김유정 소설에 재현된 향토에는 두 가지 양상이 공존한다. 하나는 자본의 논리, 식민화의 논리와는 무관하게 서정적이고 생명력이 약동하는 공간이고, 다른 하나는 궁핍과 배신으로 얼룩지고 식민지 자본주의로 인해 피폐해진 농촌이다. 전자에 해당하는 「봄봄」 「동백꽃」은 물론이거니와 후자에 해당하는 「만무방」 역시 그 서두는 대단히 서정적인 묘사로 채색되어 있다.

> 산골에 가을은 무르녹았다.
> 아름드리 노송은 빽빽이 늘어박혔다.
> 새새이 끼인 도토리, 벚, 돌배, 갈잎들은 울긋불긋, 잔디를 적시며 맑은 샘이

---

11) 김유정, 『김유정 전집』(전신재 편), 강, 1997, 160면. 앞으로 작품의 인용은 이 책의 면수를 따르기로 한다.

12) 이 용어는 박헌호의 말을 빌어온 것이다. 그는 순수하고 어리숙한 인물이 향토성을 형상화하는 주요소라고 보면서 이들을 '자연의 인간적 전이'라 표현한다. 박헌호, 앞의 책, 100면.

쫄쫄거린다. 산토끼 두놈은 한가로이 마주앉아 그 물을 할짝거리고, 이따금 정신이 나는 듯 가랑잎은 부수수하고 떨린다. 산산한 산들바람. 귀여운 들국화는 그 품에 새뜩새뜩 넘는다. 흙내와 함께 향긋한 땅김이 코를 찌른다. (「만무방」, 95면)

「만무방」의 핵심 주제는 땅에 충실한 농민이 자기 땅을 잃고 유랑하는 현실, 자기 땅에서 난 산물을 자기가 도둑질해야 하는 아이러니한 현실에 있다. 하지만 작품 서두를 여는 것은 위와 같이 피폐한 농촌 현실과는 무관하게 가을이 무르녹은 서정적인 향토의 풍경이다. 마치 이효석의 「산」이나 「들」의 한 대목을 보는 듯한 이 서두에서 인간은 자연에 완전히 동화되어 있다.

이미 작가는 수필 「五月의 산골작이」에서 고향마을을 '빈약한 촌락'이지만 "산천의 풍경으로 따지면 하나 흠잡을데 없는 귀여운 전원"이라 칭하고 "주위가 詩的이니만치 그들의 생활도 어데인가 시적이다"라고 말한 바 있다. 같은 수필에는 다음과 같은 구절도 나온다.

산 한중턱에 번듯이 누어 마을의 이런 생활을 나려다보면 마치 그림을 보는 듯하다. 물론 理智없는 생활이 아니고는 맛볼 수 없을만한 그런 純潔한 정서를 느끼게 된다. (427면)

여기서 주체의 시선을 눈여겨볼 필요가 있다. 마을에서 멀리 떨어진 산중턱에서 아래를 내려다보는 주체의 시선에 포착된 마을은 "그림을 보는 듯"하고 '이지없는' 생활을 영위하는 곳이다. 주체, 즉 보는 자의 가치평가가 개입된 고향마을은 시적인 아우라를 풍기고 순박한 인심, 공동체적 정서가 살아있는 충만한 곳이다. 근대적 이성이라든가 합리성이 통용되지 않는 곳이기도 하다. 이처럼 향토는 동백꽃이 흐드러지게 피어나고, 골짜기마다 자연의 순환법칙에 따라 그 산물들이 무르녹는 곳이다.

하지만 김유정 소설에 재현된 향토는 '서정성'으로 봉합되지 않고, 다양한 근대적 욕망이 충돌하고 모순이 현시되는 공간이기도 하다. '따라지'와 '만무방' '들병이' '잠채꾼'과 '도박꾼' 등등의 김유정 작품에 등장하는 인물들을 특징짓는 이와 같은 단어들은 김유정의 작품이 농촌의 하층계급을 형상화하고 있음을 암시한다. 김유정 작품에 재현된 농촌, 혹은 향토는 일본의 식민지 농업정책으로 인해 농민들이 자작농에서 소작민, 다시 이농민과 유랑민으로 전락을 거듭해가는 장소이자 아내나 딸을 매매하는 가부장적 권력이 횡행하는 장소이며, 아내를 '들병이'로 내세워 한몫 보려는 못난 가장들이 거(居)하는 장소이다. 즉 작품에 재현된 농촌 내지 향토는 근대적인 이성이 지배하는 중심의 논리에 포획되지 않는 원시성, 반(反)이성, 야만과 미개로 얼룩져 있다.

이 농촌에 거주하는 제도 밖 인물들은 서울에 대한 동경, 금광이나 도박 등 일확천금에 대한 터무니없는 꿈을 추구하거나 성적 교환관계 및 매매에 자발적으로 몸을 던진다. 그런 점에서 이들은 식민지 근대의 파행성에 전면적으로 노출되어 있다고 볼 수 있다. 향토적 서정성의 아우라를 한 겹 벗기고 들어가 본 향토 혹은 농촌은 식민지 근대의 욕망에 포획된 인간들이 그 욕망을 대단히 파행적인 방식으로 푸는 분열적인 공간이다.

그렇다면 왜 분열적일 수밖에 없는가. 자기 의지와는 무관하게 농촌에까지 밀어닥친 식민지 자본주의 근대의 물결 앞에서 이들은 속수무책으로 전락하면서도 그 근인(根因)을 파악할 만큼 합리적이거나 성찰적 이성을 갖고 있지 않다. 이들이 보여주는 대응방식이 일탈적인 것은 이 때문이다. 그런 점에서 김유정 작품 속에 재현된 농촌 내지 향토는 제국이 식민지를 타자화할 때 항용 사용하는 무지와 반이성·야만성·성적인 일탈이 고스란히 재현되는 장소로 볼 여지가 충분히 있다.

하지만 작가는 식민자가 피식민자를 타자화하는 방식을 모방하면서도 그 모방을 통해 식민지의 어두운 그늘을 식민자에게 되돌려 주는 양가적인 방식을 취하고 있다.[13] 「금따는 콩밭」에서 지주의 땅을 임의로 갈아 부치고, 콩밭에서 금을 찾으려는 발상, 「만무방」에서 응칠의 일탈적 행동이 근대적 법제도의 규제를 받으면서도 같은 농민들에게서는 부러움을 받는 상황 등에서 알 수 있듯 이들의 일탈이라든가 야만성은 식민자에게는 피식민자의 열등성을 알려주는 증거이면서 동시에 공포를 불러일으킨다.

그런 점에서 김유정이 그리는 향토는 동백꽃과 깊어가는 가을 산길의 고즈넉함이 "날새가 차지니까 늑대 호랑이가 차차 마을로 차저 나리는"(「산골나그네」) 반문명적인 야만과 공존하는 공간이다. 또한 토착 농민과 유랑민, 근대적인 잠채꾼이 공존하는 공간이다. 식민 담론에서 타자화된 야만인들이 어느 순간 근대적 욕망의 주체로 등극하는 것, 그리고 그 근대적 욕망이 다시 한 번 변칙적이고 일탈적인, 반근대적인 방식으로 추구되는 것은 작가가 식민 담론의 권위를 좇아가면서도 이를 조롱하는 방식을 취하고 있음을 반증한다.

제국주의 식민담론이 그야말로 재현의 권위를 상실한 채 해체되는 양상은 「만무방」에서 응칠이 자기 터전을 버리고 유랑하기 전 집에 내건 문안, 「가을」에서 소장사 황거풍과 복만이 사이에서 체결되는 계약서에서 단적으로 드러난다.

①

벽을 발른 신문지는 누러케 꺼릿다. 그우에다 안해가 불러주는 목록대로 일일이 나려 적엇다. 독이 세 개, 호미가 둘, 낫이 하나, 로부터 밥사발, 젓가락집이 석단까지 그담에는 제가 빗을 엇어온데, 그 사람들의 이름을 쭉적어 노앗다. 금액은 제각기 그 알에다 달아노코. 그엽으론 조금 사이를 떼어 역시 조선문으로 나의 소유는 이것박게 업노라. 나는 오십사원을 갑흘길이업스매 죄진

13) 호미 바바에 따르면 모방의 위협은 식민지 담론의 양가성을 전개하면서 그 권위 역시 분열시키는 모방의 이중적 전망에 있다. 호미 바바, 나병철 역, 『문화의 위치－탈식민지 문화이론』, 소명출판, 2003, 185면.

몸이라 도망하니 그대들은 아예 싸울게 아니겟고 서루 의론하야 어굴치 안토록 분배하야 가기 바라노라 하는 의미의 성명서를 벽에 남기자 안으로 문들을 걸어닷고 울타리 밋구멍으로 세식구 빠저나왓다.

이것이 응칠이가 팔짜를 고치든 첫날이엇다. (「만무방」, 100면)

②
매매계약서
일금 오십원야라
우금은 내 안해의 대금으로써 정히 영수합니다.
갑술년 시월 이십일
조복만
황거풍 전 (「가을」, 194~5면)

①의 성명서, ②의 매매계약서는 자신의 의사를 천명하거나 당사자들이 교환관계를 법적으로 인증받기 위해 쓰는 공적이고 제도적인 담론 형식이라 할 수 있다. 하지만 이 공적·근대적 형식은 그 안에 담긴 내포적 의미 때문에 엄숙함을 상실한 채 희화화되고 전복된다. 이 공식 문서들을 창안한 식민자는 그것이 근대적이고 합리적이라는 이념을 유포함으로써 그와 같은 법과 제도를 가지지 못한 피식민자의 열등성을 강화하고, 피식민자들을 효과적으로 통제하기 위한 제도적 장치로 썼다. 그런데 작가는 이 제도적 담론들을 모방하면서 동시에 이를 조롱하고 전복하는 '비슷하지만 완전히 같지는 않은' 모방의 전략을 구사하고 있는 것이다.

더군다나 피폐한 농촌은 대개 작품 서두의 '보여주기'(묘사)를 통해 공포스러운 타자의 모습으로 출몰한다.

①
땅속 저 밑은 늘 음침하다.
고달픈 간드렛불. 맥없이 푸리끼하다. 밤과 달라서 낮엔 되우 흐릿하였다.

거츠로 황토장벽으로 앞뒤좌우가 콕 막힌 좁직한 구뎅이. 흡사히 무덤속같이 귀중중하다. 싸늘한 침묵. 쿠더브레한 흙내와 징그러운 냉기만이 그속에 자욱하다. (「금따는 콩밧」, 64면)

②
음산한 검은 구름이 하늘에 뭉게뭉게 모여드는 것이 금시라도 비 한줄기 할 듯하면서도 여전히 짓궂은 햇발은 겹겹 산 속에 묻힌 외진 마을을 통째로 자실 듯이 닳구고 있었다. 이따금 생각나는 듯 살매들린 바람은 논밭간의 나무들을 뒤흔들며 미쳐 날뛰었다.

뫼밖으로 농군들을 멀리 품앗이로 내보낸 안말의 공기는 쓸쓸하였다. 다만 맷맷한 미루나무숲에서 거칠어가는 농촌을 읊는 듯 매미의 애끓는 노래—

매움! 매애움! (「소낙비」, 38면)

③ 감떼사나운 큰 바위가 반득이는 하늘을 찌를듯이, 삐쥐 솟았다. 그 양어깨로 자즈레한 바위는 뭉글뭉글한 놈이 검은 구름갓다. 그러면 이번에는 꿈인지 호랑인지 영문모를 그런 흠상구즌 대구리가 공중에 불끈 나타나 두리번거린다. 사방은 모다 이따위 산에 돌렷다. 바람은 뻔찔나려 구르며 습귀와 함께 낙엽을 풍긴다. 을씨냥스리 샘물은 노냥 쫄랑쫄랑. 금시라고 싯검은 산중툭에서 호랑이불이 보일듯십다. 꼼짝못할 함정에 들을 듯이 소름이 쭉 돗는다. (「노다지」, 53면)

지금까지 김유정 소설의 서두에 제시된 이 배경묘사는 '거칠어가는 농촌'의 모습을 사실적으로 재현한 것으로, 인물의 전락한 처지를 비유적으로 표현한 것으로, 앞으로 일어날 비극적인 상황을 예시하는 것으로 평가받아 왔다. 인물이나 사건에 대한 '말하기', 즉 작가주석적 논평보다 이와 같은 '보여주기'가 작가의 의도를 드러내기에 훨씬 효과적인 것도 사실이다. 문제는 재현된 농촌이 사방이 산에 둘러싸여 '산속에 묻힌 외진 마을'이고 '무덤속같이 귀중중'하고 '음침한 기운'을 자아내는 곳이라는 점이다. 심지어는 ③에서 볼 수 있듯 호랑이가 나올 듯이 문명과는 거리가 멀다.

서정성도, 특유의 원시적인 생명력도 소거된 이 향토는 식민지 자본주의의 파행성을 단적으로 보여주는 금광이 산재해 있는 동시에 호랑이가 출몰하는, 전근대와 근대의 혼종성이 공존하는 곳이다. 이 혼종의 양상을 제목에서부터 예시하는 「금따는 콩밭」에서 볼 수 있듯 "산이고 논이고 밭이고 할것없이 다 금쟁이손에 구멍이 뚤리고 뒤집히고 뒤죽박죽이 된" 농촌에서 "돼지같은 몸뚱이를 한" 광부들은 다름 아닌 땅을 파던 머슴이며 농민이었다. 이 농민이 어느 순간 금에 눈이 멀어 동료를 배신하고, 장을 보고 오는 농군을 "잘량한 돈 사전" 때문에 낫으로 찍어죽이기도 한다. 향토가 공포스런 타자로 출몰하는 것도 이 때문이다. 이 타자가 지닌 반동성, 근대적 규율제도로 순치되지 않는 일탈적 저항의 국면이 서두의 장면으로 예시되는 것이다.

앞서 필자는 향토의 재현에 내재된 양가성에 주목할 필요가 있다고 말한 바 있다. 요컨대 김유정 소설에 재현된 향토는 근대적인 이성이 지배하는 중심의 논리에 포획되지 않고 서정적이고 원시적인 생명력이 남아 있는 곳이다. 하지만 심층적인 차원에서 보면 이미 향토는 일정하게 근대의 논리에 포섭되거나 자본주의적 인간관계에 의해 지배받고 있다. 그리고 이 근대는 역설적이게도 토착민의 미몽과 미개, 야만의 심성을 십분 활용하면서 자기 영토를 확장한다. "삼십여년전 술을 빚어노코 쇠를 울리고 흥에 질리어 어깨춤을 덩실거리고 이러든 가을과는 저 딴쪽이다. 가을이 오면 기쁨에 넘처야 될 시골이 점점 살기만 띠어옴은 웬일인고"(「만무방」, 111면)라는 응칠의 언술은 작가의 현실인식에 다름 아니며, 향토가 양가적으로 재현된 이유를 해명하는 단서가 된다. 과거의 시골(향토)와 현재의 시골(향토) 사이의 거리. 서정성과 야만성이라는 향토의 두 얼굴은 식민주의 이데올로기에 포섭된 현실을 인지하면서 이에 저항하려는 작가의 복합적 의식을 드러내는 것이다.

4. 성별 권력관계와 섹슈얼리티의 양가성

김윤식은 「들병이 사상과 알몸의 시학」에서 김유정 문학의 출발점에 놓인 것이 들병이 사상이며, 작가가 이들이 저지르는 부정적 측면과 긍정적 측면을 고루 알고 이에 대한 미묘한 윤리적·미학적 감각에 형언할 수 없는 표현 의욕을 실었던 점을 높이 평가한다.[14] 들병이 사상이란 다름 아닌 '아내를 내놓고 먹는' 남편의 의식이다. 김병익 역시 김유정 소설의 공통점으로 "무기력한 남자에게 순종하는 여성의 현실적 능력이 보다 능동화되어 있다"[15]는 점을 지적한다. 이들은 공통적으로 여성의 섹슈얼리티가 돈으로 환산되면서 성별 위계가 역전되는 현상을 지적하고 있다.

김유정 소설에 재현된 향토는 매춘이나 인신매매가 일상화되고 그것이 도덕적 판단의 대상이 되지 않는 세계이다.[16] 인신매매와 매춘은 무력한 남성들에 의해 묵인, 방조되거나 적극적으로 행해진다. 남편이든 결혼을 앞둔 미혼 남성이든 이들에게 여자는 재화를 얻기 위한 수단이다.

「총각과 맹꽁이」에서 덕만이가 들병이를 아내로 얻으려는 이유는 "이런 걸 데리고 술장사를 한다면 그박게 더 큰수는 업다. 둬해만 잘하면 소한바리쯤은 락자업시 떨어진다"(33면)고 생각하기 때문이다. 「솟」의 남편 역시 안해의 속곳과 맷돌짝, 함지박을 훔으려 내는 이유는 들

14) 김윤식, 「들병이 사상과 알몸의 시학」, 『김유정 문학의 전통성과 근대성』(전신재 편), 한림대 아시아문화연구소, 1997, 283면.

15) 김병익, 「땅을 잃어버린 시대의 언어」, 위의 책, 141면.

16) 도시를 배경으로 한 작품들 역시 카페 여급, 기생, 여공 등 무력한 가장(아버지나 남편, 남동생)을 대신해 생계를 책임지는 여성을 다루고 있다. 농촌을 배경으로 한 작품군의 경우 가족의 이산, 아내와 아동의 물신화, 인신매매, 매춘, 노름, 잠채 등 일탈적이고 비윤리적인 생활방식이 그야말로 일상화되어 있다.

병이인 "게숙이를 따라다니며 벌어먹겟구나"하는 생각, "압흐론 굶주리지 않어도 맘편히 살려"는 생각 때문이지 결코 들병이를 사랑해서가 아니다. 복만이 처를 사간 소장수 황거풍은 "홀애비의 몸으로 얼굴 똑똑한 안해를 맞어다가 술장사를 시켜보고자 벼르든 중"이었다. 취처(娶妻)가 목적이 아니라 술장사를 통한 이윤얻기가 목적인 것이다.

> 안해 그까짓건 실혓다. 아리랑 타령 한마듸 못하는 병신, 돈 한푼 못버는 천치—하긴 초작에야 물불을 모르만치 정이 두터웟스나 때가 어느 때이냐. 인제는 다 삭고 말엇다.
>
> 뭇사람의 품으로 올마 안김 에쓱어리는 들병이가 말은 천하다 할망정 힘 안드리고 먹으니 얼마나 부러운가. 침들을 게게 흘리고 덤벼드는 뭇놈을 이손저손으로 맘대로 후물르니 그 호강이 바히 고귀하다 할지라. (「솟」, 145면)

위 예문에서 안해와 들병이를 평가하는 척도는 아리랑 타령을 하는가, 돈을 버는가와 같이 술장사와 매춘에 필요한 능력을 구비했는지 여부, 즉 효용성 유무이다. 들병이는 '힘 안들이고 먹고' '뭇 놈을 마음대로 후무릴 수' 있기 때문에 '호강'을 한다는 식의 가치판단은 노동의 정직함이나 일부일처제가 부과하는 책임감, 윤리의식과는 무관하다. 오히려 쾌락의 향유를 제1의 가치로 여기고 있는 듯하다.

하지만 여기서 간과해서 안 될 점은 내포적 서술자의 성별(gender)이다. 내포적 서술자인 남편, 즉 남성은 자신의 비(非)노동을 정당화하기 위해, '아내(여성)를 내놓고 먹'고자 하는 자신의 처지를 정당화하기 위해 아내를 평가절하한다. 물론 김유정 소설의 특징이 아이러니인 만큼, 정작 조롱의 대상이 되는 것은 이 무능한 남편일 수도 있다. 하지만 이와 같은 아이러니컬한 진술이 나오게 된 배경, 남성의 자기비하에 동원된 논리에 주목할 필요가 있다. 즉 남성 주체는 아내와 들병이 등 여성을 타자화함으로써, '그녀'들의 목소리가 아닌 내포적 서술자인 '그'의 목소리를 통해 여성의 욕망을 굴절시킴으로써 자본주의 근대의 물결 앞에 여지없이 무너진 공적·사적 자아로서의 책임감에서 한 발 비켜설 수 있었다.

'들병이'에 대한 남성들의 시각, 토착민의 시각은 양가적이다. "남의 살림을 망처노코 게다 가난한 농군들의 피를 빨아먹는 여호"이자 더러운 물건이라고 보는가 하면, '새로운 생활'을 열어줄 구원자로 인지한다. 같은 여성들 역시 이들을 부도덕한 유혹자로 보는 한편 이들이 돈을 벌 수 있다는 사실 때문에 선망의 시선을 보내기도 한다. 심지어 「안해」의 아내는 자발적으로 들병이로 나서겠다고 남편에게 제의하기까지 한다.

아이까지 둔 아내가 들병이로 나서고 그것이 묵인되다 못해 이 하층 계급이 생존을 위해 선택할 수 있는 최상의 것으로 여겨지는 현실은 가부장적 가족관계 및 부계질서가 해체되었음을 입증하는 것이다. 이같은 점은 더 나아가 당장의 생존을 위해서든, 아니면 남편의 매타작을 피하기 위해서든 아내의 동조 하에 성매매가 법적, 윤리적 제재 없이 통용되는 현실에서도 확인된다. 「만무방」의 재성이나 「가을」의 복만은 제 계집을 팔아넘기고, 「소낙비」의 춘호는 노름밑천 이 원을 장만하기 위해 아내를 모양내어 이주사에게 보낸다. 「노다지」의 꽁보는 생명의 은인이자 일확천금의 꿈을 실현시켜 줄 더펄이에게 이미 시집까지 간 누이를 주려고 한다. 「총각과 맹꽁이」에서 덕만의 누이 역시 선채를 받고 팔린 지 오래다.

전근대적인 가부장적 가족질서에서 아내와 누이, 아이는 한갓 노동력의 원천, 재생산의 담당자로서 이들의 생사여탈권을 지닌 자는 남편과 오빠, 아비였다. 그렇기 때문에 「안해」의 나는 아내가 낳을 아들을 '한놈이 벼열섬씩', 열 다섯 명이면 '일천오백원'식으로 재화로 환산한다. 아내와 아이를 재화로 보는 남편의 시각은 '비동시성의 동시성'이 재현되는 식민지 근대의 단면을 보여준다. 남편은 전근대적인 가부장제 의식으로 자본의 축적이라는 근대적 욕망을 추구하기 때문이다. 하지만 역설적이게도 남편이자 아비는 무능력하다. 그가 추구하는 근대적 욕망이라는 것이 터무니없이 크고 허황되기 때문에 욕망의 좌절은 예정된 수순이다. 이들의 전근대적인 의식은 근대의 속도를 도저히 따로잡을 수 없는 것이다.

여성에게 기생해 살고 있거나 살고자 하는 이 하층계급 남성들은 식민지 농업정책의 피해자이지만 그 피해로 인한 분노와 상실감을 여성이나 아이에게 투사한다. 그렇다면 이 하층계급 남성들이 자신들의 성적·경제적 무능력을 위장하거나 보상받기 위해 여성과 아이를 타자화하는 과정에서 노정하는 여러 자질들을 어떻게 보아야 할 것인가. 제국의 식민자들이 피식민자들의 열등성을 말할 때 흔히 쓰는 무지와 몽매, 여성과 아이를 소유의 대상으로 보는 전근대적 의식은 아마도 이들 식민자들이 피식민자들의 열등성을 확인해주는 증거로 활용되었을 법하다.

하지만 앞서 토착민이나 여성들이 들병이를 바라보는 시선이 동경과 혐오라는 양가성을 띤 데에서도 드러나듯 텍스트에 드러난 남성/여성 주체의 성별 권력관계 역시 다층적인 의미를 지닌다. 그런 만큼 작품에 드러난 성별 관계를 파악할 때 식민담론에 공모하는 지점과 저항하는 지점을 분별할 필요가 있다. 김유정의 작품에서 남성은 성적·경제적으로 무능력하고 여성은 우월하다. 그렇지만 기존의 성별 관계를 전도시킨 것이라고 단선적으로 파악하기 힘든 점이 있다. 이상 소설에 등장하는 '여왕봉'같고, 치밀한 전략을 구사함으로써 남성을 농락하는 여성들과는 달리 김유정 작품 속의 여성들은 남성과 당장의 경제적 어려움을 타개해야 한다거나, 금맥을 찾아 일확천금의 꿈을 이루어야 한다는 과제 앞에서 남성과 공조한다. 전락한 농민의 처지, 유랑민의 처지에서 결코 이룰 수 없는 욕망을 추구한다는 점에서 이들은 동일하다. 이 남성과 여성들은 토착민이든 유랑민이든 식민자가 피식민자를 열등성의 자질로 규정지었던 것을 몸으로 연행한다. 자신들의 무지, 일탈을 드러냄으로써 오히려 식민자의 이데올로기에 균열을 내고 저항하는 방식을 택하는 것이다. 전신재는 김유정 소설의 특징으로 '가족중심주의'를 들면서 외부의 혹독한 현실에서 살아남기 위한 부부의 강한 응집력에서 알 수 있듯 가족중심주의는 혼란하고 궁핍한 현실에서 살아남으려는 제도적 장치라고 말한 바 있다.[17] 환언하면 친밀감, 배려와 같은 가족공동체의 이데올로기는 해체되었고, 생존을 위한 일차적인 단위로서의 가족만 남은 형국, 공동의 현실적인 이해를 위해 전근대적인 가부장적 이데올로기가 출몰하는 형국이다.

그렇다면 왜 작가는 일관되게 근대적 제도, 식민지 질서 및 이데올로기에 포획되지 않는 토착민들을 전경화하는 것일까. 김유정의 작품은 중심 / 이성 / 근대 / 남성과 주변 / 본성 / 전근대 / 여성으로 대립되는 우리 근대문학의 재현 질서 속에서 주변성으로 범주화되어 온 향토와 여성, 정확히는 여성의 섹슈얼리티가 어떻게 결합하는지를 잘 보여준다.

향토와 섹슈얼리티가 결합하면서 식민자가 피식민자를 규정하는 자질들, 가령 원초적인 것, 미개성, 전근대적인 것이 두드러진다. 이는 피식민자의 열등함을 보여주는 자질들이며, 피식민지의 주변성을 강화하는 이데올로기로 전화된다. 하지만 이 피식민자들은 미개하고 야만적인 삶의 방식을 연행함으로써 식민자의 균질적인 시각적 응시를 교란하는 것이다.

5. 맺음말

김유정은 동시대 이상이나 박태원이 '고현학', 즉 근대적인 것의 탐색을 통해 근대에 대한 동경과 환멸을 직조했던 데 반해 그와는 정반대되는 지점에서 작품 활동을 했다. 그는 도시가 아닌 향토, 근대적 지식

17) 전신재, 「농민의 몰락과 천진성의 발견」, 앞의 책, 329~330면.

인의 비판적 자의식이 아닌 토착민의 순응성과 우매함, 세련된 표준어가 아닌 토속적인 사투리를 자기 문학의 토양으로 삼았다. 그럼에도 불구하고 그의 작품은 오늘의 우리에게는 물론 당시 평단이나 독자들에게 '새로운' 것으로 읽혔다. 그 새로움은 근대성의 그늘에 가려졌던 토착적인 지역을 '발견'하고 그것을 시종일관 사투리와 비속어 등에 담았기 때문인 것으로 보인다. 김유정의 언어, 즉 순우리말의 의도적 선택, 지문의 철저한 구어화, 방언과 비속어를 소리나는대로 적기, 어휘의 혼용, 관용어의 문학적 재생 등[18]은 근대적 문어체계가 우월한 것으로 여겨지던 당시 문단 상황에 비춰볼 때 낯설고 새로운 것으로 읽혀졌을 법하다.[19] 작가가 의도했건 안했건 토착적인 지역의 발견, 토착어의 발견은 이 작가가 과거 속에서 새롭게 발견해 낸 창안물이며, 또 다른 각도에서 미적 근대성의 단면을 보여주는 것이라 할 수 있다.

바바는 '거의 똑같지만 동일하지는 않은' 모방의 양가성과 혼성성에서 탈식민의 가능성을 찾는다. 그에 따르면 혼성성은 "차별받는 주체가 편집증적인 분류에서 궤도를 이탈한 두려운 대상으로 양가적으로 전환"되는 것이다.[20] 담론의 대표성과 권위성을 얻으려는 권력의 축을 따라 모방하면서 지배담론을 분열시키는 것이 전복적인 의미를 지닌다면 김유정의 작품은 얼핏 비열하고 순응적인 토착민을 전경화하는 듯하지만 식민자가 피식민자=토착민을 재현할 때 흔히 쓰는 일종의 정형을 모방하면서도 그것에 균열을 내는 방식을 택한다. 이는 식민자-피식민자의 경계선을 불안하고 양가적으로 만드는 것이라 볼 수 있다. 그렇지

---

18) 전상국, 『김유정-시대를 초월한 문학성』, 건국대 출판부, 1995, 77~92면.

19) 당대 비평가인 김문집이 "그의 전통적 조선어휘의 풍부한 언어구사의 개인적 묘미는 소위 조선의 중견 대가들이라도 따를 수 없는 성질의 그것"이라고 평한 것, 이남호가 "그의 토속성이 전근대적인 토속성이 아니고 어떤 세련된, 모던한 어떤 것을 뒤에 숨기고 있는 토속성"이라 평한 것은 토속성이랄지 향토의 발견이 의도된 것임을, 그리고 오히려 '모던'한 기획임을 반증한다. 전신재 편, 앞의 책, 340면.

20) 호미 바바, 앞의 책, 226~228면.

만 이와 같은 양가성은 순응적 주체가 형성되는 과정에서 수반되는 분열에 그칠 뿐 저항의 계기를 만들지 못할 수도 있다. 더군다나 모방과 균열의 지점을 확보하는 과정에서 여성의 섹슈얼리티를 타자화한 점은 한계로 지적될 수 있다.

그럼에도 불구하고 그가 내려 했던 균열 내지 틈이 1930년대 중반 문단에서 진행되었던 전도된 오리엔탈리즘(옥시덴탈리즘)과도 일정 정도 거리를 취하며 식민지 토착민의 역동적인 욕망과 그것의 좌절을 가감없이 드러낸 점은 소중한 문학사적 자산으로 기록되어야 할 것이다.

김유정 소설의 언어미학

담론 특성을 중심으로

우한용

1. 소설언어의 미학적 차원

한 작가가 자기 문체를 형성하고 있다는 것은 그 작가의 영광이다. 그 영광은 우리 언어문화의 질을 결정하는 자산이다. 작가들의 문체로 드러나는 언어 특징은 우리 언어문화의 수준을 가늠하게 하는 지표이다. 그런 점에서 김유정의 독특한 언어 운용 방법은 우리 소설사, 나아가 우리 문학사에서 중요한 의미를 지닌다. 문학사적 중요성을 지닌 언어체에 대한 연구자들의 관심은 우리 언어문화를 기름지게 하는 작업으로 연결된다. 해석은 결국 가치의 축적을 가져온다.

김유정은 독특한 문체로 일가를 이룬 작가이고, 그러한 언어 특성에 대해 많은 연구자들이 주목한 바 있다. 그가 사용하는 어휘의 향토성,[1)]

1) 이주일, 「김유정 소설 연구」, 명지대 박사논문, 1991.

작중인물들이 구사하는 토속적인 화법,[2] 문장의 이중 부정적 특징,[3] 언어적 아이러니의 설정,[4] 서술자를 다층적으로 설정하는 서술 방법[5] 등이 연구자들이 지적하는 김유정 소설의 언어적 특징이다. 김유정 문학 전반을 다루는 가운데 언어적 특성을 밝힌 연구로 전신재 교수, 유인순 교수 등을 들 수 있다. 그런데 소설 텍스트의 구조를 밝히고, 서술자의 운용 방식을 밝히는 것이나 토속적인 언어를 추출하여 그 항목을 열거하는 것은 소설언어의 미적 자질 가운데 한 부분이다. 방법을 달리하여 지속적인 논의를 할 필요가 있다.

소설의 언어는 다층적인 사회 문화적 층위 안에서 구축된다. 작가의 언어적 개성은 그 작가가 소속된 사회, 그 사회가 처한 문화적 상황 안에서 발현된다. 어떤 작가의 언어적 특질이 드러나기 위해서는 그 특질을 드러내 주는 배경을 필요로 한다. 언어에 관한 한 전적으로 '독창적인' 특질이란 존재할 수 없다. 사회언어를 배경으로 하여 '전경화된 것'이 소설의 텍스트이다.

김유정 소설의 언어적 특질을 미학적 차원으로 해석하는 데는 몇 가지 전제가 있어야 한다. 그 시대의 언어, 작가가 주로 활약한 문학판의 언어, 작가가 몸으로 익힌 생애의 언어, 소재로 동원하는 작은 세계(영역)의 언어 등이 어떤 조합을 이루는가 하는 점에 주목해야 한다.

이 글에서는 김유정의 대표작으로 평가되는 「만무방」을 중심으로 그의 언어적 특징을 담론의 차원에서 밝혀 보고자 한다. 이는 기호론적 구조로 분석해 보고, 그 결과를 해석의 차원으로까지 접근시켜 보고자 하는 시도이다.

---

2) 구인환, 『한국 근대소설 연구』, 삼영사, 1977.
3) 김상태, 『문체의 이론과 해석』, 새문사, 1982.
4) 위의 책.
5) 최병우, 「「만무방」의 서술구조」, 『先淸語文』 제16・17호 합집, 1988.

2. 소설언어–담론의 운용

김유정 소설은 재미가 있다. 설정된 인물의 성격이 여실하고, 인물들이 처한 상황은 아이러니컬한 경우가 대부분이다. 또한 그들이 벌이는 행동은 시대상을 반영하면서 독자적 특성을 동시에 보여준다. 이러한 특성은 김유정이 구사하는 언어의 힘으로 형상화된다. 김유정의 소설 텍스트를 분석하기 전에 소설을 분석하고 해석하는 데 필요한 몇 가지 전제를 검토하고 넘어가는 것이 순서일 듯하다.

근대적 개념으로 소설은 텍스트 형태로 존재한다. 소설의 언어를 제대로 보기 위해서는 텍스트를 우선 분석해야 한다. 분석은 형식적 추상주의에 떨어지기 쉽다. 문학 텍스트 일반이 그러하듯이 소설 텍스트는 해석을 요하는 의미의 예술이다. 그러나 해석은 자칫 이데올로기적 추상주의에 기울 수 있다. 이러한 두 가지 추상주의를 극복하기 위해서는 소설텍스트를 '기호론적 실천' 양태로 볼 필요가 있다. 즉 소설의 언어를 담론으로 보자는 것이다.[6)]

소설의 언어는 바흐찐의 지적대로 다층성과 이질성이 그 특징이다. 이는 소설이 다양한 인간들이 살아가는 실상을 바탕으로 구축되는 서사이기 때문이다. 또한 소설은 논리와 감성을 함께 아우르는 매우 정교한 의사소통의 체계이다. 서사문학의 하위 장르인 소설을 기호론적 실천의 관점에서 분석한다는 것은 소설을 의사소통의 체계로 분석함을 뜻한다. 발화구조의 분석만으로 언어적 의사소통의 본질을 드러낼 수 없는 것과 마찬가지로, 소설의 소통구조를 분석하는 작업 또한 구조 분석으로는 충분치 못하다. '작용태(作用態)'로서 구조를 분석하고, 거기 해석이 겸해져야 '기호론적 실천'의 의미가 드러난다. 소설의 언어를 대상

---

6) 우한용, 『채만식 소설 담론의 시학』, 개문사, 1992, 제1장 참조.

으로 할 경우 소설적 소통의 거대구조 차원과 텍스트의 미세구조 두 차원의 분석이 필요하다.

거대구조 차원의 분석은 '소설현상'에 대한 분석이다. 문학을 거대소통행위로 보는 관점을 문학현상의 관점이라고 한다면 소설을 거대층위에서 바라보는 소통행위구조를 '소설현상'이라 한다.[7] 소설가는 소설을 쓰고 그것은 소설책이 되어 서점이나 도서관을 통해 독자에게 보급된다. 독자는 소설을 읽은 다음에는 어떤 형식으로든지 반응을 나타낸다. 그 반응은 간접적이기는 하지만 작가에게 돌아간다. 작품의 구매력이라든지 비평가의 비평이 작가에게 영향을 행사한다면 이것이 수용자가 작가에게 돌려주는 반응의 실상이다.

이는 일상 언어적 소통과 구조가 유사하다. 소설가는 독자에게 어떤 이야기를 하고 독자는 그 이야기의 뜻이 무엇인지 캐 들어가면서 자신의 문화체험에 따라 반응하게 된다. 그 반응은 다시 작가에게 돌아가 작가의 창작행위를 규제하게 된다. 문학의 이러한 소통구조를 '문학현상(文學現象)'이라 한다면 소설의 경우 이를 '소설현상'이라 한다. 소설 소통의 이러한 구조를 기호론적 구조라 할 수 있다.[8]

소설 내적인 소통구조는 텍스트의 담론구조로 환원하여 그 특성을 설명할 수 있다. 소설의 이야기는 소설가가 자기 자신의 이야기를 하는 것이 아니라 '다른 인물'을 시켜 이야기를 한다는 데에 특징이 있다. 즉 소설의 서술과 전달은 서술자의 개입을 전제로 한다. 소설의 언어 층위가 복잡해지는 것은 서술자(敍述者, narrator)가 스토리를 전달하기 때문이

7) '문학현상'은 문학이 이루어지는 내적 외적 제반 조건을 고려한 현동화 양상을 가리킨다. 즉 작가와 작품과 독자의 역동적인 작용태를 뜻하는 동시에 문학을 둘러싸고 있는 사회 역사적 조건까지를 포괄하는 개념이다(구인환 외, 『문학교육론』, 삼지원, 1992 참조).

8) 기호론적 구조는 언어를 통한 의사소통의 구조와 유사한 것으로 생각할 수 있다. 즉 작가―작품―독자 사이의 의미 전달과 수수 관계이다(R. Jakobson, 신문수 역, 『문학 속의 언어학』, 문학과지성사, 1989 참조).

다.[9] 서술자는 텍스트 표면에 나타나기도 하고 숨기도 한다. 텍스트 표면에 나타나는 서술자의 양상도 여러 가지이다. 작중인물이 되는 경우도 있고, 작중인물 역할을 하지 않는 경우도 있다. 작중인물이 되더라도 주인공 역할을 하는 경우도 있고 조역을 담당하는 경우도 있다. 소설에 나오는 서술자의 이러한 역할 분화는 이른바 액자소설에서 잘 나타난다.[10] 액자소설은 내용으로서의 이야기와 그 이야기를 전달하는 전달 구조가 명백하게 나타난다.

소설텍스트의 언어적 층위는 작가, 서술자, 작중인물, 그리고 서술자나 작중인물에 의해 지시되는 텍스트 외적 인물들의 언어로 층위를 이루게 된다. 이들 층위 사이에 나타나는 상호작용은 대화적 속성(對話的屬性)을 띠게 된다. 소설의 기호론은 소설을 이루는 층위 사이에 나타나는 대화적 속성을 밝히는 데 기여한다. 이는 소설의 요소를 독립적인 것으로 파악하는 것이 아니라 의사소통의 구조 안에서 요소들 사이의 연관성이 중시된다. 요소들 사이의 연관성은 시각의 조정을 통해 다양한 의미를 드러내는 예술적 장치 역할을 한다.

소설은 작가가 독자에게 어떤 의미를 지닌 이야기를 함으로써 문제를 이끌어내는 양식이다. 소설내적인 문제 상황에 독자가 동참하게 되는 것은 기호론적 구조의 언어화 즉 담론을 통해서이다. 소설의 언어는 이중적인 의미에서 담론(談論)의 형태로 되어 있다. [작가−작품−독자]의 층위와 [서술자−작중인물−피서술자] 층위를 상정할 수 있기 때문이다. 담론은 언어학에서 분석의 대상으로 삼는 정태적 자료인 언어가 아니라 주체들이 개입함으로써 역동적으로 활성화된 언어를 말한다. 다른 말로는 대화화(對話化)된 언어를 뜻한다. 대화화된 언어는 텍스트를

9) 서술자라는 용어 대신에 '화자(話者)'라는 용어를 사용하기도 하지만, 소설의 대화에 직접 참여하는 작중인물과 동일한 의미를 띠어 혼란이 예상된다. narrator는 서술자로 speaker는 화자로 사용하는 것이 합리적이다.

10) 액자소설은 '격자소설'이라는 용어로 부르기도 한다. 이야기 속에 다른 이야기를 이끌어들여 이야기의 신빙성을 확보하는 방법으로, 오랜 전통을 지닌 서사기법이다.

고정된 언어체로 보는 관점으로 분석하기 어렵다. 사상과 감정을 전달하는 데에 언어 운용의 목표를 한정하지 않는다. 사상과 감정을 전달하되 상대방을 일정한 방향으로 움직이고자 하는 의도를 포함한다. 이 의도는 넓은 의미의 이데올로기를 포함한다. 따라서 담론화된 언어는 언어를 통한 이데올로기 실천이라는 의미를 지닌다.

언어를 사용하는 주체는 메시지를 발동하고 그 언어의 상대역은 그 언어를 주체적으로 수용하는 가운데 언어를 사용하는 주체와 상대방이 동등한 자격의 주체로 자리잡을 수 있게 된다. 담론의 장에서는 말을 하는 주체와 그것을 수용하는 상대방이 일정하게 고정되어 있는 것이 아니라, 언어행위에 참여하는 주체들은 쌍방적이고 상호주체적인 위치에 놓인다. 이는 소설가와 독자 사이의 관계에서도 마찬가지로 상정되는 소통구조이다. 소설에서 인물들의 역할은 일차적으로 소설 담론의 주체가 된다.

이러한 역동적 구조를 통해 그 사회의 구성원들은 의미를 공유하고, 새로운 의미를 발견하며, 의견의 조정을 이루어내기도 한다. 그렇기 때문에 단지 구조를 분석하는 것으로 소설의 의미화 작업이 끝나지 않는다. 분석의 결과를 해석하는 과정이 뒤따라야 한다. 소설의 구조 해석은 수용자의 의미 해석과 연관된다. 따라서 소설 소통구조의 거대구조와 미세구조는 크고 작은 치차(齒車)의 톱니처럼 서로 맞물려 돌아가게 마련이다. 역동적 구조로서의 소설은 담론의 구조라 할 수 있다. 이것이 넓은 의미에서 말하는 소설의 기호론적 구조이다.

이상에서 설명한 방법에 따라 김유정 소설의 언어적 특성을 살펴보고자 한다.

3. 소설 담론의 주체들

일반화해서 말하자면, 소설 속에는 두 가지 이야기가 있다. 흔히 내용이라고 하는 작중인물의 이야기가 있고, 그것을 전달하는 전달자 즉 서술자의 이야기가 있다. 작가는 자신의 이야기를 고백하는 것이 아니라 남의 이야기를 하되 서술자를 내세워서 하기 때문에, 텍스트에는 일종의 '그림자'처럼 존재한다. 작중인물은 소설텍스트 내적인 존재이기 때문에 독자에게 직접 이야기를 할 수 없다. 소설에 인물의 형상으로 나타나는 존재들은 작가로 지칭되는 그림자 인물, 작중인물, 그리고 작중인물의 행동과 말을 전달하는 서술자 등이 층위를 이루고 있다. 서술자는 이들 인물형상을 이루는 존재들 사이에 언어의 여러 층위를 조정하고 의미관계를 형성하면서 담론을 조직해 간다. 다시 말해 담론의 주체는 작중인물과 서술자로 대별된다. 우선 담론의 주체로서 「만무방」이 누구의 이야기인가 하는 점, 작중인물을 보기로 한다.

「만무방」 전체는 도둑 이야기라고 해도 지나침이 없다. 전체 내용을 작중인물 응오를 중심으로 단락별로 요약해 보기로 한다.[11)]

①부랑민 형이 돌아와 아우네서 머문다. (사건의 배경 상황)
②아우네 집 벼이삭을 도둑맞는다. (사건의 발생)
③형이 도둑의 누명을 쓴다. (사건의 여파)
④형이 도둑을 잡으러 나선다. (사건 해결의 시도)
⑤형이 도둑을 잡는다. (사건 해결 성공)
⑥도둑은 아우라는 것이 밝혀진다. (해결한 사건의 재사건화)
⑦아우는 자기 벼를 훔친 (것이)다. (해결한 사건의 무효화)
⑧형이 아우를 위해 다른 도둑질을 하려 한다. (사건 해결의 다른 방향)
⑨아우가 형의 제안을 거절한다. (⑧의 부정)

---

11) 최병우, 앞의 논문, 866~877면 참조.

⑩ 자기 벼를 도둑질한 아우는 진실하다. (의미의 역전 현상)

「만무방」의 서사구조를 이루는 작중인물 가운데 중심은 형과 아우이다. 서사단락 ⑤와 ⑥이 사건의 핵심이라 할 수 있는데, 형이 도둑의 누명을 벗기 위해 길목을 지키고 있다가 잡은 도둑이 자기 동생으로 판명된다. 거기다가 동생은 자기 논의 벼를 자기가 훔치는 행동을 한다. 동생의 도둑질과 형의 도둑잡기가 담론의 주체들이 보여주는 행동의 핵심이다. 여기서 이 작품이 아이러니적 구조로 되어 있다는 점이 밝혀진다.

> [한 식경쯤 지났을까, 도적은 다시 나타난다. 논뚝에 머리만 내놓고 사면을 두리번거리더니 그제서 기여나온다. 얼굴에는 눈만 내놓고 수건인지 뭔지 흔겁이 가리었다.]
>
> [{도둑은} 봇짐을 등에 걸머메고는 허리를 구붓이 뺑소니를 놓는다.] (그러자 응칠이가 날쌔게 달겨들며)
>
> 〈"이 자식 남우 벼를 훔쳐가니……"〉
>
> (하고 대포처럼 고함을 지르니) [논둑으로 그대로 데굴데굴 굴러서 떨어진다.] 얼결에 호되게 놀란 모양이었다.
>
> —전신재 편, 『원본 김유정전집』, 한림대 출판부, 1987, 102면
> (이하 인용은 같은 책의 면수만 밝힘)

여기서 작중인물들이 실제로 하는 말은 대화로 표시되어 있는 한 마디밖에 없다. 그 뒤에는 "성님까지 이렇게 못살게 굴기유?" "내 것 내가 먹는데 누가 뭐래?" 하는 대화가 지문 사이에 끼어 있다. 차례대로 앞의 하나는 상대방 즉 동생을 지향해 있다. 뒤의 둘은 형을 향해 있다. 그 나머지는 텍스트 내적인 상황을 따라다니는 서술자가 이야기하는 것이다.

이 인용에서 서술자의 역할을 보기로 한다. [ ] 부분은 작중인물이 직접 바라보고 있는 현상일 수도 있고, 작중인물을 따라다니는 서술자가 본 것일 수도 있다. 그러나 ( ) 부분은 작중인물이 직접 이야기할 수 없는

부분이다. 이야기하는 사람이 자기 자신의 이름을 불러가며 이야기를 하지는 않는다. 이는 서술자가 전담하여 전달하는 말이다. 〈 〉부분은 작중인물의 말이라고 표시가 되어 있을 따름이지 사실은 서술자가 전달하는 것이다. 대화에 이어지는 전달동사 혹은 인용지표 '하고'와 '대포처럼'이라는 해석이 서술자의 몫으로 들어가 있기 때문이다.[12] 다시 [ ] 부분은 작중인물과 서술자가 공유하는 의식을 서술자가 전달하는 것이다. 소설의 지문 내에 서술자가 개입할 때, 이는 화법이 달라짐으로 해서 가치평가를 동반한다.[13]

우리가 말을 할 때, 의도하든 의도하지 않든 많은 가치평가가 개입하게 된다. 이때의 가치평가라는 것은 대상에 대한 지향성(指向性, intentionality)을 뜻한다. 이 지향성은 언어 운용을 둘러싸고 일어나는 각종의 의미 실현 현상을 뜻한다. 가령 도둑이 들어왔는데 주인이 "불이야!" 하고 외쳤다고 하자. 그 한 마디 속에 숨어 있는 지향성은 간단치 않다. 상황이 절박함은 물론, 도둑이 들어왔으니 동네 사람들이 달려와서 붙잡아 달라는 간절한 요청을 표현하고 있는 것이다. 또 나는 도둑(님/놈) 당신을 붙잡을 생각은 없다, 그러니 해치려고 들지 말아 달라는 애원도 들어 있는 것이다. 그뿐만이 아니다. 집에 들어온 도둑을 잡는다든지 싸워서 상해를 하는 경우 언젠가 해꼬지를 당하게 마련이니 도둑은 제 발로 달아나도록 해야 한다는, 대대로 내려오는 삶의 슬기, 즉 상황에 대처하는 전통적인 방식이 거기 담겨 있는 것이기도 하다. 이러한 의미작용을 포괄적으로 지향성이라는 용어로 일컬을 수 있다.[14] 이처럼 말을 한다는 것은 언어를 통해 지향성을 실천하는 양상으로 구현된다. 신념, 소

---

12) 이필영, 『국어의 인용구문 연구』, 탑출판사, 1993, 13~19면 참조.

13) 위의 책, 16면. "인용절은 원발화의 내용을 중심으로 하되, 원발화의 형식을 인용화자가 임의로 변개하여 나타낸 것인데, 이때 인용화자는 그것(인용한 말)을 인용화자 자신의 말이기보다는 원발화자의 말인 것처럼 나타낸다. 따라서 간접인용에는 인용화자의 관점이 개입할 가능성이 많다."

14) John Searle, *Intentionality*, Cambridge Univ. Press, 1983 참조.

망, 공포, 욕망 등 사실의 표현을 뛰어넘는 많은 요소가 언어행위에 포함되는 것이다. 그런데 그 방향이 쌍방향적이라는 점에 주목할 필요가 있다.

작중인물은 다른 작중인물을 향해 말을 할 때, 앞에서 설명한 지향성을 가지고 말을 한다. 그 말을 듣고 되받는 사람 또한 그러한 지향성을 가지고 상대방의 말을 변용하여 수용한다. 그렇게 말이 오가는 사이에 지향성은 방향을 달리하면서 지속적인 해석이 이루어진다. 이처럼 소설의 담론의 지향성은 서술자의 전달 과정에서 그 방향이 달라진다. 서술자의 해석 방향에 따라 주제방향이 달라진다고도 할 수 있다. 독자가 소설을 읽는 가운데 투사하는 지향성 또한 해석의 방향을 달라지게 한다. 소설의 인물을 논하면서 담론 특성을 고려하지 않을 때, 작중인물의 유형론에 빠지거나 성격화의 방법을 논하는 형식주의에 기울게 된다. 담론 양상과 인물의 의식과 지향성이 어떻게 연관되는가를 살피는 것이 소설 이해의 한 방법을 제공한다. 다음의 예를 보기로 하자. 앞의 인용에 이어지는 장면이다.

> ①응칠이는 덤벼들어 우선 허리께를 나려조겼다. 어이쿠쿠,쿠 하고 처참한비명이다. 이 소리에 귀가 번쩍 띄이어 그 고개를 들고 팔부터 벗겨 보았다.
> ②그러나 너무나 어이가 없음인지 시선을 치걷으며 그 자리에 우두망찰한다.
> ③그것은 무서운 침묵이었다.
> ④살뚱맞은 바람만 공중에 북새를 논다.
> 한참을 신음하다 도적은 일어나더니,
> ⑤"성님까지 이렇게 못살게 굴기유?"
> 제법 눈을 부라리며 몸을 홱 돌린다. 그리고 늣기며 울음이 복바친다. 봇짐도 내버린 채,
> ⑥"내 것 내가 먹는데 누가 뭐래?"
> 하고 데퉁스러히 내뱉고는 비틀비틀 논 저쪽으로 없어진다.
> ⑦형은 너무 꿈속 같아서 멍하니 섰을 뿐이다.

⑧ 내 걸 내가 먹는다—그야 이를 말이랴, 허나 내 걸 내가 훔쳐야 할 그 운명도 얄궂거니와 형을 배반하고 이즛을 버린 아우도 아우렸다.

⑨ 에—이 고현놈, 할 제 보를 적시는 것은 눈물이다. (원본전집, 102~103면)

(*설명의 편의를 위해 필요한 번호를 달았고 단락도 다소 달리 갈랐다.)

위 인용에서 ①을 포함한 처음의 세 문장에는 서술자의 평가가 그리 분명히 나타나지 않는다. ②에는 ①에 대한 해석이 나타난다. 그 내용은 ③에서 강화된다. ④에 가면 자연현상의 서술을 통해 서술자의 해석이 강화되고 있음을 알 수 있다. ③이 주관적인 평가라면 ④에서 그것을 객관화하는 것이다. 대화 형태로 제시된 ⑤와 ⑥은 이 소설의 아이러니적 성격을 암시한다. ⑤의 의미가 ⑥에 가서 보다 구체화된다. ⑦은 ⑤와 ⑥에 대한 해석이 행동으로 구체화된 것이라 할 수 있다. 서술자의 해석이 가장 직접적으로 강화된 것이 ⑧이다. 자기 것을 자기가 훔쳐야 하는 상황, 그것은 비극적 아이러니라고 할 수 있다. 이를 두고 당시 농촌의 피폐상를 보여주는 것이라고 한다면 지나치게 단순한 시각이라는 폄하를 면키 어렵다. ⑨는 인물의 심리까지를 표현한 것인데 양가감정(兩價感情)이 나타난 예이다.

이러한 예를 통해 알 수 있듯이 소설의 담론은 작중인물의 말에 대한 서술자의 해석이 거듭 가해지는 가운데 의미작용을 수행해 간다. 이러한 구조 속에서 인물의 성격이 드러나기도 하고 인물의 이념이 구체화되기도 한다. 소설 담론의 주체들은 소설의 언어를 통해 자기를 드러내고, 독자를 포함한 남과 언어적 교섭을 해나간다고 할 수 있다.

4. 담론 주체의 행위범주

우리는 「만무방」을 담론 측면에서 이해하기 위해 문학현상에서 연유하는 '소설현상'을 상정하였다. 그리고 소설현상이 기호론적 실천의 국면이며, 이는 언어적으로 본다면 담론 양상으로 드러난다는 것도 확인하였다. 소설 이해를 위해서는 담론의 주체를 고려해야 함은 물론 이 주체들의 행위범주를 고려해야 한다. 즉 주체들이 보여주는 행동과 그러한 행동을 촉발하는 동기를 살펴보지 않고는 인물들이 보여주는 행위의 의미를 알 수 없다. 동기에 따라 주체들의 행동은 특별한 방향으로 의미화된다.

첫째, 「만무방」은 고향을 떠났던 작중인물이 고향에 돌아와 도둑의 혐의를 받는 이야기이다. 아내와 행복한 가정을 이루기 위해 백방으로 노력하다가 실패하고 고향을 떠나 부랑(浮浪)하는 사람으로 인물이 설정되어 있다. "농사는 열심으로 하는 것 같은데 알고보면 남는 건 겨우 남의 빚뿐"이어서 고향을 떠난다. 그리고는 걸인행각을 하다가, 아내와도 헤어지고 도박과 절도범으로 전락하고 만다. 응칠이가 고향을 떠나게 된 경위 즉 '팔자를 고치던 첫날'은 다음과 같이 제시되어 있다.

> 그 위에다가(신문지—인용자) 아내가 불러주는 물목대로 일일이 내려 적었다. 독이 세 개, 호미가 둘, 낫이 하나, 로부터 밥사발, 젓가락집이 석단까지 그 다음에는 제가 빚을 얻어 온데, 그 사람들의 이름을 쪽 적어 놓았다. 금액은 제각기 그 아래다 달아 놓고, 그 옆으론 조금 사이를 떼어 역시 조선문으로 나의 소유는 이것밖에 없노라. 나는 오십 사원을 갚을 길이 없으매 죄진 몸이라 도망하니 그대들은 아예 싸울 게 아니겠고 서로 의론하여 억울치 않도록 분배하여 가기 바라노라 하는 의미의 성명서를 벽에 남기자 안으로 문들을 걸어닫고 울타리 밑구멍으로 세 식구가 빠져나왔다. (『원본 전집』, 82~83면)

그렇게 고향을 떠나 유리걸식(遊離乞食)하던 응칠이 고향에 돌아온 것은 혈육의 정 때문이었다. 그러나 고향의 형편은 혈육의 정을 확인하기에는 너무나 피폐했다. 농사는 피롱이 되고 그의 계수씨는 병이 들어 소생의 가망이 없는 상황이다. 거기다가 아우네 논의 벼를 도둑맞는 사건이 일어난다. 주인공은 그 도둑의 혐의를 받는다. 작품의 결말에 가면 남의 집 소를 도둑질하려는 생각을 하기까지 한다. 고향의 삶은 일그러질대로 일그러져 있다. 노름과 싸움이 성행하고, 도둑질하다가 감옥에 갔다 온 사람을 부러워할 지경으로 시달리는 삶과 그들의 왜곡된 심성이 고향의 풍경이다.

둘째, 일 없이 어슬렁거리는 사람들, 소위 '매팔자'라는 사람들의 이야기이다.[15] "산골에, 가을은 무르녹았다"로 시작되는 응칠의 송이파적은 4페이지에 걸쳐 서술되어 있다. 거기는 '일'의 의미가 다음과 같이 왜곡된 모습으로 나타난다.

> 오늘 아침만 해도 한 친구가 찾아와서 벼를 털 텐데 일좀 와 해 달라는 것을 마다하였다. 몇 푼 바람에 그까짓것을 누가 하느냐. 보다는 송이가 좋았다. 왜냐면 이땅 삼천리 강산에 늘려놓은 곡식이 말정 누거럼. 먼저 먹는 놈이 임자 아니냐. 먹다 걸릴만치 그토록 양식을 쌓아 두고 일이 다 무슨 난장마즐일이람. 걸리지 않도록 먹을 궁리나 할 게지. 하기는 그도 한 세번이나 걸려서 구멧밥으로 사관을 틀었다. 마는 결국 제 밥상우에 올라앉은 제 몫도 자칫하면 먹다 걸리긴 매일반— (『원본 전집』, 79면)

위 인용에서, 왜 일을 할 필요가 없는가 하는 점을 작중인물의 논리로 밝히고 있다. 이 어슬렁거리는 사람들의 행동은 술마시기로, 도박으로, 도둑질 등 파행으로 나타난다. 어느 사회가 정상적인 사회가 되자면 사회 성원들에게 할 일이 분명히 결정되어 있어야 한다. 일이 없는 사

15) 응오・응칠 등은 매 응자(鷹)를 사용하여 '매팔자'를 연상하게 한다.

람들의 사회는 왜곡된 사회, 결핍된 사회일 수밖에 없다. 이는 현진건의 「貧妻」 같은 작품에 중요한 모티프로 나타나는 점이다. 여기에서 함께 언급되어야 할 사항은 도박이다. 도박은 도둑질과 함께 이 소설의 중요한 모티프가 되어 있다.[16]

셋째, 도둑질하는 이야기라는 점. 남의 닭 잡아 먹기, 자기 논의 벼 훔치기, 남의 소 도둑질하려는 도모(圖謀) 등 도둑질이 이 작품의 주요 모티프를 이룬다. 다음은 어처구니없는 도둑질의 한 예이다. 물질에 대한 과욕 때문에 빚어지는 도둑질이 아니라 먹을 것을 구하는 도둑질이 엽기적인 지경에 이르러 있다. 이는 사회의 무규범성을 보여주는 예가 된다. 가을이 오면 기쁨에 넘쳐야 될 시골이 점점 살기만 띠어가는 가운데 장을 보고 오는 농군을 농군이 낫으로 찍어 죽이는 사건이 벌어진다. "그것도 많이나 되면 모르되 빼앗은 것이 한껏 동전 네 닢에 수수 일곱 되. 게다가 흔적이 탄로날까 하여 낫으로 그의 얼골의 껍질을 벗기고 조기대강이 이기듯 끔찍하게 남기고 주긴 망나니이다. 흉악한 자식. 그 잘량한 돈 사전에 나갈으면 가여워 돈을 더 주고 왔으리라."(93~94면)

작중인물이 비판의 대상으로 설정한 행동을 스스로 선택하는 데서 아이러니는 빚어진다. 작중인물 응오는 도둑의 혐의를 벗기 위해 도둑을 잡으러 나선다. 그런데 그 자신이 도둑질을 함은 물론 도둑질로 문제를 해결하려 하는 데서부터 아이러니는 비롯된다. 도둑으로 알고 잡은 것이 자기 동생이고, 그 동생은 자기 논의 벼를 자기가 훔친 것이 판명된다. 형은 동생의 처지를 불쌍히 생각하고 동정한다.

> 에―이 고현 놈, 할 제 보를 적시는 것은 눈물이다. 그는 주먹으로 눈을 쓱 부비고 머리에 번적 떠오른 것이 있으니 두레두레한 황소의 누깔. 시오리를 남쪽 산속으로 들어가면 어느 집 바깥뜰에 밤마다 늘 매여 있는 투실투실한 그 황소. 아무렇게 따지던 칠십원은 갈 데 없으리라. 그는 부리나케 아우의 뒤를

16) 도박의 일상화는 식민지의 피폐한 삶을 상징적으로 보여준다.

밟았다. (『원본 전집』, 102~103면)

동생이 아내를 살리기 위해 요구했던 돈을 만들어 주는 방법으로 도둑질을 생각하고 아우에게 제안을 한다. 아우는 형의 그러한 제안을 거부한다. 내적으로 반복 강화되던 도둑질의 논리는 여기서 그 악순환을 벗어난다. 그러나 도둑질의 논리를 결국 벗어날 수 없는 것은 도둑질의 악순환을 조성하는 소설외적인 텍스트의 성격 때문이다.

넷째, 갈 데가 없는 사람들의 이야기이다. 소설의 구조는 흔히 길의 구조 혹은 제사의 구조로 비유된다.[17] 주인공이 삶의 종착지를 향해 여행하는 구조가 소설에 나타난다고 보는 경우 소설은 길의 구조가 된다. 주인공들이 어떤 일을 계기로 모여들어 그 모인 장소에서 문제를 일으키고 논의를 벌이고 해결을 도모하는 경우, 이는 제사나 축제의 구조로 비유된다. 염상섭의 「만세전」이 길의 구조를 보여준다면 채만식의 「태평천하」는 제사의 구조를 보여준다고 할 수 있다. 「만무방」은 길의 구조가 변형되어 나타나 있다. 길을 출발해 간다고 해도 결국은 제 자리로 돌아오는 원점회귀적 구조(原點回歸的 構造)로 되어 있다.

고향을 버리고 타향을 떠돌아도 '형제는 그리운 법'이어서 고향에 돌아온다. 그러나 고향은 삶의 보금자리라는 의미를 잃은 훼손된 공간이다. 거기서 벌어지는 노름의 생리 또한 원점회귀적이다. 딴 것과 잃은 것이 같이 망하는 길로 통하기 때문이다. 이 훼손된 공간에서는 패가망신밖에 없다는 것을 알면서도 노름에 탐닉한다. 풍속의 와해가 심리의 왜곡을 초래한다는 점은 앞에서 밝힌 바와 같다.

작중에서 벌어지는 도둑질도 원점회귀적 구조로 되어 있다고 볼 수 있다. 비유컨대 결국은 자기 물건 자기가 훔치는 것이고, 속된 표현으로 제 닭 잡아먹기이다. 형이 아우의 문제를 해결해 주기 위해 소도둑질을

17) 김윤식, 「염상섭의 소설구조」, 『염상섭』(김윤식 편), 문학과지성사, 1977, 제1장 참조.

생각하는 것도 그러한 반복의 한 예이다. 도둑질의 이러한 반복구조가 이 소설의 한계로 지적될 수 있다. 지주와 대결하려는 의지가 부각되는 것도 아니고 그러한 구조적 모순에 대한 분노도 없다. 따라서 현실을 개혁하려는 의지가 결여되어 있다고 할 수 있을지 모른다.

이처럼 한정된 공간에서 벗어나지 못하는 삶의 이야기를 통해 우리는 그 세계가 통로가 없는 폐쇄상황에 처해 있다는 것을 알게 된다. 통로가 없는 세계는 절망적 상황의 상징이다. 상황의 이러한 상징성이 이 소설이 당대의 문제를 본격적으로 제시하고 있다는 점을 읽어낼 수 있게 한다.

5. 담론의 양상과 의미연관

소설 텍스트는 다양한 사회적 말투가 예술적으로 문체화(文體化)된 결과이다. 소설의 담론은 다양한 계층의 언어를 두루 포괄한다. 또한 개인의 다양한 말씨를 예술적으로 조직한 것이다.[18] 소설언어를 이렇게 폭넓게 규정하는 것은, 장편소설을 대상으로 할 때라야 잘 들어맞는다. 단편소설은 장편소설과 달리 언어적 단일성을 지향하는 양식이다. 삶의 단편을 단일한 인물과 단일한 시점을 통해 문체를 통일해 가는 것이 단편소설의 원칙이다. 언어 측면에서 본다면 단편소설은 이러한 단일성을 강조하는 것이기 때문에 시적 양식에 가깝다고 할 수 있는 것이다. 이효석의 「메밀꽃 필 무렵」 같은 경우가 이러한 규정에 잘 어울리는 예이다.[19] 거기에 비해 '움직이는 대상의 전체성'을 포착하고자 하는 장편

18) M. M. Bakhtin, *The Dialogic Imagination*, Texas Univ. Press, 1981, p.262.

19) 우한용 외, 『소설교육론』, 평민사, 1993, 123~146면.

소설은 단일한 언어를 구사하기가 어렵다. 소설의 언어를 분석할 때, 대상으로 하는 작품의 양식을 고려해야 하는 이유가 여기 있다.

담론의 차원에서 논의되는 소설의 언어는 일차적으로 작중인물들의 시각으로 착색된 대화가 이용되고, 서술자의 존재로 말미암아 해석이 가해진 언어이다. 그리고 여러 가지 다른 양식의 말이 다양한 층위에서 역동적으로 조직된다.

김유정의 「만무방」은 단편소설이기는 하지만 소설 일반의 언어양상을 잘 보여준다. 몇 가지 특징을 들어 보기로 한다.

첫째, 서술자와 작중인물의 말이 유착(癒着)되어 있다는 점이다. 이는 삼인칭 주관적 서술에 해당하는 방법이다. 이를 투사적 서술(投射的 敍述)이라고 설명하기도 한다. "삼인칭 관찰자의 시점인 자연의 묘사에서조차 김유정은 그의 감정을 투사하고 있는 것이다. 그의 서술의 특징은 서술자의 위치를 지키지 못하고 언제나 스토리 속의 인물 속에 뛰어드는 데 있다. 인물의 감정과 서술자의 감정은 수시로 용해한다."[20] 그 결과는 독자의 시각이 이야기 자체를 향하는 것이 아니라 '서술자를 향하게 한다'는 것이다. 이러한 서술 방법은 리얼리즘 소설에서는 그 가치를 크게 인정받지 못한다. 러보크의 구분으로는 드라마적인 수법이 되지 못하는 것이다.[21] 다음 예에서 우리는 서술자와 작중인물의 말이 교묘히 얽혀들어가는 양상을 확인할 수 있다.

> 산골에, 가을은 무르녹았다.
>
> 아람드리 노송은 빽빽이 느러박였다. 무거운 송낙을 머리에 쓰고 건들건들. 새새이 끼인 도토리, 뱃, 돌배, 갈입들은 울긋불긋. 잔디를 적시며 작은 샘이 졸졸거린다. 산토끼 두 놈은 한가로이 마주앉아 그 물을 할짝거리고. 이따금

20) 김상태, 『문체의 이론과 해석』, 새문사, 1982 참조.

21) P. Lubbock, *The Craft of Fiction*, Jonathan Cape, 1957, p.21. 그러나 소설이 서술에서 객관성을 유지하는 것의 한계 또한 정확히 검증되어야 한다. 객관적 제시는 소설의 형식론적 설명의 한 방법일 뿐이다.

정신이 나는 듯 가랑잎은 부수수, 하고 떨린다. 산산한 산들바람. 귀여운 들국화는 그 품새에 새뜩 새뜩 넘는다. 흙내와 함께 향긋한 땅김이 코를 찌른다. 요놈은 싸리버섯, 요 놈은 잎 썩은 내 또 요놈은 송이—, 아니 가시넝쿨 속에 숨은 박하풀 냄새로군. (『원본 전집』, 78면)

이는 「만무방」의 서두이다. 앞부분부터 서술자가 전지적 서술을 하고 있기는 하지만 서술자와 작중인물의 말이 유착되어 있는 것은 "흙내와 함께 향긋한 땅김이 코를 찌른다."의 뒤에서 확인된다. 서술자의 서술을 통해 읽는 것이기는 하지만, 작중인물의 행동을 일종의 '자유간접화법'을 통해 보여주고 있다.[22] "요놈은 …… 박하풀 냄새로군" 하는 부분에 따옴표를 지르고 서술어만 추가한다면 이는 곧 작중인물의 대화를 그대로 옮긴 것이 된다. 이처럼 작중인물의 말과 서술자의 말이 같은 층위에 녹아 있는 것이 「만무방」의 두드러진 서술특징 가운데 하나이다. 이러한 서술 특징은 다른 작품, 「금따는 콩밭」 「노다지」 등에서도 발견된다.

다음은 작중인물이 자기가 딴 송이를 먹으면서 중얼거리는 장면이다. 송이를 팔아서 저녁거리를 사가지고 오는 인물을 머릿속에 그려보면서, 한편으로 그들의 신세를 생각하면서 또 자신의 처지와 비교하는 것이다.

저녁거리를 기다리는 아내를 생각하며 좁쌀 서너되를 손에 사들고 어두운 고개치를 터덜터덜 올라오는 건 좋으나 ①이 신세를 멋에 쓰나, 하고보면 을프냥굿기가 짝이 없겠고— ②이까진걸 못먹어 그래 홧김에 또 한 놈을 뽑아들고 이번엔 물에 흙을 씻을 새없이 그대로 텁석어린다. 그러나 ③다른 놈들도 별수없으렸다. 이 산골이 송이의 번고향이로되 아마 일 년에 한 개조차 먹는 놈이 드므리라.

④—흠, 썩어진 두상들!

22) 자유간접화법은 행위주체나 의식주체의 언어를 서술자가 주체의 위치를 바꾸어 서술하는 방식으로 나타난다(김천혜, 『소설구조의 이론』, 문학과지성사, 1990, 151~161면).

그는 폭넓은 얼골을 이그리며 남이나 들으란듯이 이렇게 비웃는다. 썩었다, 함은 되생겼다 모멸하는 그의 언투이었다. (『원본 전집』, 80면)

위 인용에서 밑줄 친 부분은 직접화법으로 옮겨 놓아도 무리가 없다. 그런데 서술자의 서술에 '대화'를 그대로 노출시킴으로써 작중인물의 말과 서술자의 말이 같은 층위에 놓이게 된 것이다. ①은 작중인물이 머릿속에 떠올리는 다른 인물의 말이다. ②는 작중인물의 말이다. ③은 작중인물의 말과 서술자의 말이 같은 문장 안에 녹아 있는 경우이다. ④는 작중인물의 말이다. 이처럼 작중인물의 말과 서술자의 말이 함께 녹아 있는 것이 「만무방」의 서술 특징 가운데 하나이다.

둘째, 작중인물들의 화법이 비대화적(非對話的)이다. 이는 서사구조와 인물의 성격이라는 두 측면에서 그 원인을 찾아 볼 수 있다. 소설론 일반에서 어떤 사건이 삽화형식으로 되면서 전체 구성에 유기적 연관성을 지니지 못하는 경우 리얼리티를 드러내는 데에 한계가 있는 것으로 논의된다. 「만무방」의 서사구조를 지배하는 핵심은 도둑놈 찾기와, 찾은 도둑이 자기 것을 자기가 훔치는 아이러니를 보여주는 데에 있다. 응칠의 송이파적이라든지 술마시기, 노름하기, 응오의 생활고, 잔인한 도둑 이야기 등은 응칠의 행동을 구체화하는 에피소드들이다. 이는 김유정의 소설이 현실의 모순구조를 깊이있게 파헤치지 못했다는 지적을 받게 하는 점이기도 하다.[23) 이처럼 에피소드를 엮어서 추리소설 형식을 취하는 경우, 어떤 사회의 총체적인 흐름이나 역사의 전망까지를 보여주기 어렵다. 작은 에피소드들이 점경화(點景化)되고 그 결과 에피소드 사이의 유기성이 부족해지면서 거기 사용된 언어는 비대화적 성격을 띠게 된다.[24)

23) 전영태, 「김유정의 「산골」」, 『한국 현대소설 작품론』, 문장사, 1981, 226면.

24) 그러나 작품에 그려진 작중현실과 실제 현실을 대비함으로써 독자는 대화성을 발굴하면서 독서를 하게 된다.

또한 이는 인물의 성격이 배타적이라는 점과도 연관된다. 작중인물 응칠이 고향을 버리고 부랑생활을 하다가 고향에 돌아와 어정거리는 장면으로 시작되는 이 소설의 첫머리에는 다음과 같은 부분이 포함되어 있다. “때는 한창 바쁜 추수때이다. 농군치고 송이파적 나올 놈은 생겨나도 안었으리라. 허나 그는 꼭 해야만 할 일이 없었다. 싫으면 하고 말면 말고 그저 그뿐.” 이러한 성격은 공동체적인 삶에 자신을 투여할 수 없다. 따라서 고립적인 행동을 나타내게 되거나 아니면 다른 사람과의 관계에서 일방적인 대응을 보이게 된다. 다른 사람의 언어에 대해 일방적으로 대응한다는 것은 언어 측에서 이른바 또다른 관점을 인정하지 않는다는 뜻이 된다. 이는 인물의 태도를 서술하는 서술자의 해석으로 강화된다. “농군치고 송이파적 나올 놈은 생겨나도 안었으리라.”하는 것이 그것이다. 또한 응칠이가 야반도주를 하면서 써붙이는 ‘성명서’에도 언어전달의 일방성이 드러난다. 몸을 의탁한 집 친구와 대화하는 것이라든지, 응칠이 동생 집에 가서 하는 대화 등이 일방성을 띠게 되어 있는 것이다. 노름판에서 이루어지는 대화 또한 그렇다. 뒤에 자세히 살피겠지만, 의미의 역전현상(逆轉現象)이 나타나는 데서도 그러한 사정은 마찬가지이다. 해당 부분의 대화만 뽑아 보면 다음과 같다.

형 : “이자식, 남의 벼를 훔쳐가니 ……”
동생 : “성님까지 이렇게 못 살게 굴기유?”
동생 : “내것 내가 먹는데 누가 뭐래?”
형 : “애, 좋은 수 있다.네 원대로 돈을 해줄께 나구 잠깐 다녀오자.”
형 : “이눔아!”
형 : “명색이 성이라며?”

여기서 볼 수 있는 바처럼 각각 작중인물은 독백을 하고 있다는 인상을 받게 된다. 이는 이효석의 「메밀꽃 필 무렵」 같은 작품의 대화와는 현격히 다른 면이다. 이처럼 대화성이 부족한 언어로 서술되어 있기는 하지만, 소설언어의 진면목을 보여주는 것은 다른 측면에 있다. 계층의 언어를 적절히 구사하고 있다는 점이 그것이다.

셋째, 계층의 언어가 잘 드러나 있다. 「만무방」에 나오는 작중인물들의 계층은 작품명처럼, 생활의 방도라고는 없는 사람들로 한정되어 있다. 한정된 계층의 언어이기 때문에 대화성이 떨어진다고 할 수 있지만, 소설에서 계층의식이 언어를 통해 어떻게 표현되는가 하는 점을 잘 보여준다. 이는 토속어를 잘 활용하고 있다고 설명되어 오던 것이다.[25] 토속어라는 것은 어휘 항목으로 논의될 성질의 것이 아니다. 토속적 삶을 살아가는 사람들의 의식을 여실히 표현할 때라야 토속어로서 의미를 지닌다. 여기서 토속어가 계층적 의미를 띨 수 있게 된다. 우선 응칠의 성격은 다음과 같은 데서 찾을 수 있다. "그는 오라는 데는 없어도 갈 데는 많았다. 산으로 들로 해변으로 발부리 놓이는 곳이 즉 가는 곳이었다."(82면) 한마디로 떠돌이 삶을 살아가는 인물이다.

① 이번 멀리 아우를 방문함은 생활이 궁하야 근대러 왔다거나 혹은 일을 해보러 온 것은 결코 아니었다. 혈족이라곤 단 하나의 동생이요 또한 오래 못 본지라 때없이 그리웠다. 그래 모처럼 찾아온 것이 뜻밖에 덜컥 일을 만났다. (83~84면)

② 가뜩 한데 업치고 덥치더라고 올에는 고나마 흉작이었다. 샛바람과 비에 벼는 깨깨 배틀렸다. 이놈을 가을하다간 먹을 게 남지 않음은 물론이요 빚도 못 가릴 모양. 에라 빌어먹을 거. 너들끼리 캐다 먹던 마던 멋대로 하여라, 하고 내던져 두지 않을 수 없다. 벼를 털었다고 말만 나면 빚쟁이들은 우―몰려들 거니깐 (…하략…) (84~85면)

③ 응칠이는 그꼴(성팔이 도망치듯 달아나는)을 이윽히 바라보고 입안으로 죽일 놈, 하였다. 아무리 도적이라도 같은 동료에게 제 죄를 넘겨 씌우려 함은 도저히 의리가 아니다.
그건그렇다 치고 응오가 더 딱하지 않은가. 기껀 힘들여 지어놓았다 남

25) 이주일, 앞의 논문, 1991, 105~109면.

좋은 일 한 것을 안다면 눈이 뒤집힐 일이겠다.
이래서야 어디 이웃을 믿어 보겠는가…… (87면)

④ 그렇게도 벼에 결신이 들었다면 바루 남의 집 머슴으로 들어가 한 달포 동안 주인 앞에 얼렁거리는 건이어니와 신용을 얻어 놨다가 주는 옷이나 얻어 입고 다들 잠들거든 벼섬이나 두둑히 질머메고 덜렁거리면 그뿐이다. 이건 맥도 모르는 게 남도 못 살게 굴랴구. 에이 망할 자식두 그는 분노에 살이 다 부들부들 떨리는 듯 싶었다. (88면)

위 인용문들은 부분적으로 언어의 계층적 특징을 보여주는 예들이다. ①은 피붙이[血族]에 대한 관념이 나타나 있다. 혈족에 대한 '때없는 그리움'은 토속적 인정의 세계라 할 수 있다. ②에는 현실의 불합리에 대응하는 방식이 나타나 있다. 논리적인 대응이 아니라 즉물적인 반응이다. "에라 빌어먹을 거. 너들끼리 캐다 먹던 마던 멋대로 하여라" 하는 것이 그 예이다. ③은 의리를 중시하는 작중인물의 관점이 나타나 있다. 합리성을 따지기보다 의리를 앞세우는 것 자체가 계층적 의미를 머금은 것이다. ④는 상황을 타개하는 현실적 방식이 드러나 있는 부분이다. 도둑질을 할 것이 아니라 머슴살이를 해서 자기 앞을 꾸려야 한다는 것은 제도화된 삶을 긍정하는 태도이다. 이는 술집 주인이 하는 말, "농사군은 그저 농사를 지야 돼" 하는 안정감과 대비되면서 의미를 획득한다.

민요의 삽입으로 현실감을 확보한다는 점에 주목할 만하다. 그 가운데 "증긔차는 가자고 왼고동 트는데 정든님 품안고 낙누낙누 …… 낼 갈지 모레 갈지 모르는데 옥시기 강냉이는 심어 뭐 하리"(93면) 하는 구절이 나온다. 이는 현실적 삶의 질곡에 지친 이들의 푸념이라는 의미를 띤다. 민요는 민중들의 삶을 담아내는 형식이면서 그것은 형식의 변화를 통해 삶의 양상을 변형하게 된다.[26]

당시 농촌의 현실은 "형언치 못할 슬쓸함이 떠돌"고 "삼십여년 전 술

26) 김유정의 수필 「강원도 여성」, 「잎이 푸르러 가시던 님이」 등에도 민요가 소재로 등장한다.

을 빗어 놓고 쇠를 울리고 흥에 질리어 어깨춤을 덩실거리고 이러든 가을과는 저 딴쪽"(93면)으로 인식된다. 이러한 현실의 질곡이 반복됨으로써 자기부정의 타인지향적 성격이 형성되어 버린다. 이는 작중인물들의 말을 통해 드러나는데, 자신들이 부정하는 요소에 오히려 가치증대를 시켜놓는 것을 볼 수 있다.

> 응칠이는 모든 사람이 저에게 그 어떤 경의를 갖고 대하는 것을 가끔 느끼고 어깨가 으쓱거린다. 백판 모르는 사람도 데리고 앉아서 몇번 말만 좀 하면 대번 구부러진다. (…중략…) 한편 퍽 부러운 모양이었다. 저들도 그와같이 진탕 먹고 살고는 싶으나 주변 없어 못하는 그 울분에서 그런 이야기만 들어도 다소 위안이 되는 것이다. 응칠이는 그걸 잘 알고 그 누구를 논에다 거꾸로 박아놓고 다라나다가 붙들리어 경치던 이야기를 부지런히 하며
>
> "자네들은 안적 멀었네 멀엇서 —"
>
> 하고 흰소리를 치면 그들은, 옳다는 뜻이겠지, 묵묵히 고개만 꺼덕꺼덕 하며 속없이 술을 사 주고 담배를 사 주고 하는 것이다. (95면)

계층의 안정성이 깨어진 결과는 권위의 와해로 나타난다. 도박판에서 젊은이와 상투잽이 늙은이의 싸움이 벌어지는 장면에서 그러한 점을 확인할 수 있다. 연령에 따른 위계질서가 무너진 것이다. 이는 농촌의 계층구조가 와해된 결과를 반영하는 것이라고 해석할 수도 있다. 문제는 그러한 사회구조를 분석하고 있다는 것이 중요한 게 아니라, 그러한 현상이 담론차원에서 포착되어 있다는 점이다. 젊은이의 폭언과 늙은이의 허위의식으로 가득찬 발언이 그것을 보여준다. "이 자식 죽인다 ……" 하며 머슴이 마주앉은 상투의 뺨을 갈겼을 때 늙은이는 "허 이놈이 왜 이래누, 어른을 몰라보구" 하는 식으로 대응한다. 더럽다는 듯이 허허 웃고 "버릇 없는 놈 다 봤다고" 하는 식으로 격에 어울리지 않는 질책을 하는 것이다. 이는 다음 항목에서 설명할 의미의 전도현상과 연계된다.

이처럼 훼손된 계층의식을 보여주지만 작가는 다른 한편으로 인간의

본원지정(本源之情)이 불변함을 동시에 보여줌으로써 담론의 대화성을 드러낸다. 형 응칠이 아우 응오에게 도둑질을 권하는 데에 나타나는 아우의 반응을 통해 그것을 확인할 수 있다. 아우는 도둑질로 문제를 해결하려는 형의 제안을 단호히 거부한다.

넷째, 의미의 전도현상(顚倒現象)이 드러난다는 점이 「만무방」의 담론 특징 가운데 하나로 부각된다. 바쁜 계절에 한가한 사람, 농사짓기가 빚지기, 자기 것 자기가 가져가는 것이 도둑질 등 의미의 전도현상이 나타난다. 이는 시대상황의 특성과 관계되는 사항이다. 궁핍의 절정인데 술판을 벌이고 노는 사람들의 행동과 텍스트연관성을 지니는 것인데 다음에서 그러한 예를 볼 수 있다. "북쪽 산밑 미루나무에 싸여 주막이 있는데 유달리 불이 반짝인다. 노세, 노세, 젊어서 놀아. 노래소리는 나즉나즉 한산히 흘러온다. 아마 벼를 뒷심대고 외상이리라……." 외상으로 술을 마시지 않을 수 없는 사람들의 행동은 정상적인 의미의 삶이라 할 수 없다. 이는 일을 거부하는 응칠의 행동에 대한 친구의 대응을 통해 확인되는 점이다. 섬을 쳐 달라는 친구의 부탁을 노름에 몸이 팔리어 고만 잊고 잊고 하다가 최후까지 친구의 건의를 받아들이지 않는다. 친구는 친구대로 언제나 재촉하는 법이 없이 그럼 잘 다녀오라고 허용하지 않을 수 없다. 이러한 이들의 행동에 대한 서술자의 평가는 "이렇게 그의 신상만 편하기를 비는 것이다"로 되어 있다. 여기서 '그의 신상만 편하기를 비는 것'은 이중적인 의미로 읽힌다. 그가 자신의 평안함일 수도 있고 상대방의 편안함을 가리킬 수도 있기 때문이다.

다음 예는 앞에서 잠깐 설명한 바 있는 부분이다. 도박을 하다가 머슴에게 늙은이가 뺨을 맞는 장면이다.

> 이때 한 옆에서 별안간
> "이 자식 죽인다……."
> 악을 쓰는 것이니 모두들 놀라며 시선을 모은다. 머슴이 마주앉은 상투의 뺨

> 을 갈겼다. 말인즉 매조 다섯끝을 엎어 쳤다고…….
> 허나 정말은 돈을 잃은 것이 분한 것이다. 이 돈이 무슨 돈이냐 하면 일년 품을 팔은 피묻은 사경이다. 이런 돈을 송두리 먹다니…….
> "이자식 너는 야마시꾼이지 돈 내라."
> 멱살을 훔켜잡고 다시 두 번을 때린다.
> "허 이놈이 왜 이래누, 어른을 몰라보구."
> 상투는 책상다리를 잡숫고 허리를 쓰윽 펴더니 점잖히 호령한다. 자식뻘 되는 놈에게 빰을 맞는 건 말이 좀 덜 된다. 약이 올라서 곧 일을 칠 듯이 응뎅이를 번적 들었으나 그러나 그대로 주저앉고 말았다. 악에 바짝 바친 놈을 건드렸다가는 결국 이쪽이 손해다. 더럽단 듯이 허허, 웃고
> "버릇 없는 놈 다 봤다고!"
> 하고 꾸짖은 것은 잘 됐으나 그여히 어이쿠, 하고 그 자리에 폭 엎으러진다. 이마가 터져서 피는 흘렀다. 어느 틈엔가 돌맹이가 나라와 이마의 가죽을 터친 것이다. (『원본 전집』, 99면)

의미의 역전현상은 행동의 동기와 결과 사이의 격차에서 빚어진다. 견문발검(見蚊拔劍)같은 것이 그 예이다. 화투장 하나 엎어 친 것이 피흘리는 싸움으로 번지는 데서 의미는 전도된다. 상투노인의 말에서 의미가 전도되어 있다는 것이 분명히 드러난다. '어른'이 되기 위한 조건을 갖추지 못한 주제에 어른을 내세우는 것이다. 따라서 꾸짖을 처지가 못 되는 데도 '꾸짖는다'는 것은 그 꾸짖음이 자신에게 돌아와야 하는 역설이 된다.

의미의 역전 현상은 행동을 서술하는 언어에서도 나타난다는 것을 위 인용은 보여준다. 화투장 하나 엎어 치는 사소한 계기가 유혈의 싸움으로 비화하는 것이다. '피묻은 사경'으로 표현되는 돈을 잃는 것과 거기 대한 분풀이로 어른을 때리는 행동이 같은 차원으로 동일시되는 것이다. 이러한 원한감정은 어른과 아이의 차이를 전도시킨다. 어른이 돼 가지고 젊은 사람들 화투하는 데에 참예하는 것이나, 젊은 사람에게 얻어맞으며

'어른을 몰라본다'고 호령을 하는 것이나 어른의 처지에 어울리지 않는 행동이기는 한가지이다. 어른이라는 대상에 대한 독자의 기대와 행동 사이에 의미의 역전 현상이 나타나는 것이다. 이는 서술자의 해석이 개재됨으로써 아이러니의 효과를 나타내게 된다. "상투는 책상다리를 잡숫고 허리를 쓰윽 펴더니 점잖히 호령한다. 자식뻘 되는 놈에게 뺨을 맞는 건 말이 좀 덜 된다. 약이 올라서 곧 일을 칠 듯이 웅뎅이를 번쩍 들었으나 그러나 그대로 주저앉고 말았다." 이 부분에서 서술자의 주관적 개입을 확인하게 된다. 이를 언어기능으로 본다면 메타언어적 기능을 활용하면서 의미의 역전 현상을 일반화하는 것이라 할 수 있다.

다음은 응칠이 도둑을 지키다가 잦은 도둑이 자기 동생이라는 것을 발견하게 되는 장면이다. 의미의 역전현상이 집약적으로 드러나는 장면이다.

> 응칠이가 날쌔게 달겨들며
> "이 자식, 남의 벼를 훔쳐 가니……."
> (…중략…)
> 응칠이는 덤벼들어 우선 허리께를 나려조겼다. 어이쿠쿠,쿠 하고 처참한 비명이다. 이 소리에 귀가 번쩍 띄이어 그 고개를 들고 팔부터 벗겨 보았다. 그러나 너무나 어이가 없음인지 시선을 치걷으며 그 자리에 우두망찰한다.
> 그것은 무서운 침묵이었다. 살뚱맞은 바람만 공중에 북새를 논다.
> 한참을 신음하다 도적은 일어나더니,
> "성님까지 이렇게 못살게 굴기유?"
> 제법 눈을 부라리며 몸을 홱 돌린다. 그리고 늣기며 울음이 복바친다. 봇짐도 내버린 채,
> "내 것 내가 먹는데 누가 뭐래?" 하고 데퉁스러히 내뱉고는 비틀비틀 논 저쪽으로 없어진다.
> 형은 너무 꿈속 같아서 멍하니 섰을 뿐이다. (102면)
> 내 걸 내가 먹는다—그야 이를 말이랴, 허나 내걸 내가 훔쳐야 할 그 운명도 얄궂거니와 형을 배반하고 이즛을 버린 아우도 아우렸다. 에—이 고현놈,

할 제 보를 적시는 것은 눈물이다. 그는 주먹으로 눈을 쓱 부비고 머리에 번적 떠오른 것이 있으니 두레두레한 황소의 누깔. 시오리를 남쪽 산속으로 들어가면 어느 집 바깥뜰에 밤마다 늘 매여 있는 투실투실한 그 황소. 아무렇게 따지던 칠십원은 갈 데 없으리라. 그는 부리나케 아우의 뒤를 밟았다. (102~103면)

요약적으로 말하면 「만무방」은 서술자의 개입으로 작중인물의 시각과 서술자의 시각이 넘나드는 가운데 현실적 언어를 동원하여 소설의 리얼리티를 살리고 있다. 그런 가운데 의미의 역전 형상을 보여줌으로써 현실을 비판하고 있다. 언어의 측면에서 본다면, 인간의 가장 바람직한 삶의 조건으로 설정할 수 있는 것은 의미의 공유와 생성이 원활한 세계일 것이다. 이는 개인과 전체 사이에 언어적 소통이 원활한 세계를 뜻한다. 그러한 세계에서라야 개인과 전체가 소통작용이 원활해져 소외를 극복할 수 있기 때문이다. 그러한 점에서 의미의 소통이 장애를 받거나 의미공유가 이루어지지 않는 사회나 의미가 역전되는 사회는 바람직한 사회라고 할 수 없다. 따라서 어느 사회의 언어병리(言語病理)를 보여주는 것 자체가 그 사회에 대한 비판이라는 논리가 성립하는 것이다. 말하자면 김유정은 사회의 언어병리를 소설의 담론으로 이끌어들여 당대 사회의 모순을 환기한다고 할 수 있다.

6. 소설의 분석에서 해석차원으로

김유정의 「만무방」을 기호론적 구조라는 관점에서 분석해 보았다. 그러한 분석의 결과가 만족한 것은 아니다. 해석의 차원으로 이끌어져야 하고 작품의 평가를 할 수 있어야 한다. 앞에서는 해석의 차원을 동시에 고려하였지만 작품의 평가는 깊게 하지 않았다. 여기서는 소설의 담론을 검토하면서 작품 해석을 할 때 유의점을 몇 가지 제안하고자 한다.

소설의 기호론적 구조는 소설의 '텍스트연관성'을 최대한으로 고려하는 역동적인 구조를 뜻한다. 따라서 분석과 해석을 동시에 수행하지 않을 수 없다. 이는 기호론적 구조가 의미의 공유와 의미의 생산을 담지하는 실천의 의미를 띠고 있는 것이기 때문이다. 기호론적 관점에서 분석한 결과를 놓고 소설을 평가함에 있어서 다음의 몇 가지 사항을 고려해야 한다.

첫째, 그 작품에 대한 비평적 가정(批評的 假定, critical assumption)을 잘 세워야 한다는 점. 작품의 대체적인 경향이 어떠한 것인가 하는 성격 규정에서 비롯된다. 달리 말하자면 무엇을 어떠한 방법으로 다룬 소설인가 하는 데에 대한 가정적인 방향 설정이다. 장편소설인가 단편소설인가 하는 구분도 소설의 성격을 규정하는 요인이 된다. 이는 단지 양적 구분의 의미를 넘어선다. 다루는 세계가 다르고 지향하는 지향점이 다르기 때문이다. 장편소설은 이른바 '움직이는 대상의 전체성'을 그리는 양식이라 한다. 여기에는 사회의 분위기와 함께 어느 시대 사람들의 열망과 이념까지 포함된다. 거기 비해 단편소설에서는 삶의 단면을 그리는 것이 원칙이다. 삶의 단면을 그릴 때, 인간의 삶이 역동적이라는 점은 중요하게 고려되지 않는다. 삶을 이끌어 나가는 요인 가운데 몇 가지를 집중적으로 다루게 된다. 그러한 세계에서는 역사의 원동력이라든지 어떤 사회의 분위기까지를 포괄하는 것은 무리이다. 이와 관련하여 사회적인 사실을 중심으로 그리는가 인물의 심리를 집중적으로 그리는가 하는 점도 소설의 성격을 규정하는 요인이 된다. 「만무방」은 단편이되 당대 현실을 아이러니적 수법으로 비판적 시각에서 인식할 수 있도록 담론을 조직해낸 소설로 평가된다.

둘째, 소설을 서사론 차원에서 볼 것인가, 장르론 차원에서 볼 것인가 하는 문제. 소설을 서사론 차원에서 볼 경우, 넓은 의미의 이야기 문학의 한 갈래일 뿐이다. 인물이 있고, 그 인물이 행동을 보여주며, 행동이 구체화되는 배경이 있게 마련이다. 또한 소설을 서술하는 방법이 문제된다. 시점이라든지 서술자의 유형 등이 문제되는 것은 이러한 영역이다. 따라서 이러한 방법을 택할 경우 형식주의적 방법으로 기울게 된다. 소설을 장르론적 관점에서 보는 경우 소설은 그것이 탄생된 사회·역사적 조건을 고려하는 것이 된다. 따라서 이는 시대와 이념의 문제를 고려하는 방법 즉 소설사회학 방법으로 기울어지게 된다. 리얼리즘 소설론에서 중요한 방법으로 활용하는 전형(典型)개념이라든지 세계관 등이 이 방법론의 중요한 검토항목이 된다. 「만무방」은 연구 방법의 두 방향을 모두 충족할 수 있는 가능성을 지닌 작품이다.

셋째, 텍스트의 요소와 요소 사이에 이루어지는 텍스트연관성을 고려해야 한다. 평범하게 말해서 '내용은 좋은데 형식은 미흡하다'든지 '형식은 정제되어 있는데 내용은 부실하다'는 식의 소설 평가는 어불성설이다. 원칙적으로 예술은 내용과 형식의 유기성이나 상동성(相同性)을 지향한다. 예이츠의 말대로 무대 위에서 벌어지는 춤에서 무용수를 제거하고는 무용이 성립될 수 없다. 그러한 점에서는 이야기와 그것을 서술한 담론의 상호 연계성을 고려해야 한다. 앞에서 살펴본 대로 김유정의 「만무방」을 서술자의 개입 없이 객관적으로 서술할 경우, 그 효과는 감소할 게 틀림없다. 그와 반대로 주요섭의 「사랑손님과 어머니」를 「만무방」과 같은 방식으로 서술한다면 이야기는 천박함을 면키 어려울 것이다. 인물의 성격과 사건 사이에, 인물의 대화와 서술자의 대화에 대한 해석 사이에, 시대 배경과 인물의 심리 사이에 유기적 연관성을 고려하지 않을 수 없는 것이다. 김유정의 「만무방」은 전지적 서술로 이야기하는 우리 이야기 전통의 맥을 잇고 있다는 의미를 지니는 것으로 판단된다.

넷째, 소설내적인 구조와 소설외적 구조 사이의 연관성을 고려하는 것은 작품의 수용 측면에서 중요한 의미를 지닌다. 즉 작품이 시대를 반영하면서 시대를 초월한다는 이중성을 고려한다는 뜻이다. 어느 작품이 한 시대를 정확히 반영하였다고 하더라도 시대가 달라짐으로써 의미를 상실한다면 좋은 작품이라 할 수 없다. 이른바 문학의 보편성과 항구성(恒久性)이라는 조건을 충족시키지 못하기 때문이다. 여기에서 소설의 구조 분석은 역사적 시각을 아우르게 된다. 김유정의 다른 소설도 그렇지만, 「만무방」은 소설 텍스트의 안팎을 함께 연계하여 해석할 수 있는 자질을 갖춘 작품으로 판단된다.

「만무방」에 집중되었지만, 이 작품이 김유정의 대표작이라는 점을 고려한다면 이로써 김유정 소설언어의 특징이 대개 드러났다고 본다. 그는 소설의 언어미를 잘 살리고 있음은 물론, 아이러니적 감각을 동원함으로써 지나친 단순화나 감상을 드러내지 않을 수 있었다. 현실을 그리되 현실의 전형성을 띠는 상황을 포착하여 그것이 당대 사회의 전반적인 구조와 그 문제점으로 해석될 수 있도록 하였다는 평가가 가능하다.

한 가지 첨언할 것은 소설 텍스트를 구성하고 있는 담론과 연구자의 언어적 감수성 사이의 텍스트연관성이 희박해진다는 점에 대한 걱정이다. 소설의 평가나 감상에서 수용주체의 감수성이 대상으로 하고 있는 텍스트에서 멀어질 때 이 거리를 좁히는 방법이 무엇인가 하는 문제를 지속적으로 검토해야 할 것이다.

김유정 소설의 다중적 시점에 관한 연구

최병우

1. 서론

본고는 김유정 소설에 나타난 서술자의 다중적 성격, 즉 다중적 시점[1]의 양상과 특징 그리고 의의를 밝히는 데 그 목적이 있다. 여기서 서술자의 다중적 성격, 즉 다중적 시점이란 시점 이론에서 시점의 불일치로 명명될 수도 있는 것으로 한 작품 내에서 서술자가 바뀌거나 한 서술 상황에서 서술자가 다중적으로 드러나는 상황을 설명하기 위하여 필자가 임의적으로 명명한 용어이다. 사실상 작가가 한 작품을 써나가면서 모든 전지적 작가 시점을 선택하지 않은 이상, 시점 이론에서 지적하고 있는 바와 같이, 완전히 하나의 시점으로 고정시킨다는 것은 불가능한 일에 해당한다. 더욱이 사실주의 이후 그 미학적 가치를 인정받고 있는 객관적 시점(작가

1) 이하 서술자의 다중적 성격은 다중적 시점이라는 용어로 통일한다.

관찰자 시점)의 경우 서사 세계의 상황에 따라 시점이 수시로 바뀔 수밖에 없다. 이러한 어려움을 피하기 위하여 이론가들은 '시점의 전이(the shifting viewpoint)'[2]라는 개념을 설정하기도 한다. 그러나 본고에서 사용하고 있는 다중적 시점이란 '시점의 전이'와는 조금 다른 개념이다. 작가가 의도적으로 하나의 서사 상황에서 여러 개의 시점을 동시에 드러냄으로써 미적 효과를 의도하는 경우를 상정하여 다중적 시점이라 명명한 것이다.

이인직 · 이광수 · 김동인 등 한국 근대 초기 작가들은 일본 근대소설을 전범으로 하여 새로운 소설의 구성과 문체를 실험하였다. 김동인이 『창조』를 발간하기로 하고 막상 소설을 쓰려고 하니 구상은 어렵지 않았으나 그 표현이 일본어로만 떠올라 우리말로 번역하는 데 어려움이 적지 않았다는 고백[3]은 저간의 사정을 잘 알게 해준다. 근대 초기의 작가들이 일본 근대소설을 전범으로 하여 새로운 소설 창작방법론을 모색하게 된 것은 한국 고전문학의 전통으로부터 단절된 세대들이 일본 유학 중 일본어로 번역된 세계문학전집을 통해 창작 수업을 하였다는 점을 생각하면 당연한 귀결이라 하겠다.

오히려 김동인이 고백하고 있듯이 일본어가 우리 말과 유사한 점이 많다는 점에서 일본어로 된 작품을 읽은 것이 이 시기 작가들이 새로운 형태의 소설을 구상하고 작품을 써나가는 데 많은 편리를 주었을 것이다. 그러나 일본의 근대소설이 서구소설을 모델로 하여 새로운 형식과 문체를 형성해 나가는 데 짧지 않은 혼돈과 모색이 필요하였듯이,[4] 일본어와 한국어의 친연성에도 불구하고 이 시기 작가들이 새로운 소설 창작방법을 창안하기 위하여 치를 수밖에 없었던 고뇌의 강도는 어렵지 않게 짐작할 수 있다.

1906년 이인직의 『혈의 누』에서 이광수의 『무정』을 거쳐 김동인 · 염

---

2) E. M. Forster, *Aspects of the Novel*, London : Edward Arnold, 1974, p.56.
3) 김동인, 「문단삼십년사」, 『김동인전집』 6, 삼중당, 1976, 17면 이하 참조.
4) 가라타니 고진, 박유하 역, 『일본 근대문학의 기원』, 민음사, 1997 참조.

상섭 · 현진건 등의 초기 소설에 이르기까지 20여년 동안 진행된 한국 근대 초기 작가들의 다양한 창작방법상 실험의 결과 한국 근대소설은 전통적인 소설의 틀을 벗어나 사실주의 소설의 창작방법을 실천할 수 있는 수준에 이르게 된다. 그러나 이러한 창작방법의 모색 과정을 거친 후인 1920년대 소설 작품에서도 시점의 불일치나 서술 상황의 혼란 등으로 인하여 서술자의 신빙성이 상실된 예는 적지 않게 발견된다.[5] 이는 새로운 창작방법이 틀을 잡아 가는 과정에서 창작방법이 완전히 자기화되지 못한 작가들이 창작 과정에서 그들의 창작 상의 미숙을 노출시킨 것으로 새로운 창작방법을 형성해 나가는 시기에 겪게 되는 어쩔 수 없는 혼돈의 과정으로 이해된다.

이같은 한국 근대 초기 소설에 나타나는 서술상의 미숙성에 따른 신빙성 상실이라는 문제는 초기 작가들의 소설을 읽고 공부하면서 창작방법을 획득해간 작가들이 대거 등장하는 1930년대에 이르러 사라지기에 이른다. 아울러 이 시기에 이르면 서술자의 신빙성을 상실시킴으로써 오히려 미적 효과를 극대화시키거나 희극적 효과를 획득하기 위한 장치로 사용되거나 소설의 주제를 강조하기 위한 반어적 장치로서 활용되기에 이른다.[6]

김유정은 1933년 「산골나그네」와 「총각과 맹꽁이」를 발표하고, 1935년 『조선일보』에 「소낙비」가 또 『조선중앙일보』에 「노다지」가 신춘문예 당선작이 되어 등단한 후 1937년 3월 신병으로 사망하기까지 불과 4년 동안 30여 편의 소설과 10여 편의 수필을 발표했다.[7] 건강도 온전하

5) 최병우, 「서술자의 신빙성에 관한 연구」, 『현대소설연구』 19, 2003, 111~117면.

6) 위의 논문, 117면 이하.

7) 김유정의 작품 활동은 1935년과 1936년에 집중되어 있다. 그의 작품 중 22편이 두 해 동안에 발표되었으며 유고작의 경우에도 대체로 이 시기에 쓰여졌다. 이는 그가 한 시기에 얼마나 집중적으로 작품 활동에 임했는가를 웅변적으로 보여준다. 그의 창작 활동의 집중력에 관하여는 유인순, 『김유정을 찾아 가는 길』, 솔과학, 2003, 66~71면 참조.

지 않은 작가가 등단 이후 2년이라는 짧은 기간 동안 한 해 평균 10편이 넘는 소설을 발표했다는 것은 엄청난 창작욕의 발현이라는 지적이 가능하다. 그러나 그의 이러한 정열적인 창작은 현실적인 문제와 깊이 관련된다. 김유정 자신이 언급한 대로 건강을 추스리기 위한 돈을 마련할 방편으로 작품을 쓸 수밖에 없었고 그러한 무리가 더욱 병을 더치는[8] 건강의 악순환을 낳은 것으로, 결국 왕성한 창작 활동이 그의 수명을 어느 정도 단축한 것으로 짐작해 볼 수도 있다.

그러나 당대 최고의 모더니스트들의 모임인 구인회의 회원으로 활동한 김유정에게 있어 소설 창작은 자신의 존재를 확인하는 창구였을 것이다. 창작을 통하여 그는 당대 최고의 문인들과 소통할 수 있었고, 이러한 교유를 통하여 자신의 문학 세계를 확립하고, 자신의 삶의 의의를 확보해 나간 것으로 보인다. 이상이 자신의 삶을 희화하면서 현대적인 기법에 관심을 가졌듯이, 김유정 또한 자신의 삶과 체험을 허구화하여 창작에 임하였다. 그는 작품 내용상으로는 그의 삶의 원천이 된 농촌이 주를 이루어 일제 강점기의 모순을 단적으로 드러내 보이는 농촌 현실을 희극적으로 다루었지만, 창작방법상으로는 소설의 미적 효과를 극대화할 새로운 창작방법에 대하여 깊은 관심을 보이고 또 실험한 것으로 판단된다. 그의 작품의 구성적 기법과 시점 등을 살펴보면 김유정이 얼마나 사실주의적인 창작방법에 충실하였는가를 이해할 수 있다. 배경이나 인물을 구체화하고, 작품의 토운과 분위기를 효과적으로 조화시키고, 서술자의 위치를 객관화하여 작가의 주관성을 배제[9]하는 김유정 소설은 새로운 서술 미학을 창조하려는 1930년대 작가들 특히 구인회 소속 작가들의 미의식과 일치하는 것으로 판단해 볼 수 있다.

김유정의 거의 모든 작품들은 관찰자 시점이나 일인칭 시점을 사용

---

8) 「안회남에게 보낸 편지」, 『원본 김유정전집』(전신재 편), 강, 1997, 473~474면 참조. 이하 전집 인용은 '「작품명」, 『전집』, 면수'만으로 밝힌다.

9) 구인환, 「피에로의 곡예」, 『한국 근대소설 연구』, 삼영사, 1977, 338면 참조.

하여 작중 한 인물의 관점에서 서사 세계를 초점화하고 서술[10]해 나간다. 그러나 그는 한 인물의 관점에서 서술하는 상황에서 작품 전체를 지배하는 서술자가 아닌 또 다른 존재의 시점이 동시에 선택되는 경우가 적지 않다. 이러한 김유정 소설의 다중적 시점의 양상과 특징 그리고 그 의의에 대하여는 장을 달리하여 살피기로 한다.

2. 김유정 소설에서의 다중적 시점의 양상과 그 의미

김유정 소설에 나타난 다중적 시점의 양상을 살피기 전에 우선 그가 발표한 작품들이 어떠한 시점을 중심적으로 사용하고 있는지 확인해 보기 위해 그가 발표한 30편의 소설 작품들의 시점을 구분해보면 아래와 같다.[11]

* 일인칭 시점을 사용한 작품 : 12편

떡(1935.6)	봄·봄(1935.12)	안해(1935.12)
가을(1936.1)	두꺼비(1936.3)	이런 음악회(1936.4)
동백꽃(1936.5)	옥토끼(1936.7)	생의 반려(1936.8)
슬픈 이야기(1936.12)	연기(1937.3)	형(1939.11)

* 삼인칭 시점을 사용한 작품 : 18편

산골나그네(1933.3)	총각과 맹꽁이(1933.9)	소낙비(1935.1~2)

10) 초점화와 서술에 관하여는 M. Bal, 한용환·강덕화 역, 『서사란 무엇인가』, 문예출판사, 1999, 181면 이하와 최병우, 『한국현대소설의 미적 구조』, 민지사, 1997, 19~23면을 참조할 것.

11) 전신재 편, 『원본 김유정전집』에 수록된 소설 31편 중에서 꽁트 「봄밤」은 제외하고 분류하였음.

노다지(1935.3)	금따는 콩밭(1935.3)	금(1935.1 탈고)
만무방(1935.7)	산골(1935.7)	솟(1935.9)
심청(1936.1)	봄과 따라지(1936.1)	야앵(1936.7)
정조(1936.10)	따라지(1937.2)	땡볕(1937.2)
정분(1937.5)	두포전(1939.1~5)	애기(1939.12)

위의 김유정 소설에 나타난 시점의 유형을 분석한 결과로 보아서는 그의 소설에서 서술 방식의 선택과 관련한 특징적 사실을 지적할 수 없다. 그러나 그의 작품 중 18편에 이르는 삼인칭 소설의 경우 거의 전 작품이 작중의 한 인물을 초점주체로 내세워 서술 대상을 객관적으로 관찰하는 내적 초점화[12]의 방법을 사용하고 있음을 알 수 있다. 서술자가 작중의 한 인물이 아는 정도만 알게 하는 이러한 시점은 그 실현 양태에서 일인칭 소설의 그것과 커다란 차이를 보이지 않게 된다.[13] 김유정이 이렇게 일인칭 시점과 내적 초점화에 의한 삼인칭 시점을 선택한 것은 작가 자신의 의도에 가장 적절한 방법이 한 인물의 시점을 통해 초점화하는 것이라 판단하였기 때문일 것이다.[14] 작가가 자신의 경험을 허구화하여 형상화함으로써 동시대를 살아가는 인간들의 삶과 세계의 모습을 총체적으로 드러내기보다는 자신의 체험과 삶의 독특한 한 부분을 드러내 보임으로써 인생의 한 진실을 드러내고자 한 것이다.

12) 내적 초점화와 관련하여는 G. Genette, 권택영 역, 『서사담론』, 교보문고, 1992, 177면 이하와 최병우, 앞의 책, 25~29면을 참조할 것.

13) 김동인은 소설의 서술 방식을 누구의 관점에서 서술하는가에 따라 일원 묘사, 다원 묘사, 순객관적 묘사로 구분한 바 있다(김동인, 「소설작법」, 『조선문단』, 1925.4~7 참조). 김유정이 선택한 일인칭 시점과 삼인칭 시점은 모두 작중의 한 인물의 시각에서 서술 세계를 바라본다는 점에서는 김동인이 말한 일원 묘사에 해당한다. 주어가 일인칭인 경우와 삼인칭인 경우 서술 양태는 매우 달라질 수밖에 없지만 서술자와 서술 세계의 관련 양상은 매우 유사해질 수 있다는 특징을 지닌다. 이에 관하여는 최병우, 앞의 책, 54~55면을 참조할 것.

14) 장편소설과 단편소설의 장르적 차이를 고려해보면, 단편소설을 주로 창작한 김유정이 이러한 창작방법을 실천한 것은 너무나 타당한 결정이었던 것으로 판단할 수 있다.

김유정은 한 초점 주체의 시각에 의존하여 세계를 인식하고 그의 관점에서 서술하려는 이러한 내적 초점화를 지향하는 창작방법을 지향하면서도 필요한 경우 또 다른 초점 주체의 시각을 작중 속에 드러내는 다중적 시점이라는 특이한 서술 방식[15]을 사용함으로써 독특한 미적 효과를 얻고 있다. 김유정 소설에서 이러한 다중적 시점이 구체적으로 어떻게 나타나며 그 서사적 효과가 어떠한지에 대하여는 장을 달리하여 살피기로 한다.

1) 희극성의 강조

김유정의 초기작의 하나인 「총각과 맹꽁이」에서 서사적 사건을 초점화하고 있는 초점주체는 마을에 찾아든 들병이와 결혼하고 싶어 안달이 나서 뭉태에게 술을 사주는 덕만이다. 어리숙하기 그지 없는 덕만이는 자기 돈으로 뭉태와 몇 친구에게 술을 사주나 들병이는 뭉태의 차지일 뿐이다. 이러한 희극적인 상황이 덕만이의 시각에서 내적 초점화되어 서술되고 있는 것이다. 그러나 이 작품에서는 덕만이의 시각과 함께 작중인물들의 시각이 동시에 등장한다. 즉 작중 여러 인물의 시각으로 옮아 다니는 가변적인(variable) 내적 초점화[16]가 사용되고 있는 것이다.

---

15) 나병철은 서술자의 서술 시점과 인물의 서술 시점이 겹치는 즉 외적 초점화와 내적 초점화가 이중적으로 나타나는 서술 방식을 어법적 내부 시점이라 명명하고 그 대표적인 예로 김유정의 소설을 들고 있다(나병철, 『소설의 이해』, 문예출판사, 1998, 387면). 어법적 내부 시점이란 나병철이 밝힌 대로 우스펜스키가 말한 어법 수준의 시점(point of view on the phraseological plane)에서 빌어온 것이다. 그러나 우스펜스키가 말한 어법 수준의 시점이란 시점의 층위를 단순히 서사적 장치의 수준을 벗어나 이데올로기 수준, 어법 수준, 시공간 수준, 심리학 수준 등 여러 층위에서 논의하기 위해 사용한 개념이다(B. Uspensky, trans. V. Zavarin and S. Wittig, *A Poetics of Composition*, Univ. of California Press, 1973 참조). 따라서 언어적 내부 시점을 나병철이 시도한 바와 같이 단순히 언어적 차원에서 시점을 구분한 주네트, 슈탄젤, 프리드먼 등의 시점 분류와 유사한 범주에서 사용하기는 어려울 듯하다.

"술갑 내슈 가게유—"

손을 버릴 때

"나하고 안 살면 술갑 못 내겠시유" 하고는 끝대로 배를 튀겻다. 눈은 눈물이 어리어 야속한 듯이 게집을 쏘앗다.

게집은 술먹고 술갑 안 내는 경오가 뭐냐고 주언부언 떠든다. 나종에는 내가 술 팔너 왓지 당신의 아내가 되러온 것이 아니라고 조히 타이르기까지 되엿다. 뭉태는 시끄러웟다. 술갑은 내가 주마고 게집의 팔을 이끄러 콩포기를 헤집고 길로 나가버린다.

시위로 좀 해밧으나 최후의 계획도 글럿다. 덕만이는 아주 낙담하고 콩밧 복판에 멍하니 서서 그들의 뒷모양만 배웅한다. 게집이 길로 나스자 눈이 빠지게 기다리든 깜둥이 총각이 또 달겨든다.[17]

인용 부분에서 지배적으로 서사 세계를 초점화하는 인물은 덕만이이지만 들병이와 뭉태의 관점이 부분적으로 삽입되어 있다. 이러한 초점 주체의 변화는 내적 초점화를 사용하는 작품에서 흔히 나타나는 현상으로 치부할 수 있다. 그러나 인용 부분에는 작중 인물이 아닌 또 다른 존재가 서사 세계를 바라보고 서술하고 있기도 하다. 예컨대 "덕만이는 아주 낙담하고 콩밧 복판에 멍하니 서서 그들의 뒷모양만 배웅한다"는 부분에서는 이러한 상황을 바라보고 있는 존재는 서사적 사건 밖에 따로 존재하고 있음을 알게 된다. 이 작품에서는 이렇듯 여러 작중 인물의 관점과 작품 밖의 존재의 관점이 공존하게 함으로써, 희극적인 상황에서 나름대로 좌충우돌하고 있는 한 인물과 의뭉스레 친구에게 술을 뺏아 먹고 쾌락을 추구하는 인물 그리고 자신의 차례를 기다리는 또 다른 친구의 모습이 보다 효과적으로 제시되면서 서사적 상황이 극적으로 희화되고 있다. 김유정이 이 작품에서 인물의 관점과 서술자의 관점

16) G. Genette, 앞의 책, 178면.

17) 「총각과 맹꽁이」, 『전집』, 36~37면. 이하 작품 인용에서 어두자음군은 현대국어의 된소리로 표기하고, 띄어쓰기는 현대 맞춤법을 따른다. 기타 표기는 원작의 맛을 살리기 위해 원작의 표기를 살린다.

을 공존시키는 것은 서사 상황에 대한 각기 다른 반응을 그려냄으로써 희극적인 작품의 의미를 보다 선명히 드러내고자 하는 작가의 의도적 장치로 파악할 수 있다.

이와 같이 희극적 효과를 극대화하기 위하여 하나의 서사적 상황을 바라보는 인물과 서술자의 관점을 공존시키는 방법은 집주인인 노파와 세를 들어 사는 술집 아가씨와의 심리적 갈등을 통하여 도시 빈민의 삶을 희화적으로 그리고 있는 「따라지」에서도 효과적으로 활용되고 있다.

> 노파는 김마까보다도 톨스토이보다도 누구보다도 아끼꼬가 가장 미웠다. 방세를 받을랴도 중뿔나게 가루맡아서 지랄하기가 일수요 또 밤낮 듣기 싫게 창가질이요, 게다 세숫물을 버려도 일부러 심충궂게 안마루 끝으로 홱 끼얹는 아끼꼬 이 년을 이번에는 경을 흠씬 치도록 해야 할텐데 속이 간질대서 그는 총총거름을 치다가 돌뿌리에 책기여 고만 나가둥그러진다. 그 바람에 씨레기통 한 귀에 내뻗은 못에 가서 치마자락이 찌익 하고 찢어진다.
> "망할 자식 같으니 씨레기통의 못두 못 박았나!" 하고 흙을 털고 일어나며 역정이 난다. 그 꼴을 보고 순사는 손으로 웃음을 가린다.[18]

인용 부분에서 전체적으로 서사 세계를 바라보는 초점 주체는 노파인 것으로 판단된다. 그러나 한 순간 서사 세계를 관찰하는 존재가 작품 밖의 서술자로 바뀌어 버리고 있다. 세 사는 사람들에 대한 주인 노파의 불만과 특히 자신에게 밉살스럽게 대하는 아끼꼬에 대한 분노가 상세하게 서술하다가, 어느 순간 노파가 돌부리에 채여 넘어지고 치마자락이 찢어지는 장면을 객관적으로 관찰하여 서술하고 있다. 이어서 노파는 흙을 털며 일어나며 역정이 나고 그것을 보면서 순사는 손으로 웃음을 가리는 것이다. 짧은 한 순간을 서술하면서 초점 주체가 노파에서 작품 밖의 존재로 다시 노파로 그리고는 순사로 다양하게 변환시키면서 우스꽝스러운 한 상황을 바라보고 인식하고 반응하는 여러 인물

18) 「따라지」, 『전집』, 320면.

을 동시에 그려내 보임으로써 희극성을 강조하는 것이다.

하나의 서사 상황에서 잦은 시점의 전환을 통하여 여러 인물의 행동과 인식을 동시에 보여주면서 희극적 상황을 보다 강조하는 이러한 다중적 시점은 김유정 소설에서 산견되는 바이다. 「봄·봄」에서 어리숙한 '나'와 장인이 혼인 문제를 두고 구장의 판결을 기다리는 장면에서 은근슬쩍 상대방을 밀어 골탕을 먹이는 장면이나 「동백꽃」에서 감자를 건네주는 점순이에게 '나'가 퉁박을 주며 감자를 돌려주자 점순이가 얼굴이 빨개지는 장면 등은 그 좋은 예가 된다. 희극적 상황에서 다중적 시점을 사용함으로써 희극성을 강화하는 이러한 방법은 김유정 소설의 서술 방식의 중요한 한 특성으로 지적될 수 있을 것이다.

2) 주제의 극적 형상화

앞장에서 살핀 두 작품은 희극적 상황의 구체적 형상화를 위한 장치로서 다중적 시점을 사용한 경우이다. 이와는 달리 작가가 작품을 통해 형상화하고자 하는 주제를 보다 효과적으로 전달하기 위한 방편으로 다중적 시점이 선택되기도 한다. 김유정은 여러 소설에서 일제 강점기의 적빈 상황 속에서 생존을 위해 몸부림치는 인물들을 그려내는데, 작가가 의도하고 있는 이같은 주제 의식을 보다 선명하게 형상화하기 위한 장치로서 다중적 시점이 효과적으로 사용되고 있는 것이다. 이러한 창작 의도가 두드러지게 나타난 작품으로는 만무방적으로 삶으로써 적빈의 상황을 벗어난 인물을 그리고 있는 「만무방」을 들 수 있을 것이다.

> —아하 요놈이로군!
> 썩은 솔입에 덮히어 흙이 봉곳이 도다 올랐다.
> 그는 손가락을 꾸지즈며 정성스리 살살 헤처본다. 과연 구여운 송이. 망할

녀석, 조곰만 더 나오지. 그걸 뚝 따들곤, 뒷짐을 지고 다시 어실렁어실렁. 가끔 선하품이 터진다. 그럴 적마다 두 팔을 떡 벌기곤 먼 하눌을 바라보고 느러지게도 기지개를 느린다.

때는 한창 바쁠 추수 때이다. 농군치고 송이파적 나올 놈은 생겨나도 안엇스리라. 허나 그는 꼭 해야만 할 일이 업섯다. 싶프면 하고 말면 말고 그저 그뿐. 그러함에는 먹을 것이 더럭 잇느냐면 잇기커녕 부쳐 먹을 농토조차 업는, 게집도 업고 집도 업고 자식도 업고. 방은 잇대야 남의 겻방이요 잠은 새우잠이요. 허지만 오늘 아츰만 해도 한 친구가 차자와서 벼를 털 텐데 일 좀 와달라는 걸 마다 하엿다. 몃 푼 바람에 그까진 걸 누가 하느냐. 보다는 송이가 조앗다. 왜냐면 이 땅 삼천리 강산에 늘려노힌 곡식이 말정 누거람. 먼저 먹는 놈이 임자 아니야. 먹다 걸릴 만치 그토록 양식을 싸아두고 일이 다 무슨 난장맞을 일이람. 걸리지 안토록 먹을 궁리나 할 게지. 하기는 그도 한 세 번이나 걸려서 구메밥으로 사관을 틀엇다. 마는 결국 제 밥상 우에 올라안즌 제목도 자칫하면 먹다 걸리긴 매 일반—19)

응칠이가 송이 파적을 나와서 어슬렁대고 다니는 장면을 그린 인용 부분은 응칠의 관점에서 내적 초점화되고 있다. 즉 응칠이가 서사 상황을 바라보고 해석하는 지배적인 초점 주체로 등장하는 것이다. 그러나 어느 순간 응칠의 관점은 작품 외적 서술자의 관점으로 바뀌어 응칠의 행동을 바라보고 해석하고 평가한다. 인용 부분에서 이러한 다중적인 시점의 사용은 너무나 급작스러워서 어색함이 느껴지기도 한다. 송이를 찾으며 어슬렁거리는 응칠을 서술하다가 갑자기 농번기에 송이 파적을 나온 응칠에 대한 평가가 시작되는 것이다. 그러나 이러한 작품 외적 서술자의 관점은 순식간에 응칠의 내적 초점화로 바뀌어, 기쓰고 농사를 지으면 무엇하는가 강산에 늘려 놓인 곡식 먼저 먹는 사람이 임자라는 논리가 등장한다.

이는 죽도록 농사일을 하지만 가난을 벗어나지 못하는 당대의 현실

19) 「만무방」, 『전집』, 96면.

을 희화하고 통렬하게 비판하기 위한 효과적인 서사적 장치이다. 부쳐 먹을 농토도 없고 집도 절도 없는 처지이지만, 들판에 지천인 먹을 것을 버려 두고 농사니 뭐니 하면서 기를 쓰고 부를 축적하며 살 필요가 없다는 응칠의 논리인 것이다. 이러한 논리는 가난 때문에 농사일을 작파한 응칠이 터득한 삶의 생각으로 제시되고 있지만, 실은 아무리 성실히 일을 해도 가난을 벗어나지 못하는 당대 현실에 대해 작가가 가지고 있는 처절한 비난인 셈이다.

김유정은 당대 사회에 만연해 있는 비극적인 적빈의 상황에 대해 직접적인 비판의 논리를 제시하거나 풍자에 기대어 에둘러 말하지 아니한다. 그는 다중적 시점을 통하여 한 인물의 행동을 희화하고 우스꽝스러운 논조로 드러내는 독특한 서술 방법을 선택함으로써 비극적 현실을 보다 선명하게 드러내는 것이다. 다중적 시점은 이와 같이 김유정이 당대의 현실을 드러내고 비판하기 위해 선택한 서술 방식으로서 의미를 지니는 것이다.

> 그는 콧노래를 이러케 중얼거리다 갑작스리 강능이 그리웟다. 펄펄 뛰는 생선이 조코 아츰 햇발에 비끼어 힘차게 출렁거리는 그 물결이 조코. 이까진 둠구석에서 쪼들리는데 대다니. 그래도 즈이 따는 무어 농사 좀 지엇답시고 악을 복복 쓰며 잘 두 떠들어 대인다. 허지만 그런 중에도 어듸인가 형언치 못할 쓸쓸함이 떠돌지 안는 것도 아니다. 삼십여 년 전 술을 빗어 노코 쇠를 울리고 홍에 질리어 어깨춤을 덩실거리고 이러든 가을과는 저 딴쪽이다. 가을이 오면 기쁨에 넘쳐야 될 시골이 점점 살기만 띠어옴은 웬일인고. 이렇게 보면 재작년 가을 어느 밤 산중에서 낫으로 사람을 찍어 죽인 강도가 문득 머리에 떠오른다. 장을 보고 오는 농군을 농군이 죽엿다. 그것도 만이나 되엇으면 모르되 빼앗은 것이 한끗 동전 네 닙에 수수 일곱 되. 게다 흔적이 탈로 날가 하여 낫으로 그 얼굴의 껍질을 벅기고 조깃대강이 이기듯 끔찍하게 남기고 조긴 망난이다. 흉악한 자식. (…중략…)
>
> 밤이 나리니 만물은 고요히 잠이 든다. 검프른 하늘에 산봉우리는 울퉁불퉁

> 물결을 치고 흐릿한 눈으로 별은 떴다. 그러다 구름 떼가 몰려 닥치면 캄캄한 절벽이 된다.[20]

이 부분에 이르러 앞의 인용 부분에서 살핀 다중적 시점을 통하여 주제를 보다 분명히 형상화하고자 하는 의도가 더욱 선명히 드러난다. 응칠의 시선이 지배적인 시점으로 등장하고 부분적으로 서술자의 객관적 서술이 제시되는 다중적 시점으로 이루어진 인용 부분에 그려진 당대 현실은 가난이 인간다움마저 상실하게 하는 비극적인 현실이다. 사람들은 가을걷이가 끝나 소득이 생겼다고 즐거워하고 떠들어대고 노랫가락을 불러대지만 그것은 왠지 전과는 다르게 느껴진다. 흥이 사라져 버린, 어딘가 쓸쓸함이 배어나는 떠들썩함이라는 것이다. 이는 동전 몇 잎과 수수 몇 되를 얻기 위해 사람이 사람을 참혹하게 죽일 수밖에 없이 내몰린 처참한 현실의 결과인 것이다. 이러한 비극적인 적빈의 현실이 응칠이라는 다소 도덕과는 동떨어진 만무방적인 인물의 시각에 의해 인식되고 서술된다. 작품 외적 서술자가 객관적으로 응칠의 행동을 살피고 서술하는 장면과 응칠이 주변 사실을 인식하고 판단하는 부분이 교차되면서 더욱더 현실의 처참함이 강조된다.

시점의 전환은 소설에서 어쩔 수 없이 나타날 수밖에 없는 것이지만, 그것이 서투르게 사용될 경우 자칫 서술자의 신빙성을 떨어뜨리는 결과를 가져오기도 한다. 그러나 작가가 의도적으로 초점 주체를 전환시켜 다중적인 시점이 드러나게 함으로써 오히려 하나의 서사 상황에 대한 다양한 인물의 반응을 보여줄 수 있고, 또 작가가 가지고 있는 현실과 서사적 세계에 대한 다양한 의견을 드러내는 데 효과적으로 기능할 수 있는 것이다. 김유정이 창안한 이러한 다중적 시점에 의한 현실 비판의 방법은 김유정이 창조해낸 독특하고도 효과적인 서술 방식으로서 의의를 지닌다.

---

20) 「만무방」, 『전집』, 110~111면.

3) 인간의 다면성 포착

김유정이 사용하고 있는 다중적 시점이 「떡」에서는 매우 특이한 양상을 보인다. 작품의 서두에서 지적하고 있듯이 이 작품은 떡이 사람을 먹은 희극적인, 아니 비극적인 이야기이다. 주지하다시피 이 작품은 늘 굶기만 하는 어린 옥이가 잔치 준비에 바쁜 도삿댁에 들어가 작은아씨를 만나게 되고 거기서 사람으로는 도저히 먹기 힘들만큼의 음식과 떡을 먹게 되고 또 탈이 나 죽을 뻔했다는 내용이다. 이 작품은 주된 스토리를 이루고 있는 내용—굶주림에 대한 공포 때문에 자기 앞에 점차 맛있는 음식이 제공되자 어린 옥이가 음식을 거부하지 못하고 배가 터질 지경으로 먹는 장면과 그것을 즐기는 마음으로 바라보고 있는 작은아씨와 마을 아낙들의 모습—에서 인간 심리의 여러 측면을 동시에 생각하게 해 준다. 그런데 이 작품에서 이러한 옥이와 마을 아낙들의 모습은 일인칭 서술 상황에서 다중적 시점을 통해 희극적으로 서술됨으로써 비극적 상황의 희극적 제시라는 김유정 소설의 특징이 효과적으로 드러난다.

> 점쟁이의 말을 들어 보면 과식햇다고 죄다 이럴래서는 살 사람이 업지 안느냐고. 이것은 음식에서 난 병이 아니라 늘 떯으던 동자상문이 어쩌다 접해서 일터면 귀신의 노름이라는 해석이다. 그러타면 내가 생각컨대 옥이가 도삿댁 문전을 나왓을 제 혹 귀신이 접햇는지도 몰른다. 왜냐 그러면 옥이는 문앞 언덕을 나리다 고만 눈 우로 낙상을 해서 곳 한참을 꼼짝않고 고대로 누엇섯다. 그만치 몸의 자유를 잃엇다. 다시 일어나 눈을 몇 번 털고는 걸어 보앗다. 다리는 천근인지 한 번 닫으면 다시 띠기가 쉽지 않다. 눈까풀은 뻑뻑어리고 게다 선하품은 자꾸 터지고. 어깨를 치올리어 여전히 식, 식, 거리며 눈 속을 조심조심 거러간다. 삐끗만하엿다가는 배가 터진다. 아니 정말은 배가 터지는 그 념려보다 우선 배가 아파서 삐끗도 못할 형편. 과연 옥이의 배는 동네 게집들 말마따나 헐업시 애밴 사람의, 그것도 만삭이 된 이의 괴로운 배 그것이엇다. 개

울길을 나려오자 움물이 눈에 띠이자 예는 갑작스리 조갈을 느꼈다. 엎드리어 박아지로 한 머금 꿀꺽 삼켜본다. 이와 목구멍이 다만 잠간 저렷을 뿐 물은 곧 바로 다시 넘어온다. 그뿐 아니라 뒤를 이어서 떡이 꾸역꾸역 쏟아진다. 잘 씹지 않고 얼김에 삼킨 떡이라 삭지 못한 그대로 덩어리 덩어리 넘어온다. 움물 전 어름 우에는 삽시간에 떡이 한 무데기. 옥이는 다시 눈 우에 기운 없이 쓰러지고 말앗다. 이러든 애가 어떠캐 제 집을 왓슬까 생각하면 여간 큰 노력이 아니요 참 장한 모험이라 안할 수 없는 일이다.[21]

인용 부분에서 서술자의 존재는 참 특이하다. 이 작품의 서술자인 '나'는 옥이의 일을 직접 보지는 못하였고 그 일을 구경한 마을 아낙들의 이야기를 듣고 나름대로 상황을 요약하고 정리하여 서술하는 존재이다. 그러나 실제로는 서술자가 옥이가 처했던 상황을 마치 보기라도 한 듯이 상세히 재구해 내고 옥이의 심리까지 상세하게 서술해낸다. 옥이가 터질 듯한 배를 추스려 자빠지기도 하고 한 걸음 떼기도 고통스러워하면서 우물에 도착하여 물을 마시다가 먹은 떡을 다 토하고는 집으로 찾아온 과정을 너무나 상세히 서술하고 있다. 더욱이 옥이의 행동에 대해 집까지 찾아온 것이 대단한 노력이며 모험이라는 평가까지 내린다. 시점 이론으로 보아 인용 서두의 '내가 생각건대'와 같은 서술이 뒤에 나오는 옥이의 행위에 대한 서술에 나타나는 과도한 일인칭 서술 상황을 정당화시킬 수는 없다는 점에서 서사 상황을 초점화하지 못한 단순 전달자로서의 일인칭 서술자가 인용 부분과 같이 서술하는 것은 명백한 오류에 해당한다. 그러나 이러한 과도한 일인칭 서술 상황은 이 작품 전체를 관통하고 있다.

만약 이 떡의 순서가 주왁이 먼저 나오고 백설기 팟떡 이러케 나왓다면 옥이는 주왁만으로 만족햇을지 모른다. 그러고 백설기 팟떡은 단연 아니 먹엇슬 것이다. 너는 보도 못하고 어떠케 남의 일을 잘 아느냐. 그러면 그 장면을 목도

21) 「떡」, 『전집』, 92~93면.

한 개똥어머니에게 좀 설명하야 받기로 하자. 아 참 고년 되우는 먹습디다. 그 밥 한 그릇을 다 먹구 그래 떡을 또 먹어유. 그게 배때기지유. 주왁을 먹을 제 나는 인제 죽나부다 그랫슈. 물 한 머금 안 처먹고 꼬기꼬기 씹어서 꿀딱 삼키는데 아 눈을 이러케 뒵쓰고 꿀딱 삼킵디다. 온 이게 사람이야 나는 간이 콩알만 햇지유 꼭 죽는 줄 알고. 추어서 달달 떨고 섯는 꼴하고 참 깜찍해서 내가 다 소름이 쪼옥 끼칩디다. 이걸 가만히 듣다가 그럼 왜 말리진 못 햇냐고 탄하니까 제가 일부러 먹이기도 할 텐데 그러케는 못 하나마 배고파 먹는 걸 무슨 혐의로 못 먹게 하겟느냐고 되레 성을 발끈 내인다. 그러나 요건 빨간 거즛말이다. 저도 다른 게집 마찬가지로 마루 끝에 서서 잘 먹는다 잘 먹는다 이러케 여러 번 칭찬하고 깔깔대고 햇섯슴에 틀림 없을 게다.[22]

이러한 일인칭 서술은 서술의 파탄으로 보이기도 한다. 일인칭 서술 상황에서 옥이를 객관적으로 관찰하는 작품 외적 서술자에 의한 서술이 나오다가 갑작스레 일인칭 서술자가 등장하여 서술 상황에 대해 나름의 견해를 드러내고, 사건을 보지도 못한 서술자 자신의 판단이 오류라는 예상되는 질문에 대해 개똥어머니의 견해를 들어 정당화하며, 또 개똥어머니의 변명이 사실과는 다를 것이라는 서술자 자신의 판단을 내놓기도 한다. 이러한 극단적인 파탄에 가까운 일인칭 서술은 떡이 사람을 먹은 희극적이고 또한 비극적인 상황을 효과적으로 서술하기 위한 방법으로 선택되고 창안된 것으로 판단하여야 할 것이다. 이 작품에서는 옥이가 도샛댁에 가서 음식을 무한정으로 먹을 수밖에 없는 이유로 조죽도 제대로 먹지 못하는 가난한 모습과 도샛댁의 노비인 개똥어머니 집을 뒤져 배를 채우려 노력하는 옥이의 모습을 객관적 시점으로 서술하고 있다. 그리고 도샛댁에서 음식을 먹는 옥이의 모습을 역시 객관적인 시점으로 그려냄으로써 독자들에게 떡이 사람을 먹는 상황을 눈앞에 보는 듯 그려 보여준다. 그러고 나서 그러한 상황이 갖는 문제와 의미를 보다 다양한 시각에서 분명하게 드러내기 위하여 다중적인

22) 「떡」, 『전집』, 91~92면.

시점을 사용하고 있는 것이다.

김유정이 「떡」에서 사용하고 있는 일인칭 서술 상황을 통한 다중적 시점은, 비록 일반적인 시점 이론에서 부정되는 서술 방식이지만, 이 작품을 통해 제시하고자 한 주제를 보다 강렬하게 전달하기 위해 의도적으로 선택된 장치로 보아야 할 것이다. 굶주림에 대한 기억과 그것이 주는 공포는 인간의 욕망을 끝없는 것으로 만들어 버리고 결국 자신을 파멸로 이르게 할 수 있다. 그리고 인간은 타인이 자신의 욕망에 의해 파멸되어 가는 것을 어느 정도 즐기며 바라보면서도 타자 앞에서는 자신의 그러한 행동에 대해 그럴듯한 변명을 늘어놓기 마련이다.

이 작품은 떡이 사람을 먹는 이야기를 통하여 인간의 내면에 자리한 복잡한 심리를 형상화한다. 그러나 이러한 이야기가 어느 한 인물이나 서술자의 시점에 고정될 경우 단면성을 드러내기 쉽다. 김유정은 이러한 단면성을 극복하기 위하여 다중적인 시점을 선택하였고 이러한 시점이 이 작품에서 긍정적으로 기능하고 있는 것이다.

3. 요약 및 전망

김유정은 많은 작품에서 다중적인 시점을 사용한다. 한 인물의 시각에서 초점화되는 삼인칭 시점을 선택하고서도 수시로 여러 작중인물의 시각으로 초점화하고, 일인칭 서술 상황에서 다른 인물의 시각이 드러나기도 하는 것이다. 이렇듯 하나의 서사 상황에서 초점 주체나 서술자가 변환되는 다중적 시점은 일반적으로 서사 이론에서 부정적으로 평가한다. 또한 작가가 이렇게 자주 초점주체나 서술주체를 변화시키다 보면 서술자의 신빙성이 극도로 약화되기도 한다.

김유정은 서사 이론에서 금기시되는 다중적 시점을 효과적으로 사용하여 희극적 상황을 구체화하거나, 주제 의식을 강조하거나, 인간의 다양한 측면을 형상화하는 독특한 미적 장치로서 활용하고 있다. 그의 작품에 나타나는 다중적 시점이라는 새로운 서술 방식은 1920년대 소설에 나타나는 서술 기법의 미숙함을 창조적으로 변형하여 미적 장치로 개발해 나간 1930년대 작가들의 노력[23]과 궤를 같이 한다. 바로 이것이 그가 불과 4년에 이르는 창작 활동을 통해 이룩해낸 소설 창작방법 상 최대의 업적이며, 한국 근대 소설사에서 갖는 커다란 의의라 할 것이다.

그의 소설에 나타난 이러한 서술 방식상의 특징은 청중 앞에서 한 인물이 서술해 나가는 구비 서사의 전통을 일정하게 계승한 것으로 볼 수 있을 것이다. 김유정이 채만식과 더불어 전통적인 서사 방식을 계승한 작가로 평가되기도 하는 것은 그가 사용한 다중적 시점과 전혀 무관하지는 않을 것이다. 이에 대해 분명한 결론을 내리기 위해서는 판소리와 같은 전통적 서사가 지닌 서술 방식에 대한 보다 철저한 고구와 김유정 소설과의 비교 연구가 필요하다. 이에 대해서는 차후 좀더 깊이 있는 논구를 기대한다.

23) 최병우, 앞의 논문 참조.

김유정 소설에 나타난 전통과 서구의 상호작용

양문규

1. 전통과 서구의 상호작용—또 다른 근대문학의 가능성

한국 근대소설은 전통적인 조선시대의 소설이 서구 또는 서구화를 꾀한 일본문학에 접촉, 촉발되어 변화를 일으키며 제작, 생산되었다. 특히 1910년대 이후 우리 소설은 이전의 전통소설과 상당한 단절을 겪으면서 서구소설의 구성 원리를 모델로 근대소설을 실현해간다. 기존의 문학사들은 이러한 소설사의 전개 과정을, 서구 근대의 관점에 서서 우리 소설이 과거 전통 소설에서 탈각하여 서구소설을 모방하고 이를 정착시킴으로써 근대소설을 성취한 것으로 기술한다.

그러나 우리 근대소설이 서구의 소설문화와 만나면서 그것에 일방적으로 종속되었는지에 대해서는 재검토할 필요성이 있다. 김유정의 소설은 이 점에서 주목의 대상이 된다. 물론 김유정 소설은 서구소설을 받아들여 이미 서구적 소설 체제가 성립되어 있기에, 그의 소설에서 서구 소설을 배격하는 것은 그 기반 자체를 부정하는 것이 된다. 그러나 김유정 소설은 서구를 수용하되 그것을 그대로 이식하는 것이 아니고 전통과 교섭하여 새로운 창조의 과정으로 나아갔다는 점에서 주목이 된다.

기존의 논의들은 이미 김유정 소설에 나타난 전통성에 주목했고, 이를 통한 근대소설의 성취를 살펴왔다.[1] 이 글은 김유정 소설에 계승된 '구어 전통'의 현대적 의미와 그것이 리얼리즘과 교섭하는 관계, 그리고 전통의 민담과 서구의 소설시학이 교섭하는 관계에 논의의 초점을 맞춰 보고자 한다. 그리하여 김유정 소설은 서구에 적응하면서도 저항하는, 또 그렇게 함으로써 서구적 근대를 넘어선 또 다른 근대문학의 가능성을 내포하고 있음을 밝혀보고자 한다.

2. 구어 전통의 위축

한국의 근대소설사를 열었던 신소설은 국문을 표기 수단으로 한 조선 후기 국문소설의 전통을 잇는다. 특히 이 시기 이인직・이해조 등의 신소설에서 나타나는 국문의 생동감은 이들 신소설이 조선 후기 판소리계 소설의 구어 전통을 부분적으로 계승하고 있음을 확인할 수 있게 한다.[2] 가령 신소설은 판소리계 소설의 구어 전통에서 파생된 대화언어를 실현하고, 속담・과장・언어유희 등 활발한 구어의 수사체계를 보여준다. 물론 신소설에서는 그러한 유희적 충동을 느끼게 하는 구어의 특

1) 유인순, 「김유정 문학연구사」, 『김유정 문학의 전통성과 근대성』(전신재 편), 한림대 아시아문화연구소, 1997, '작품에 나타난 전통성 연구' 참조.
2) 양문규, 「이인직 소설의 문체에 관한 연구」, 『한국 근대소설사 연구』, 국학자료원, 1994 참조.

성들이 독자들의 통속적 흥미를 자극하는 수준에 머문다. 그리하여 판소리계 소설의 활기찬 풍자 및 구어적 수사학이 신소설에서는 대부분 지배계급이 아닌 '상놈'들의 들끓는 욕망 및 야비한 성향을 부각하는데 쓰인다.

이는 신소설이 전통적 판소리계 소설에서 이어 받은 오락성과 통속성을 변질, 퇴색시켜 1910년대 식민지로의 전락 이후 부정적 통속성을 강화하는 길로 치닫게 한다. 더불어 신소설 이후 1910년대, 서구문화의 영향권 안에 놓이게 된 우리소설은 인물의 내면성과 자의식이 강조되면서 조선후기 소설 또는 신소설의 이야기가 지니는 오락성은 위축된다. 그리하여 1910년대에는 이전의 신소설과는 판연히 다르게 인간의 내적 정신의 풍경을 그리는 단편 양식이 근대소설로서의 역할을 떠맡는다. 그리고 이러한 양식의 등장은 국한문 혼용체를 강화시키며 급격하게 구어체적 전통을 위축 내지 소멸시킨다.

즉 서구 또는 일본 문화를 수용한 새로운 지식인 계층의 작가에게, 구어체는 고대소설이나 신소설 따위의 이야기 형태의 소설을 기술하는데 적합한 것으로 생각되었다. 따라서 내면화된 생을 중시하는 근대소설의 기술은 사색적인 진지함을 담을 수 있는 국한문 혼용체가 필요하리라 생각했다. 그러나 이러한 국한문 혼용체의 선택은 일본 지식인의 서구에 대한 맹목적 추수와도 깊게 연관되니, 1910년대 문학운동을 독점적으로 주도했던 유학생 주체들은 서구의 새로운 것을 수용하는 과정에서 자기의 언어적 뿌리를 간직하지 못하고 자기를 간단없이 부정하면서 새로운 것에 맹종한다.

이런 점에서 이광수와 김동인이 이룩했다는 언문일치의 성과도 재고해야 한다. 가라타니 고진의 지적대로, 언문일치의 표면상 목적은 문자어를 구어에 맞게 만드는 것이었지만, 실제적 목적은 기존의 문어를 대신한 새로운 문어를 만들었던 것으로,[3] 이광수 등이 시도한 언문일치는 구미-일본어의 번역체를 합성하여 만든 신식 문어이지 구두상의 속어를 주된 원천으로 한 대중언어는 아니었다. 다시 말해 그것은 언문일치의 문제가 아니라 이 시기 지식인들이 주도했던 또 하나의 에끄리뛰르(글쓰기)의 창조인 셈이다.[4)]

사정이 이러하니 구어체적 전통을 기반으로 한 판소리계 소설의 언어를 발전적으로 살릴 여지는 없었다. 그리하여 조선 후기로부터 성장해온 기층민중의 계급언어가 민족 언어로 발전될 가능성이 차단된다. 그리고 문제는 단순히 이것이 언어의 문제로만 끝나지 않는다는 점이다. 그것은 궁극적으로 우리 근대소설의 온전한 성취 즉 근대소설의 한국적 양식을 만들어낼 가능성을 가로막는다.

1920년대 작가들은 자아 대신 사회의식을 강조하면서 이 역시 진지한 본격문학을 보증하는 것으로 간주한다. 그러나 1920년대 소설 역시 대부분 구어의 전통과 이야기의 오락성을 수용하지 못한다. 그리하여 그것들 대부분은 일상과 풍속이 소멸된 채 답답한 엄숙주의와 빽빽한 이념 안에 머문다. 1920년대 염상섭의 「만세전」(1923년)의 날카로운 현실비판이 갖는 리얼리즘의 성과에도 불구하고 국한문혼용으로 표기된 주인공의 장황한 내적 독백이 보여주는 관념적 한계는 이와 관련된다. 물론 1920년대의 조선 문학가들 중 일부는 자신들의 창작활동이 온전한 조선어 순국문체로 이뤄져야 한다고 믿었으며 이를 신념화한다. 그러나 이들 역시 순국문체를 통해 전대 소설이 보여주었던 구어체적 전통의 민중적 성격을 주목하고 있었던 것은 아니다.

---

3) 가라타니 고진, 박유하 역, 『일본 근대문학의 기원』, 민음사, 1996, 55면.

4) 백지운, 「근대 중국 언어운동의 스펙트럼」, 『역사비평』, 역사비평사, 2005년 봄호 참조.

3. 구어 전통과 리얼리즘의 상호작용

1) 구어 세계에 대한 당대의 반응

김유정 소설에서는 신소설 이후 위축되어 갔던 구어 전통이 부활한다. 대표적으로 김유정 소설에 판소리 어법의 영향이 강하게 드리워져 있음은 기존의 연구들에서 이미 확인된 바 있다.[5] 김유정 소설에 부활된 구어의 세계에 대해 당대의 반응은 다음과 같이 크게 세 가지로 나타난다.

첫 번째는 김동인의 반응이다.[6] 그는 「금 따는 콩밭」을 중심으로 초기 작품들을 논하면서 사건 전개, 성격 묘사, 인물 심리의 추이 등이 자연스럽게 진행된 점을 높이 평가하면서도, 김유정 소설의 단점으로 '그 문장이 너무 거칠어 읽기 거북한 점'을 들며 '문장 수련'을 요구하고 있다. 김동인이 김유정 소설의 문장이 '거칠다'고 이해한 것은 아래와 같이 비속어 등이 섞인 구어체 문장과 구어적 서술방식에 대한 낯설음에서 비롯된 것으로 짐작된다.

> 안해는 이 꼴을 바라보며 독이 뾰록같이 올랏다. 금점을 함네하고 금 한톨 못 캐는 것이 버릇만 점점 글러간다 그전에는 없드니 요새로 건듯하면 탕탕 때리는 못된 버릇이 생긴 것이다. 금을 캐랫지 뺨을 치렛나. 제발 덕분에 고놈의 금좀 나오지 말엇으면. 그는 뺨맞은 앙심으로 맘껏 방자하엿다. (…중략…) 그는 벌떡 일어스며 황밤주먹을 쥐어 창낭할만치 안해의 골통을 후렷다. 「계집년이 방정맞게 —」 (…중략…) 적으나면 계집이니 위로도 하야 주련만 요건

5) 이에 대한 기존의 대표적 연구로는, 김현실, 「김유정 문학의 전통성」, 『이화어문논집』 6집, 한국어문학연구소, 1983; 전신재, 「김유정 소설의 구비문학 수용」, 『아시아문화』 2호, 한림대 출판부, 1987.

6) 김동인, 「3월 창작평－囑望한 新進, 김유정, 금따는 콩밭」, 『매일신보』, 1935.3.26(『김동인전집』 6권, 삼중당, 1976에서 재인용).

분만 폭폭 질러노려나. 에이 빌어먹을 거 이판사판이다.[7)]

앞서 얘기했듯이, 이광수・김동인 등이 시도한 언문일치는 구미-일본어의 번역체를 합성하여 만든 신식 문어이지 구두상의 속어를 주된 원천으로 한 대중언어는 아니었다. 다시 말해 그것은 신문학 초기 지식인들이 주도했던 또 하나의 글쓰기의 창조로서, 기층계급의 언어를 수용한 김유정의 구어체와는 별개의 것이다. 당연히 김동인 등의 신문학가는 김유정의 소설이 낯설고 읽기가 거북했을 것이다.

두 번째는 카프 계열 문인들의 반응이다.[8)] 그들은 김유정 소설의 어휘의 풍부함과 독특함에 주목하면서도 김유정 소설에 나타난 구어의 세계를 '극악한 언어의 마술성' 또는 '형상의 신비화'[9)]로 보며, 이를 예술지상주의의 일환으로 간주하여 부정적으로 평가한다. 따라서 카프 비평가는 김유정 소설의 구어의 세계에서 민중성을 인지하기는커녕 해당 작품에 사회성이 결여되었을 경우 그러한 문체 방식에 대하여 맹렬한 비판을 드러낸다.

그 대표적 예가 「산골」 같은 작품의 문체에 대한 비판이다. 안함광은 이를 "각설이패 식의 비속한 문장" 또는 "뒤범벅 식의 문장"[10)]이라고 격하한다. 김남천은 "신문의 삼단기사 식으로 '하였든 바' '하였는데' '하면서' '하던 바' '하려면은'으로 연결시켜 템포나 또한 ○○이나 그 어느 것 하나도 고려되어 있지 않고", 따라서 "언어의 완롱과 문장상 곡예"[11)]를 보여준다고 비판하고 있다. 과연 그러할까?

---

7) 「금 따는 콩밧」, 『개벽』, 1935.3, 62~64면.

8) 안함광, 「'금따는 콩밧'에 관하여(최근 창작평)」, 『조선문단』 1935.7; 김남천, 「최근의 창작－2. 사회적 반영의 거부와 춘향전의 哀話적 재현, 김유정 「산골」」, 『조선중앙일보』, 1935.7.23; 안함광, 「작금 문예진 總檢－김유정씨의 「산골」」, 『비판』, 1935.12; 엄흥섭, 「性格描寫의 不調和」, 『조선일보』, 1936.5.6; 한효, 「신진작가론－김유정론」, 『풍림』 2, 1937.1.

9) 한효, 위의 글, 45면.

10) 안함광, 앞의 글, 『인간과 문학』(김재용・이현식 편), 박이정, 1998, 231면.

> 이뿐이는 어려서부터 도련님과 가치 자랐고 가치 놀았으되 제가 먼저 그런 생각을 두었다면 도련님을 벌컥 떼다밀어 바위넘어로 곤두박이게 했을 리 만무이었고 궁뎅이를 털고 일어나며 도련님이 무색하야 멀거니 처다보고 입맛만 다시니 이뿐이는 그 꼴이 보기 가여웠고 죄를 저즈른 제 몸에 대하여 죄송한 자책이 없던 바도 아니었마는 다시 손목을 잡히고 이 잣나무 밑으로 끌릴 제에는 왼 힘을 다하여 그 손깍찌를 버리며 야단친 것도 사실이 아닌건 아니나 그러나 어덴가 마음 한편에 앙살을 피면서도 넉히 끌리어가도록 도련님의 힘이 좀더 좀더 하는 생각이 전혀 없었다면 그것은 거즛 말이 되고 말 것이다.[12]

「산골」의 이러한 만연체가 어수선해 보일 수도 있으나, 이는 도련님을 향한 '이뿐이'의 복잡한 심정 즉 그녀의 정신적 리얼리티를 표현하기 위하여 이중부정법을 포함, 숨 가쁜 만연의 문장을 전개한 데서 빚어진 것으로 볼 수 있다. 오히려 이것을 분절화하면 이뿐이의 원 감정이 상투적인 것으로 표현되는 데 그칠 수도 있다.

김유정은 작품 속 인물의 심리에 따라 다양한 문체를 실험하는데, 가령 「산골나그네」에서 깊은 가을 밤 뜻하지 않은 나그네를 맞이하게 된 산골 집주인의 놀라고 허둥대는 마음은 어법의 정연한 순서를 떠나 구술성의 가락에 따라 표현된다. "남정네도 아닌데 이 밤ㅅ중에 웬일인가, 맨발에 짚신짝으로. 그야 아무러튼……"[13] 따위가 이러한 예로 이러한 종류의 기술 방법은 놀라움이나 기쁨, 슬픔을 표현하는데 말과 감정 사이에 발생할 수 있는 반성 의식적 차이를 최소화시킨다. 교조적 카프 비평가들은 김유정이 단지 〈구인회〉에 가입한 작가라는 사실 하나 때문에 김유정 문학의 진가를 알아차리지 못하고 있었던 것은 아닌가 짐작된다.

마지막으로 김문집 또는 안회남 같은 이의 반응으로 핵심을 제대로 지

11) 김남천, 앞의 글, 『김남천 전집』 1(정호웅 · 손정수 편), 박이정, 2000, 104면.
12) 『조선문단』, 1935.7, 14면.
13) 『제일선』, 1933.3, 38면.

적하지는 못하지만, 김유정 소설의 문체를 긍정적으로 평가하는 경우이다. 김문집은 김유정을 플롯도 제대로 못 갖춘 "소설이 무엇인지를 모르는 소설가"라는 엉뚱한 토를 달기는 했지만, 문장의 경우 농후한 개성과 전통미가 홍수를 이루며 "言語朝鮮의 傳統美를 살린 작가"[14]로 본다. 그리하여 김문집이 생각하기에 김유정은 "조선문학에서 가장 부족을 느끼는 '모찌미(持味-體臭 또는 個體香)를 갖추고 있는"[15] 작가이다.

이후 김유정 소설의 구어세계에 대한 평가는 대체로 긍정적인 방향을 잡는다. 그리하여 그의 소설에 나타난 구어세계의 다양한 특징들을 분석함으로써 김유정 문학의 원시적 생명력, 또는 활력을 지적하고 아울러 서민의 언어를 문학의 언어로 승화시킨 점을 그 문학적 성과로 지적하게 된다.[16] 이 글은 이러한 논의를 수용하면서 김유정 소설에 나타난 구어의 세계를 우연한 개인의 재능 또는 전통미 내지 원시성의 재현으로만 파악하는 관점을 넘어, 서구적 근대성에 일방적인 종속을 피하며 또 다른 근대성을 지향할 수 있는 소설사적 가능성을 드러낸 계기로 보아 그 논의의 폭을 넓히고자 한다.

2) 구어 세계의 새로운 현대성

김유정 소설의 구어세계는 그것이 판소리 구어의 전통적 문체를 계승했다는 그 자체보다는, 서구적 의미의 근대소설의 한계를 넘어서는 그리하여 또 다른 근대의 창조적 가능성을 갖고 있다는 점에 주목을 요한다.

첫째, 서구 근대소설 또는 리얼리즘 소설은 작가라는 주체가 장면 뒤에

14) 김문집, 「夭折한 金裕貞君을 弔함」, 『조광』, 1937.5, 98면.
15) 김문집, 「김유정」, 『비평문학』, 청색지사, 1938, 403면.
16) 이러한 대표적 논의가 전상국의 「김유정 소설의 언어와 문체」(전신재 편, 앞의 책)이다.

숨어 대상을 일방적으로 '보는' 방식을 취한다. 서구의 소설에서 강조되는 시점(視點)·관점(觀點)이라는 시학 용어는 이에 연유한다. 그러나 김유정이 수용한 구어전통의 소설은 작가가 일방적으로 '보는' 방식이라기보다는 등장인물과 '이야기를 하고 듣는' 방식을 취한다. 일례로 「떡」에서 "너는 보도 못하고 어떠케 그리 남의 일을 잘 아느냐. 그러면 그 장면을 목도한 개똥어머니에게 좀 설명하야 받기로 하자"17)는 식의 기술들이 그렇다. 따라서 작가는 등장인물을 표상 또는 객체화된 대상으로가 아닌 인격으로 만나게 된다. 즉 작가라는 주체와 등장인물의 객체가 일면적으로 구분되지 않으며 상호공존하며 상호주체성을 띠게 된다.

그리하여 김유정 소설에서 서술자의 말투 또는 언어 수준은 지식인 작가 자신의 것이 아닌 대부분 작중인물의 것에 의존하게 된다. 이석훈에 의하면 김유정의 이야기 말투가 "야담(野談)이나 고담식(古談式) (…중략…) 시골 오입장이(술 먹으면 시골 오입장이적 風貌로 變한다)적 語調"18)이었다고 한다. 작가에게 길들여진 친숙한 구어는 서술자의 태도를 당당하게 하며, 따라서 책에서 읽은 지식에 억압당할 필요도 없고 무엇을 표현해야 한다는 강박관념에 시달릴 필요도 없다. 당연히 장식으로서의 문학을 거부하고 활달한 이야기꾼이 될 수밖에 없고 이야기하는 욕망을 직접 드러내는 스타일의 화법을 취한다.

이러한 구술의 어법은 이야기하는 사람과 듣는 사람의 공동체적 유대, 그리고 공감의 확대와 관련된 공동의 예술체험을 갖게 한다. 그럼으로써 이러한 어법은 단순한 이야기 전달의 기능을 넘어서서 공동체 인식에 근거한 소망을 이야기 세계에 암암리에 부여한다고 볼 수 있다. 이는 결국 서구 소설의 경험을 그대로 밟지 않고 궁극적으로는 서구 모더니즘 소설의 미학적 긴장을 해체하면서 인간관계의 소원함을 넘어선 따뜻한 공동체적 삶을 향한 나름대로의 길을 추구할 수 있는 또 다른

17) 「떡」, 『중앙』, 1935.6, 20면.

18) 이석훈, 「유정의 면모 편편」, 『조광』, 1939.12, 314면.

방식이 될 수 있음을 보여준다.

둘째, 김유정 소설의 구어 전통은 그것 안에 토속어 및 방언 또는 육담, 욕설, 비속어를 적극 배치함으로써 근대를 넘어서는 모색을 보여준다. 기존의 연구는 김유정 소설에 나타난 토속어 등에서 향토주의를 찾는다. 그러나 김유정의 토속어, 방언 등은 향토주의와는 다른 오히려 탈근대의 문제와 관련시켜 바라보아야 한다. 이는 이 시기 백석 시에 나타난 관서방언과 민속의 세계 혹은 상상력을 향토주의와는 다른 차원에서 검토하기 위해서 그것을 근대성의 문제와 관련시켜 바라보는 방식[19]과 유사하다.

근대가 시작되면서 모든 언어는 표준화되기를 요구받는다. 근대국가에서 언어의 표준화는 국가 구성원들을 차별로부터 자유롭게 하는 개방적 또는 공공적인 측면이 있다. 표준화·보편화 등으로 대변되는 서양적 인식의 지평은 모든 사람들에게 동등한 인식과 기술의 주체로서 참여할 수 있는 가능성을 열어놓으며, 그런 한에서 인식과 기술이 계몽과 해방의 원리로 기능한다. 그러나 표준어가 한갓 도구가 아니라 주체로 기능하기 시작할 때 그것은 그 개방성과 공공성 덕분에 보편적 주체로 기능하게 되며, 그 결과 이제 우리 자신을 지배하는 객관적 초자아로 군림하여 억압의 원리로 작용하기 시작한다.

더불어 공공적으로 생산되고 유통되는 표준어의 지배가 전체적으로 이뤄지면 인간들의 다름은 동일성 속에 지양되어 버린다. 그리하여 동등한 만남의 지평이 도리어 인간 개별의 고유성을 감추어 참된 만남을 가로막는 장벽이 되어 인간관계에서 인격성의 흔적을 지우는 역할을 하게 한다. 그리고 표준어가 동일성을 추구한다면 같아져야 할 기준이 있어야만 하는데, 무엇이 그 기준이 되느냐는 추상적인 법, 규칙이 아니라 현실적인 권력관계가 결정하는 것이다.[20]

19) 김재용, 「근대인의 고향상실과 유토피아의 염원」, 『백석전집』, 실천문학사, 1997, 472면.

다시 말해 표준어의 이면에는 공식적 단일어의 구축을 통해 중앙 지배세력의 정치·사회적 기반을 강화하려는 의도가 개입된다. 서울의 특정 계층의 언어만을 기준으로 하고 그 이외의 지역과 계층의 언어를 변두리화 시키는 이 표준어의 권력은 궁극적으로 지역과 개별의 구체적 삶의 세계를 소외시킨다. 앞서 지적했던 것처럼 언어의 근대화를 지향하는 것처럼 보이는 김동인, 이광수의 언문일치체는 실은 대중과는 유리된 그 시기 특정 지식인 계층 내부에서 통용되던 일종의 사회적 방언에 불과할 수 있다.

김유정의 소설에 의식적으로 사용되는 방언·토착어·비속어의 사용은 이러한 표준화에 대한 저항으로 볼 수 있으며, 표준어로 상징되는 근대의 중앙집권화와 인간 사이의 인격적 관계를 지우는 물신화에 대항하여 인간의 진정한 삶을 구하고자 하는 노력에 맞닿아 있다고 볼 수 있다. 요컨대 김유정 소설은 서구적 근대가 기획하는 언어체계의 통일성이나 작가의 개성의 통일성이 아닌, 바흐친이 지적했듯이 소설 장르가 근본적으로 전제하는 언어의 사회적 다양성과 음성적 다양성을 지향한다.

그런데 채만식의 경우, 김유정과 유사하게 방언이나 비속어 등을 적극 구사하지만 그것은 김유정과 달리 속어와 비어를 주로 하여 추악하고 기괴한 것이나 교양 없고 볼품없는 평민의 이미지를 그릴 때 쓰임으로써 부정적이고 비합리적인 인간관과 기존질서의 보수적 세계관을 강화하는 전근대적 민중관을 드러내기도 한다.[21] 따라서 구어로 채색된 채만식 소설의 농민계급 등은 그들 삶의 사실성보다는 차라리 그들의 또 하나의 속성일 수도 있는 퇴영적이고 우둔한 일면에만 초점이 맞춰 있어, 그들에 대한 작가의 부정적인 편견이 강하게 나타난다. 따라서 김유정 소설과 달리 채만식 소설에서 웃음은 축소되며, 빈정거림의 형식

20) 김상봉, 「나르시시즘 또는 홀로주체성의 객관적 현실」, 『서로주체성의 이념』, 길, 2007, 136~162면 참조.

21) 김홍수, 「소설의 방언에 대하여」, 『문학과 방언』(이기문 외), 역락, 2001, 296면.

들로 나타나는 경우가 많다.

셋째, 이와 관련된 김유정 소설의 인물들의 탈근대적 성격이다. 김유정 소설이 토착어와 방언을 적극적으로 구사하다 보니, 그것에 의해 환기된 인간군들이 전근대적 성격을 지닌 인물들에 머물 수밖에 없다는 오해를 낳는다. 전통적 민담에 자주 등장하는 바보 인물이 그 예이다. 같은 시기 이태준 소설에도 바보 또는 반편 인물들이 등장한다. 그들은 근대에 적응하지 못하고 패배하는 인물로 지식인 작가의 동정과 연민의 대상이다. 그리고 그들과 속 깊은 친교를 나누는 작가의 따뜻한 인간주의가 작품의 중요한 초점이다. 이에 비해 김유정의 바보 인물은 결코 연민이나 동정의 대상이 아니다. 그들은 오히려 '병든 근대'를 넘어, 이를 탈주코자 하는 천진난만한 유쾌함과 즉물적 육체성을 갖춘 인물들이다. 구어체로 형상화되는 김유정 소설의 바보 인물들은 민중적 활력이 넘친다.

그리고 만무방, 들병이들의 인물은 근대적 표준어가 상징하는 균일성으로부터 일탈된 인물, 즉 근대로부터 끊임없이 이탈코자 하는 자유분방한 인물들이다. 그리하여 현실의 습속과 규범에 대해 반역하는 인물들이다. '마적'을 꿈꾸고,[22] 반역의 「홍길동전」을 그 어떤 서구문학보다 높이 샀던[23] 김유정도 그와 같은 자는 아니었을까? 아래 인용된 「만무방」의 '응칠'은 삶에 찌든 탈농민이라기보다는 마치 홍명희의 '임꺽정'같이 묘사돼, 질서 따윈 아랑곳하지 않는 유유자적한 유랑자로서 탈주의 상상력을 환기시키는 인물이다.

> 이까진 걸 못먹어 그래 홧김에 또 한 놈을 뽑아들고 이번엔 물에 흙도 씻을 새 없시 그대로 텁석어린다. 그러나 다른 놈들도 별 수 없스렷다. 이 산골이 송이의 번고향이로되 아마 일년에 한 개조차 먹는 놈이 드므리라.

22) 김유정, 「생의 반려」, 『중앙』, 1936.8, 99면.
23) 김유정, 「병상의 생각」, 『조광』, 1937.3, 191면.

—흠, 썩어진 두상들!

그는 폭넓은 얼골을 이그리며 남이나 드르란듯이 이러케 비웃는다. 썩엇다, 함은 데생겻다 모멸하는 그의 언투이엇다. 먹다 남아지 송이 꽁댕이를 바루 자랑스러히 입에다 치트리곤 트림을 석거가며 우물거린다.[24]

만무방, 들병이, 깍정이, 따라지들이 드러내는 민중의 불멸의 감각은, 현존하는 권력과 지배적 진실이 결국 상대적인 것이라는 감각과 결합되어 있다. 그리하여 그들은 모든 공식성을 일시적으로 파괴하면서, 인간 사이의 진정한 관계를 회복시키는 역사적 발효소가 된다. 그리고 이들의 감각은 '근대'의 일상사에 대한 소시민적 진지함, 실생활의 경제적 이익에 대한 타산적인 진지함, 도덕주의자들과 위선자들의 음울한 교훈적 진지함으로부터 끊임없이 자유로워지려는 과정을 보여주며 세계를 거꾸로 혹은 뒤집어 보게 한다.[25]

3) 서구 리얼리즘과의 교섭

판소리계 소설이 당대의 습속이나 규범의 굴레를 전복하는 힘을 지니고 있으나, 서구 리얼리즘에 비해 사실과 경험에 대한 충실성이라는 점에서 미흡하고, 당대의 구체적 사회관계와 관련을 짓지는 못한다. 구어 전통을 수용한 김유정의 소설도 일면 이러한 점을 가지고 있다. 리얼리즘은 물론 서양에서 온 것이기는 하지만, 진보적인 사회 변혁사상으로 이어지는 서구 근대 상의 가장 창조적인 지적 흐름을 대변한다. 김유정이 활동하던 시기는 서구에서 수용된 부르주아 리얼리즘을 거쳐 프로계열의 리얼리즘이 절정을 이루고 한 고비를 넘어가는 시기였다.

---

24) 『조선일보』, 1935.7.18.

25) 미하일 바흐친, 이덕형 외역, 『프랑수아 라블레의 작품과 중세 및 르네상스의 민중문화』, 아카넷, 2001의 '카니발의 세계' 또는 '카니발의 언어' 참조.

이른바 순문학 단체로 불리는 〈구인회〉의 동인으로 프로 측으로부터 별로 좋지 못한 평판을 듣고 있었던 김유정은 리얼리즘에 대해서 어떠한 생각을 가지고 있었을까?

간단한 사실이나마 이미 알려진 김유정의 흥미로운 생각을 다시 꺼내본다. 잡지 『조광』(1937년 2월)에서 여러 작가들을 대상으로 벌인 「문화문답」이라는 설문 중, "世界歷史上 어느 時代, 어느 民族의 文化가 훌륭하다고 보십니까?"라는 질문이 있었다. 김유정은 이에 "아즉은 없었는 듯합니다. 허나 앞으로 장차 露西亞[26]에 우리 人類를 爲하야 크게 貢獻될 바 훌륭한 文化가 建設되리라 생각합니다"라고 다소 의외의 답변을 한다. 여기서 '로서아'는 이 시기 '소비에트 러시아'를 의미하는 것임은 두말할 필요도 없다. 김유정은 또 다른 지면을 빌려서는 오늘날 우리의 최고 이상은 위대한 사랑에 있으며, 위대한 사랑이 내포되지 못하는 한 오늘의 예술이 바로 길을 들 수 없음을 강조한다. 그리고 이런 점에서 러시아 무정부주의자 크로포트킨(P.A. Kropotkin)의 '상호부조론'이나 마르크스의 '자본론'이 훨씬 새로운 운명을 열 수 있는 것으로 강조한다.[27] 이런 몇몇의 단편적인 언급들에서 김유정과 사회주의의 관계를 따지는 하나의 징표를 엿볼 수 있을 것 같다.

김유정은 분명히 프로문학의 사회적 리얼리즘에 대해서도 나름대로 자의식을 가지고 있었던 듯하다. 이는 「만무방」을 비롯한 그의 일련의 작품에서 끊임없이 이뤄지는 사회적 발언에서 확인할 수 있다. 「만무방」의 경우, 조선일보에 연재하던 마지막 회의 글 말미에 "不得已한 事情으로 前回에 數十行 略하엿습니다"(1935.7.31)는 주가 달려 있는데, 이는 아마도 김유정의 사회적 발언이 문제가 된 데서 빚어진 것은 아닌가 하는 짐작을 해본다.

---

26) 전신재 편, 『원본 김유정전집』, 강, 1997 외 두 종의 『김유정전집』, 현대문학사, 1968 / 김유정기념사업회, 1994에는 '露西亞'가 '슬라브족'으로 바뀌어 있다.

27) 김유정, 「병상의 생각」, 『조광』, 1937.3, 193면.

그러나 문제는 김유정의 사회적 발언이 카프의 리얼리즘, 또는 서구의 비판적 리얼리즘과는 전혀 다른 방식으로 나타난다는 점이다. 안회남은 김유정을 회고하면서 "인류(人類)의 역사(歷史)는 투쟁(鬪爭)의 기록이다. 한참 좌익사상이 범람할 임시 누가 이런 말을 하자, 옆에 있든 유정은—그러나 그것은 사랑의 투쟁의 기록이다. 하고 이렇게 대답한 일이 있다"[28]는 사실을 술회하고 있다. 김유정의 프로문학에 대한 일단의 시선을 엿보게 하는 부분이다.

김유정 소설의 비극적인 농촌 현실에 관한 빼아픈 소설적 증언도 일반적인 리얼리즘의 기준에서 손색없다. 그러나 단순히 사회의식만이 아닌, 이를 넘어서는 좀 더 근원적인 의식, 즉 인간과의 본능적인 교감에 대한 의식 같은 것이 이 소설가의 내면에 깊이 작용하고 있다. 김유정의 경우 자신의 소설 주인공들에게 대하는 것은 단순한 도덕적 의식이나 동정심과는 본질적으로 다르다. 보다 근원적 우애와 일치의 마음 또는 그런 마음을 향한 갈망이다.

이와 관련되어 김유정 소설의 비정상적인 성윤리 의식을 드러내는 인물에 대해서도 다른 관점의 해석을 내려 볼 수 있다. 통상 기존의 논의들은 김유정 소설에 자주 나타나는 아내의 매춘 및 이를 방조 내지 공모하는 남편 등의 윤리의식을 황폐화된 것으로 보고 이를 식민지 궁핍한 현실과 관련지어 설명한다. 김유정 소설에 나타난 매춘이 궁핍의 결과인 것은 틀림없으나, 김유정은 정작 이를 황폐화한 것으로 보는데 초점을 맞추지는 않는 것 같다. 「소낙비」에는 '안해'의 몸을 노리는 탐욕스러운 부자양반 '리주사'가 등장한다. 리주사는 결국 자신의 욕심을 채우고 난 직후, 목욕을 오랫동안 못한 '안해'의 몸에서 나는 "무생채 썩는듯한 시크므레한"[29] 악취 때문에 상을 찌푸리며 그녀에게 지청구를 준다. 그런데 김유정은 아내가 당하는 이 수모와 고통을 담담하게

28) 안회남, 「겸허」, 『문장』, 1939.10, 56면.
29) 김유정, 「소낙비」, 『조선일보』, 1935.2.1.

아니 오히려 해학적으로 묘사하고 있다. 물론 소설의 아내는 이를 부끄러워하면서도, 남편과 같이 하게 될 서울에서의 새로운 삶을 생각하며 아무 것도 아닌 일로 치부한다. 김유정은 이러한 인물들을 통해, 생존이라는 인간의 진실 앞에 정조라는 윤리 등이 상대적이고 부분적인 것이라는 점을 생각하고 있는 것은 아닌지? 정조 등의 윤리적 성실성을 내세우며 마치 인간에 대한 이해를 하고 있는 듯이 얘기하는 도덕주의자들의 위선과 교훈을 우습게 보고 있는 것은 아닌지?

김유정 소설은 리얼리즘 작가들과 같이 약자라고 생각하는 자들의 입장을 대변하고 그들의 어려운 상태를 고발하는 방식을 통해 사랑과 동정을 표시하지 않는다. 작가 또는 화자는 근본적으로 '그들이 되는 방식'을 취한다. 화자가 '그들이 되는 방식'은 바로 화자가 그들과 같은 말을 쓰면서 그들의 언어와 함께 하는 데서 실현된다. 어떻게 보면 구어체란 궁극적으로 실제 말과 문자를 일치시키는 것이기보다는 타인과 체험을 공유하며 실제 말하는 듯한 상황 안에서 기술하는 문체이다. 김유정 소설은 서구 리얼리즘의 진보적 상상력, 사회적 상상력에 분명히 영향을 받고 있다. 그러나 그것이 전통의 구어 미학의 세계와 교섭하면서 이 시기 여느 리얼리즘 소설과는 다른 창조적 세계를 보여준다.

4. 민담과 서구의 소설 시학

김유정 소설은 근대적 작가주의와 미적 엄숙주의 기준에서 볼 때 한낱 비문학적 이야기에 불과해 보이는 민담 등의 구비문학을 소설 안으로 끌어들인다. 예컨대 「산골나그네」의 근원이 우리 민담 '이부열녀(二夫烈女)'의 이야기라든지,[30] 「만무방」에서 유랑 농민 부부가 가난 때문에 헤어져야 되는 장면은 '조신몽' 설화를 연상케 한다.[31] 그밖에 「봄·봄」, 「동백꽃」은, 결혼 전이나 시험 결혼 기간 동안 장래의 장인을 위해 노동력을 제공하는 신부노역에 종사하여 아내를 얻는 우리에게 익숙한 내용의 민담을 연상시킨다. 그리고 이미 안회남도 지적했듯이 "안해의 貞操를 팔어서 돈을 낙구게 하는 美人計의 內容을 이야기"[32]하는 「소낙비」, 「솟」 등의 작품은 처의 지혜로 남자가 곤경에서 벗어나 부를 쌓는 민담 모티프의 왜곡된 변형이다.

민담 또는 야담 등은 물론 근대적인 문학 장르가 아니라 시효가 만료된, 한낱 항간을 떠도는 옛날이야기에 불과하다. 김유정이 활동했던 1930년대에는 이러한 민담을 포함한 야담 등이 당시 광범위하게 펼쳐지기 시작한 전통론 혹은 고전부흥론에 힘입어 '조선적인 것'을 보여줄 수 있는 것으로 부각된다.[33] 그럼에도 불구하고 『야담』을 창간한 김동인은 '근대적 문학관으로부터 퇴락'이며, 혹은 『월간야담』의 윤백남 등은 애초에는 역사 계몽의 의지에서 출발했지만 이후 통속화되고 친일화 했다는 평가를 받는다.[34]

이러한 점에서 볼 때 김유정 소설에 나타나는 전통의 민담적 요소들은 다음과 같은 두 가지 측면에서 의미를 갖는다. 민담을 근대적 소설 안에 재배치함으로써 첫째, 서구적 작가주의를 그대로 따르지 않는다는 점이다. 둘째, 근대소설이 문학적 전문인들만의 소통과 창조의 공간인 전문화를 넘어서 대중성을 획득한다는 점이다. 민담, 즉 활자화되기 이전부터 익숙하게 흘러 다니는 옛날이야기들은 뻔히 알고 있는 플롯을

---

30) 전신재, 「김유정 소설의 구비문학 수용」, 『아시아문화』 2호, 한림대 출판부, 1987, 38면.

31) 최원식, 「1930년대 단편소설의 새로운 행보」, 『한국현대대표소설선』 3권, 창작과비평사, 1996, 435~436면.

32) 안회남, 「小說의 正常的 本質은?－九·十月 創作評」, 『조선일보』, 1936.10.13.

33) 차혜영, 「1930년대 『월간야담』과 『야담』의 자리」, 『상허학보』 8집(상허학회 편), 깊은샘, 2002, 83면.

34) 위의 글, 87면.

가지고 있음에도 불구하고 이야기 자체의 흡인력을 지니고 있다.

그런데 김유정 소설에서 중요한 것은 단순한 옛날이야기의 차용이 아니라, 그것이 서구의 소설 시학과 결합된다는 점이다. 가령 민담의 느슨한 이야기 구조를, 장면중심의 구조 또는 급격한 장면의 전환 및 밀도 있는 플롯으로 변용하여 민담이 지향하는 해피 앤딩이 아닌 오히려 반전의 결말을 도출하는 예들이 그것이다. 즉 김유정은 본능적으로 옛날이야기에 밀착되어 있지만 문학창작의 기본적인 바탕은 서구 근대문학을 일정하게 섭취한 데서 온 듯하다.

김유정은 소재의 측면에서 볼 때는 얼핏 향토주의, 전통적 작가로 보인다. 그러나 그는 실제로는 〈구인회〉의 구성원들 가운데서 이태준보다는 박태원, 이상에 가깝다. 그들은 똑같이 제임스·조이스의 『율리시스』에 관심을 보이고, 자신들의 소설에서 다양한 형식의 실험을 한다. 조이스의 『율리시스』에 대해서도 비슷한 견해를 갖고 있었던 듯하다. 박태원은 「소설가 구보씨의 일일」에서 '구보'의 입을 빌려 "제임스 조이쓰의 새로운 試驗에는 敬意를 表하여야 마땅할께지. 그러나 그것이 새롭다는, 오직 그 點만 가지고 過重評價를 할 까닭이야 없지"[35]라고 주장한다. 그리고 김유정은 외국문학 중 감명 깊게 읽은 것을 '율리시—스'라고 답하면서도[36] 한편으론 그것이 심리주의에 빠져 예술적 전달을 제대로 하지 못하고 있음을 부정적으로 평가한다.[37]

박태원은 역시 『천변풍경』에서 서구의 영화적 수법과의 친근성을 보여주면서도, 김유정과 유사하게 기본적으로 전통적인 이야기 방식과 구어체 서술 등을 구사한다. 여기서 우리는 김유정이 말년의 병상에서 번역했던 서구 탐정소설 반 다인의 「잃어진 寶石」(『조광』, 1937.6~11)을 환기해볼 필요가 있다. 김유정은 일차적으로는 탐정소설의 번역을 통해 원

35) 박태원, 『小說家仇甫氏의一日』, 문장사, 1938, 263면.
36) 「讀書設問」, 『조광』, 1937년 3월.
37) 김유정, 「병상의 생각」, 『조광』, 1937.3, 189면.

고료 수입에 연연했을지도 모른다. 그러나 이 시기 탐정소설에 대한 작가들의 각별한 관심에 주목해야 한다.[38] 예컨대 김유정의 친우였던 안회남은 탐정소설을 수십 권이나 독파할 정도로 탐정소설 마니아였다고 하는데, 그는 김유정이 번역한 탐정소설의 원작자 반 다인의 '탐정소설론' 등에 대해서도 지면을 빌려 상세한 소개를 하고 있다.[39] 그밖에 김유정의 탐정소설이 게재된 『조광』에는 이른바 '예술주의' 비평가 김환태 등의 번역 탐정소설도 연재되었다. 즉 김유정의 탐정소설 번역은 결코 우연한 일이거나 원고료 수입에서만 그 동기를 찾아볼 수는 없다.

탐정소설은 서구 근대시민사회의 시작과 함께 출발한 지극히 근대적 장르이다. 탐정소설에는 사건이 있고 이성과 논리의 힘으로 무장한 지적인 영웅이 있으며 그에 의해 사건이 해결되는 과정을 그린다. 그리고 이러한 속성 때문에 그것을 읽는 독자들의 일차적인 관심은 작품의 내용과 결말보다는 사건이 어떤 방식으로 어떻게 해결되는가에 쏠리게 된다.[40] 당연히 탐정소설은 플롯의 주요한 법칙이라 할 놀람, 그럴듯함, 긴장, 통일성을 그 어떤 문학 장르보다 소중하게 생각하는 장르이다. 적어도 1930년대의 작가들은 서구 탐정소설의 시학을 접하면서 그로부터 기법 등의 원리에 영향을 받을 수도 있다. 김유정의 경우 그러한 것들이 별 표시를 내지 않으면서 전통적 민담 속으로 편입된다.

예컨대 「만무방」의 이야기를 읽는 흥미로움 중의 하나는 '응오'의 볏단을 누가 훔쳐갔는가 하는 점에 놓이게 된다. 서두는 "산골에, 가을은 무르녹앗다"는 아주 한가로운 풍경에서 시작된다. 그러나 아우의 볏단이 없어졌다는 데서부터, 혐의자 '성팔'의 행적에 대한 추리가 진행되는 등 이야기는 긴장하기 시작한다. 그리고 볏단 도난 사실에 보태어, 고작

38) 조성면 「한국의 탐정소설과 근대성」, 『대중문학과 정전에 대한 반역』, 소명출판, 2002는 이러한 점에 착안하여 「만무방」의 문학적 성과를 지적했다.

39) 안회남, 「탐정소설」, 『조선일보』, 1937.7.13~16.

40) 조성면, 앞의 글, 43면.

"동전 네 닙과 수수 일곱 되"에 장을 보고 오는 농군을 농군이 죽이는, 그것도 "흔적이 탈로날가 하야 낫으로 그 얼골의 껍찔을 벅기고 조깃대강이 이기듯 끔찍하게 남기고 주긴"41) 흉악한 살인 사건 이야기가 섬뜩한 느낌으로 끼어든다.

그러한 공포의 느낌은 이야기의 말미, 서낭당을 배경으로 족제비가 바스락거리며, 짝을 지은 늑대 두 놈이 골짜기를 건너는 산골의 깊은 밤에서 절정을 이룬다. 더불어 설화적 분위기의, "산골은 산신까지도 주련스렷다. 아들 나 달라구 떡 갓다 밧칠이 업슬테니까. 이놈의 영감님 홧김에 덥석 달겨들면"42) 하는 상상으로 스릴러다운 전율의 분위기를 고조시킨다. 어떻게 보면 김유정은 근대 서구의 대표적 오락문학인 탐정소설과 도깨비가 등장하는 옛날이야기를 알게 모르게 결합시키고 있다.

우리는 여기서 「산골나그네」 역시 예로 들어보지 않을 수 없다. 가난한 모자가 사는 산골 주막에 열아홉 살 여자 나그네가 찾아오는 설정 자체는 동화 같은 분위기의 전통적인 이야기에 가깝다. 따라서 작품의 전반부는 옛날이야기 흐름과 같이 느슨한 플롯을 따라 진행된다. 그런데 그 여인이 사라지는 데서부터 이 작품은 급박하게 전환한다. 인용한 아래의 장면을 보자.

> ①「애덕돌아! 너내일우리조마댕이 좀 해줄래?"
> 「뭐 어째?」하고 소리를 빽지르고는 그는 눈ㅅ귀가 실룩하엿다.
> 「누구보고 해라야? 응? 이 자식 까놀라!」
> 어제까지는 턱업시 지냇단대도 오날의 상투를 못 보는가!
> ②바로그날이엇다. 웃간에서 혼자 새우잠을자고잇든 홀어미는 놀래여 눈이 번쩍띠엿다. 만뢰 잠잠한 밤ㅅ중이다.
> 「어머이! 그거 다라낫세유. 내옷두 업고……」43)

41) 『조선일보』, 1935.7.25.
42) 『조선일보』, 1935.7.31.
43) 「산ㅅ골나그내」, 앞의 책, 43면.

①은 낮의 타작마당에서 친구들이 새신랑을 다는 한가로운 얘기가 이뤄진다. 그런데 작가는 ②로 전환하면서 어떠한 군말과 머뭇거림도 없이 '바로 그 날이엇다'로 상황을 반전시킨다. 그리고 신랑의 옷은 없어졌지만, 신부가 혼수로 받은 '은비녀'는 남겨 놓고 감으로써 신부의 도망이 의미하는 바의 여러 것을 암시해놓는다. 마치 김유정의 「잃어진 보석」에서 '보석'이 사건의 중심 열쇠가 되듯이 말이다. 시어머니가 혼수로 준 비싼 은비녀는 베개 밑에 놔두고 병든 남편 입힐 옷가지만 챙겨 도망한 슬프고도 착한 며느리!

그밖에 「솟」에서 주인공은 들병이에 홀려 아내의 속옷, 함지박, 심지어 솥까지 떼어다 바치고, 술판의 경쟁자들을 간신히 제치며 들병이의 기둥서방이 될 법한 순간에 뜻밖에도 그녀의 남편의 출현으로 낭패를 당한다. 이상의 김유정의 작품 등을 살펴 보건대, 우리 근대소설사에서 김유정만큼 반전의 수법을 즐겨 쓰는 작가도 없는 듯하다. 포우(E. A. Poe)가 단편소설의 장르를 확립한 자이기도 하지만 동시에 탐정소설의 비조라는 점에서 김유정의 탐정소설 번역을 우연한 일로만 돌릴 수는 없을 듯하다.

요컨대 김유정은 일단 옛날이야기의 모티프로 독자들을 유인한다. 그러나 그것은 서구의 소설 시학과 결합되면서 소설의 형식미와 이야기성 모두를 얻어낸다. 서구의 모더니즘 소설이 독자적인 스타일과 형식미를 강조하지만 이야기의 모태로부터 절연되면서 결국 서사문학의 생명을 잃어버릴 수밖에 없었던 점과 비교가 되는 부분이다.

5. 남는 말

식민지 시기의 우리 소설 중에서 전통과 서구문화의 교섭으로부터 양자의 창조적 융합을 통해 이뤄낸 문학적 성과를 점검하는 것은 최근 국제화의 현실에서 문화적 다원주의에 기초하면서도 자신의 문화적 정체성을 찾아야 하는 요구에 하나의 단서를 제공할 수 있다. 실제 서구를 수용하면서도 서구를 억압이 아닌, 자기 변형의 고도로 유연하고 창조적인 채널로 간주하며, 더불어 전통적 경험 역시 상실하지 않고자 한 소설적 노력들은, 소설의 위기를 말하는 현금 소설 발전의 활로를 모색할 수 있는 암시를 제공한다.

그리고 구어 전통의 소설적 계승은 비단 문학뿐만 아니라 우리 사회 문화 전반의 문제점을 극복하는 중요한 지향점을 제시한다. 언어의 영역에서 근대화란 중세의 신분질서와 결합한 모든 언어신비주의로부터 벗어나는 과정이다. 그럼에도 불구하고 조선 후기 우리 문학의 구어 전통은 일본을 통한 서구화의 과정을 통과하면서 일시적인 천대를 받고 소멸의 지경에 이르게까지 된다. 그러나 알기 쉽게 생생한 구어로 글을 쓴다는 것은 문학 내부에서만이 아니라 사람과 사람 사이의 친화력과 자연스러움을 회복하는 일이기도 하다.

요컨대 우리 근대소설의 자기발견의 길은 우리가 수용한 서구소설과 전통의 상호작용이라고 볼 수도 있다. 식민지 시기 소설사에서 전통, 특히 구어 전통의 측면에서 김유정과 같은 문학적 성과를 보여준 작품들을 재평가하여 이를 문학사 전면에 내세우는 것은 소설사 내부에 국한된 문제가 아니다. 이는 우리 문화 전반에 걸쳐있는 현학성과 난해성을 극복하고 진정한 자기표현의 길을 찾을 수 있게 한다. 그리고 적극적으로는 언어로 빚어진 계층, 문화의 분단을 뛰어넘음으로써 문화적 공감의 확대 및 공동체적 유대를 기대할 수 있다.

판소리와 김유정 소설의 언어와 정서

전신재

1. 머리말

박록주에 대한 김유정의 열렬한 구애 행각은 당시 장안의 화제였다. 그 사건은 후에 소설이나 회고록의 중요한 소재가 되었다. 그런데 다시 생각하면 그 사건은 단순히 흥미있는 화제로 그치는 것이 아니다. 박록주에 대한 김유정의 열애는 단순한 화젯거리 이상의 의미를 가진다.

①

그의 우울증을 타진한다면 병의 원인은 여러갈래가 있으리라. 마는 그 근번이 되어있는 원병은, 그는 애정에 주리었다. 다시 말하면 그는 사람에 주리었다.

그는 잇다금식 나에게

"어머니가 난 보고 싶다!"

이렇게 밑도끝도없이 부르짖었다.

나히 찬 기생을 그가 생각하게 된것도 무리는 아닐것 같다. 그는 그 속에서

여러가지를 보았으리라. 즉 어머니로써 동무로써 그리고 연인으로써 명주가 그에게 필요하였다.[1)]

②

그때만해도 유정이는 상당한 집안의 도련님이신지라, 어떻게 형님 눈을 피하여서 기생에게 값많은 선물도 보내고, 또 그 오라비에게 돈도 빼앗기고했던 모양이다. 이를테면 유정의 애인(이런 투의 나의 말솜씨가 불손한것일가?)이 출연을 하는 연주회에는 꼭 그가 출석하였고, 또 노래를 부르는 방송에는 으례 귀를 기울였으며 때로는 요정에서 제법 그 늙은 기생과 더불어 주연을 같이하였다.[2)]

③

"후리후리한 게 몸맵시가 있나, 길쭉한 얼굴에 말씨조차 정이 우러나지 않는 그런 매력없는 계집이었어."

이 말은 가끔 만취했을 때의 그의 독백이었읍니다. 이렇듯이 자신의 말대로 매력도 없는 그 여인임을 분명코 알고 있으면서도 뜨겁게 사랑했던 것입니다.

"그렇지만 남도소리만큼은 잘했지."

그는 술이 얼크레하면 콧노래식으로 한마디 하는 척했읍니다.[3)]

김유정(金裕貞, 1908~1937)과 박록주(朴綠珠, 1905~1979)의 만남(1929~1930)은 모성 실조를 앓고 있는 청년과 연상의 여인과의 만남(①)일 뿐만 아니라 작가 지망생과 판소리 명창과의 만남(②, ③)이기도 하다. 김유정은 박록주의 판소리 공연과 방송을 통해서 판소리의 아름다움에 눈뜨게 되었고(②), 판소리를 흥얼거리기도 했다(③). 김유정은 "무슨 레코드를 좋아하십니까?"라는 설문에 "육자배기 같은 건 자다 들어도 싫지 않습니다"라고 대답하기도 했다.[4)] 김유정에게 박록주가 '어머니'이고 연인이었다면, 박록주의 판소리 세계는 김유정 소설 세계의 '어머니'였을 것

---

1) 김유정, 「생의 반려」, 『중앙』, 조선중앙일보사, 1936.8, 303면.
2) 안회남, 「겸허-김유정전」, 『문장』, 문장사, 1939.10, 43면.
3) 김영수, 「김유정의 생애」, 『김유정전집』, 현대문학사, 1968, 397~398면.
4) 『조광』, 조선일보사, 1937.2, 197면.

이라는 추정이 가능하다.

이 연구에서 필자는 김유정의 소설 세계에 드리워져 있는 판소리의 그림자를 추적한다. 특히 판소리의 언어와 정서가 김유정의 소설에 어떻게 영향을 미치고 있는가를 추적해 본다. 판소리를 판소리답게 하는 여러 요인들 중에서 언어와 정서가 큰 비중을 차지하고 있기 때문이다. "김유정과 같은 작가는 구비문학과 표면적으로는 무관한 듯하면서도, 구비문학의 미학을 깊이 있게 계승하는 평가할 만한 선례를 남겼다"[5] 고 할 때, 그 '구비문학의 미학'에는 강원도의 아리랑이나 설화의 미학과 함께 판소리의 미학도 포함시킬 수 있을 것이다.

이 연구는 김유정이 한국문학의 전통을 어떻게 계승하고 어떻게 재창조하였는가를 밝혀내는 데에 부분적으로나마 도움을 줄 수 있을 것이고, 미래의 한국문학이 전통을 어떻게 재창조해 나갈 것인가를 논의할 때에도 작은 기여를 할 수 있을 것이다.

이 연구에서 사용한 자료는 다음과 같다. 판소리의 경우는 19세기의 자료들이다. 판소리의 전성기는 19세기이기에 19세기의 자료를 이용하여야 판소리 미학의 본질에 접근하기에 용이할 것이다. 장자백 창본 〈춘향가〉의 필사 연대는 1925년(乙丑年－표지의 기록)이겠으나, 전해오던 창본을 필사한 것이고 장자백이 19세기 후반에 활동한 명창이므로 19세기 〈춘향가〉의 실상을 파악하기에 적절한 자료이다. 김유정 소설의 경우는 발표 당시의 표기를 그대로 살린 원본 전집을 이용하였다.

신위, 〈관극절구 12수〉[6]
윤달선 · 윤경순 · 이계오, 〈광한루악부〉 서문들[7]
송만재, 〈관우희〉[8]

---

5) 장덕순 외, 『구비문학개설』, 일조각, 1971, 228면.
6) 손팔주 편, 『신위전집』 제2집, 태학사, 1983, 851~854면.
7) 구자균 교주, 『춘향전』, 보성문화사, 1978, 561~562면, 569면.
8) 윤광봉, 『한국연희시연구』, 이우출판사, 1985, 92~187면.

정현석, 〈증동리신군서〉[9)]
신재효, 〈광대가〉[10)]
장자백 창본 〈춘향가〉[11)]
『원본 김유정전집』[12)]

2. 판소리의 언어와 정서

판소리에는 비속한 언어와 고아한 언어가 공존한다. 이것은 판소리를 향유하는 사회적 계층이 서민층에서 양반층으로 확장되면서 일어난 현상이다. 판소리는 천민계층에서 발생하여 그 향유 계층이 중인계층, 양반계층으로 해서 궁중의 왕족으로까지 확장되어 온 예술이다. 이에 따라 판소리에는 서민의 비속한 언어와 양반의 고아한 언어가 공존하게 된 것이다. 그러니까 원래의 판소리는 비속한 언어로만 짜여 있었는데 후대에 와서 여기에 양반의 고아한 언어가 끼어든 것이다.

판소리에 비속한 언어와 고아한 언어가 공존하고 있는 모습은 다음과 같이 나타난다. 다음은 장자백(張子伯, 본명 張在伯, 1852?~1907) 창본 〈춘향가〉의 두 장면이다. 장자백은 19세기 후반에 활동한 동편제 명창이다.

①

"어따, 그 자식 미친 자식일세. 도련님이 나를 어찌 알아 부른단 말이냐? 네

9) 강한영 해제, 『신재효 판소리전집』, 연세대 인문과학연구소, 1969, 6~7면.
10) 강한영 교주, 『신재효 판소리사설집』, 민중서관, 1971, 669~670면.
11) 김진영 · 김현주 역주, 『장자백 창본 춘향가』, 박이정, 1996.
12) 전신재 편, 『원본 김유정전집』, 강, 2007.

가 도련님 턱 밑에 앉아 춘향(春香)이니 난향(蘭香)이니 기생(妓生)이니 비생(婢生)이니 네 어미니 네 할미니 종지리새 열씨 까듯 조랑조랑 외어 바치라더냐. 이 개썹으로 나서 소젖 먹고 돼지 등에 업히어 자라난 이 두 더지 잡년의 자식아."[13)]

②
"내 평생(平生) 먹은 뜻이 열불경이부절(烈不更二夫節)을 본받고저 원(願)이온데, 도련님같이 귀공자(貴公子)를 춘향(春香)이가 섬기다가 후일(後日)에 버리시면 그런 적원(積怨)이 있사리까. 금생여수(金生麗水)인들 물마다 금(金)이 나며, 옥출곤강(玉出崑江)인들 뫼[山]마다 옥(玉)이 날까. 여필종부(女必從夫) 중(重)한 법(法)을 저마다 좇으리까? 오작(烏鵲)이 문리중(文理中)에 연작(燕雀)이 부당(不當)하고, 탐화봉접(探花蜂蝶) 노는 곳에 출입비조(出入飛鳥) 당(當)치 않아, 짚신은 제 날이 좋사오니 당초(當初)에 앙망불급(仰望不及) 생각도 마옵시고, 놀다 술이나 잡수고 가옵소서."[14)]

①은 춘향이 방자에게 하는 말이고, ②는 춘향이 이몽룡에게 하는 말이다. 비록 대화 대상자가 다르기는 하지만 같은 춘향의 말인데도 ①은 비속하고 ②는 고아하여 춘향이라는 한 인물의 양면성이 나타나는 것으로 파악되기보다는 서로 다른 두 명의 춘향이 존재하는 것처럼 느껴진다.

그런데 판소리의 전성기인 19세기에 사람들은 판소리의 고아한 언어에보다는 비속한 언어에 더 이끌렸던 듯하다.

③
상말에는 익살이 섞여들어　　　　鄕談俚語雜諧詼
마디마디 신명나는 절묘한 재주　　節節生神認妙才

---

13) 김진영 · 김현주 역주, 앞의 책, 43면. 인용문의 표기는 역주자가 현대어로 바꾸어 놓은 것임. 이하 같음.

14) 위의 책, 73면.

소리마다 홍겨워 추임새 따르니　　一唱一酬相戱要
그 속에 다른 가락이 나오지를 못하네　　無中惹出別腔來

④

연극 공연장에서 이른바 〈춘향가〉라는 것을 얻어서 그 사설을 살펴보니 그것은 항간에서 떠돌아다니는 저속한 말에 지나지 않을 뿐이지만 그 인정물태는 혀를 찰 정도로 핍진하다.[15)]

③은 송만재(宋晩載, 1788~1851)의 〈관우희(觀優戱)〉(1843) 제23수이다. 이것은 판소리 공연 현장을 소재로 한 시이다. 판소리를 들으면서 사람들은 시골 마을에 퍼져 있는 상말(俚語)로 엮어나가는 그들의 일상적인 삶의 이야기(鄕談)에 매혹된다. 한문으로 쓰인 문학 작품이 풍미하던 시대를 살고 있는 그들에게 그 걸쭉한 시골말 입담과 그들 자신의 이야기는 신선한 충격이었을 것이다.

④는 윤달선(尹達善, 1822~1890)의 〈광한루악부(廣寒樓樂府)〉(1852)에 겸산(兼山) 이계오(李啓五)가 붙인 서문의 일부이다. 그는 '항간에서 떠돌아다니는 저속한 말'로 당시 서민들의 삶의 모습을 사실적으로 묘사한 것이 판소리 〈춘향가〉의 작품성이라고 생각한다. 또한 윤달선은 〈광한루악부〉의 자서(自序)에서 판소리 〈춘향가〉를 한시로 번역하면서 등장인물들이 슬퍼하고 기뻐하는 장면의 정서, 헤어지고 만나는 장면의 정서, 그리고 여항의 민요의 노랫말은 만분의 일도 그대로 그려낼 수가 없어 진실로 붓을 놀리기가 어려웠다고 토로하기도 하였다.[16)] 요컨대 우리말의 묘미를 한문으로 번역할 수 없다는 것이다.

정현석(鄭顯奭, 1817~1899)의 〈증동리신군서(贈桐里申君序)〉(1873)는 정현석이 동리 신재효에게 당시 판소리의 개선 방향을 제시한 편지이다. 이

15) 而淨丑劇戱之場 得其所謂香娘歌者 顧其說則 不過稗官俚語而止 其人情物態 咄咄逼眞

16) 至於悲歡離合之情 閭巷風謠之辭 不能描寫其萬一 眞戞戞乎其難於措手矣

편지에 의하면 당시 판소리를 부르는 사람(창우)들이 천하고 그 사설이 비속하고 말이 꽤 많이 이치에 어그러져서 그것을 듣는 사람들이 다만 웃음거리로 여길 뿐이고 그 본래의 뜻을 알지 못한다. 또한 창우 중에 문자를 아는 자가 드물어서 고저가 뒤바뀌고 미친 듯이 울부짖고 소리를 질러서 열 마디를 들으면 한두 마디도 알아들을 수가 없다.[17)]

이것은 정현석이 지적한 당시 판소리의 결점이다. 그 결점은 정현석이 속해 있는 양반계층의 관점이다. 우리는 여기에서 오히려 당시 판소리의 지향점을 읽어낼 수 있다. 판소리는 본질적으로 문자, 즉 양반계층의 한문의 예술이 아니라, 서민계층의 비속한 언어의 예술이다. 양반들이 창우의 대사를 알아듣지 못하는 것은 창우가 서민의 언어를 그대로 발음하기 때문이다. 오늘날에도 우리들은 판소리 창본의 언어를 제대로 읽어내기가 어렵다. 19세기 서민들의 언어를 발음 그대로 옮겨 놓았기 때문이다. 또한 판소리는 언어의 의미보다 소리 자체의 미감을 중시하기도 한다. 언어의 청각적 쾌감 자체를 즐기는 것이다. 판소리는 윤리적 교훈을 지향하지 않고 예술적 쾌락을 지향한다. 그러니까 우리는 '다만 웃음거리로 여길 뿐'이라고 판소리를 비난할 것이 아니라 판소리는 웃음이 풍부한 공연 예술이라는 것을 인식해야 한다.

판소리는 시골 마을에서 서민들이 실제로 사용하고 있는 언어로써 시골 사람들이 일상생활에서 늘 겪고 있는 삶의 국면을 사실적으로 표현한다. 다음은 송만재의 〈관우희〉 제25수이다.

화평한 웃음 흘기는 눈초리 얌전한 몸가짐	宜笑含睇善窈窕
인정의 곡절이 잘도 드러나네	人情曲折在仰昻
시골 아낙네의 일과 상관이라도 있는가	不知何與村娥事
슬퍼하며 눈물 흘리다가 기뻐하며 날뛰네	悲慾汎瀾喜欲狂

17) * 但其人也賤 其詞也俚 語多悖理 聞者 徒爲戱笑之資 亦不解其本旨矣. * 歷聽俗唱 敍事多不近理 遣語亦或無倫 況倡之識字者甚少 高低倒錯 狂呼叫嚷 聽其十句語 莫曉其一二

기승구(起承句)는 창우의 연기이다. 창우는 '화평한 웃음' '흘기는 눈초리' '얌전한 몸가짐' 등으로 삶의 여러 가지 국면들을 사실적으로 재현한다. 창우의 너름새와 표정의 변화가 매우 빠르다는 것을 알 수 있다. 승구의 '인정곡절(人情曲折)'이라는 구절은 '인정물태(人情物態)'[18] '천하인물지정상(天下人物之情狀)'[19] 등의 구절과 함께 판소리의 사실성을 언급할 때 자주 쓰이는 구절이다. 판소리의 사실성은 거창한 역사적 사건이나 큰 인물들의 행적을 생생하게 묘사하는 데에 있는 것이 아니라 서민사회의 갑남을녀들의 사소한 인정의 기미를 절묘하게 표현하는 데에 있음을 알 수 있다.

전결구(轉結句)는 창우의 연기에 대한 청관중의 반응이다. 시골 아낙네는 창우가 재현해내고 있는 서민사회의 인정곡절을 보면서 울고 웃기를 반복한다. 시골 아낙네는 눈물을 흘리며 울다가 얼굴에 눈물이 흘러 있는 채 웃고 있다. 그것이 바로 자기가 겪고 있는 일이기 때문에 감정이입이 잘 되는 것이다.

여기에서 우리는 판소리의 울음과 웃음을 만나게 된다. 옥전산인(玉田山人) 윤경순(尹瓊純, 1818~?)은 윤달선의 〈광한루악부〉에 붙인 서문에서 판소리 〈춘향가〉가 표출하는 정서를 다음과 같이 표현한다.

> 아, 거기에 그려져 있는 몸짓 하나, 표정 하나, 웃음 한 바탕, 말 한마디, 눈물 한 차례가 그대로 춘향의 모습이로구나. 그 기쁨은 마치 봄비가 언뜻 개고 온갖 새들이 노래하며 즐기는 것 같고, 그 슬픔은 마치 농수(隴水)의 흐느낌과 산골짜기의 원숭이 울음소리를 듣는 것 같아서 아지 못하는 사이에 슬퍼져서 눈물이 흐르며, 그 통쾌함은 마치 고귀한 낭자(娘子)가 칼춤을 추는 것 같기도 하고 무지개가 뜨고 햇빛이 비치고 하늘과 땅이 오르내리는 것을 보는 것 같기도 하다.[20]

---

18) 윤달선의 〈광한루악부〉에 붙인 이계오의 서문. 각주 9) 참조.

19) 송만재의 〈관우희〉 발문. 一手之觸 一口之給 而盡天下人物之情狀

20) 噫 其間 一肌一容 一笑一語 一涕一沱 無非爲香娘傳神 而其喜也 如春雨乍晴 百

첫번째 문장은 창우의 연기이고 그 이하는 그 연기에 대한 청관중의 반응이다. 이 서문은 판소리가 표출하는 강렬한 정서를 특히 높이 평가한다. 기쁨과 슬픔과 통쾌함이 그것이다. 그것은 춘향과 이도령이 처음 만나고 사랑을 나누는 장면에서 유발되는 기쁨의 정서와 춘향이 이몽룡과 이별하고 감옥에서 고통을 받고 있는 장면에서 유발되는 슬픔의 정서와 이도령이 죽음의 위기에 처해 있는 춘향을 구해내는 장면에서 유발되는 통쾌함의 정서를 말하는 것이다.

신재효(申在孝, 1812~1884)의 〈광대가(廣大歌)〉에도 판소리의 울음과 웃음에 대한 언급이 있다.

> ① 너름새라 하는 것이 귀성끼고 맵시 있고 경각의 천태만상 위선위귀 천변만화 좌상의 풍류호걸 구경하는 노소남녀 울게 하고 웃게 하는 이 귀성이 맵시가 어찌 아니 어려우며
> ② 새눈 뜨고 웃게 하기 대단히 어렵구나.
> ③ 좌상이 실색하고 구경꾼이 낙루하니 이러한 광대 노릇 그 아니 어려우냐. (필자가 현대어로 바꿈.)

①은 너름새에 관한 언급이고, ②는 사설에 관한 언급이고, ③은 청관중의 반응에 관한 언급이다. 각각 '어찌 아니 어려우며' '대단히 어렵구나' '그 아니 어려우냐'로 끝맺고 있다. 신재효는 청관중을 울리고 웃기는 것이 판소리의 생명이라고 생각하고 있었다.

판소리 명창들의 일화들 중에 어느 명창이 생명을 걸고 특정인을 울리고 웃긴 이야기들이 상당수 있다. 희로(喜怒)를 좀처럼 나타내지 않는 늙은 재상이 있었다. 그는 자손이 요절(夭折)하는 참상을 보고도 태연자약했다. 사람들이 명창 이날치(李捺致, 1820~1892)를 불러서 내기를 했다. "판소리로써 이 늙은 재상이 눈물을 흘리게 하면 천금을 내려줄 것이고

鳥吟弄而自得 其悲也 如聞隴水嗚咽 峽猿啼號 不覺悽然而淚下 其快也 如公孫娘舞劍 但見逗虹閃日 天地爲之低昻

이와 반대로 조금도 감동한 빛이 없으면 당신은 목숨을 내놓아야 하오." 이날치는 이 늙은 재상 앞에서 〈심청가〉의 부녀 이별 장면을 불렀다. 늙은 재상은 뒤로 돌아앉아서 눈물을 흘리고 약속대로 천 냥의 금을 주었다.[21] 진주의 병사(兵使) 이경하(李景夏)가 명창 송흥록(宋興祿, 19세기 전반기)에게 말하였다. "너는 본래 명창이니 네가 소리를 하는데 능히 나를 한 번 웃게 하고 또 한 번 울게 하면 상을 후하게 주려니와 만일 그렇지 못하면 너의 목숨을 바치라." 이경하는 의도적으로 바싹 마른 〈수궁가〉를 시켰다. 그리고 이경하는 마음을 굳게 먹고 독살스러운 표정으로 송흥록을 내려다보았다. 송흥록은 〈수궁가〉를 부르면서 재치로써 이경하를 웃겼다. 그리고 토끼의 배를 따려 하는 장면으로 그를 울렸다.[22] 이러한 유형의 일화들은 판소리 예술의 생명이 청관중을 울리고 웃기는 데에 있음을 단적으로 말해 준다.

이상에서 살핀 대로 판소리는 우리나라 시골 사람들이 일상생활에서 실제로 사용하는 비속한 언어로써 그들이 일상생활에서 늘 겪고 있는 인정의 기미를 사실적으로 표현하는 공연예술이다. 판소리는 특히 서민들에게 감정이입이 잘 되는 예술이다. 판소리의 세계가 바로 서민들의 세계이기 때문이다. 판소리는 그 감정이입을 더욱 강화하기 위하여 울음과 웃음을 더욱 풍성하게 유발시키는 예술로 자리를 잡았다.

한문과 한문문학이 풍미하던 시대에 판소리의 등장은 신선한 충격이었다. 서민사회의 비속한 언어를 예술 창조의 매체로 삼은 것은 신선한 충격이었다. 서민의 일상생활에서의 인정의 기미를 예술 창조의 소재로 삼은 것도 신선한 충격이었다. 당시의 예술계에서 그것은 중대한 발견이었다. 우리는 여기에서 신선한 사실주의 정신을 읽어낼 수 있다.

신위(申緯, 1769~1845)의 「동호(東湖)」(1824) 6수와 「관극절구(觀劇絶句)」(1826) 12수는 판소리 공연 현장을 소재로 한 시이다. 이 시에서 신위는

21) 정노식, 『조선창극사』, 조선일보사 출판부, 1940, 71~72면. 필자 요약.
22) 위의 책, 22~23면.

판소리를 순수한 음악예술로 파악한다. 정현석의 판소리 인식도 이와 같다. 신위와 정현석의 판소리 인식에서 우리는 양반계층의 판소리 인식의 태도를 읽는다. 이들은 판소리에서 그 사실주의적 특성을 제거하려 하였다. 마치 김정희(金正喜, 1786~1856)가 회화 예술에서 사실주의적 화풍을 제거해 버린 것처럼. 그러나 이러한 순수음악 중심의 판소리는 판소리 미학의 본질에서는 벗어난 것이라고 필자는 판단한다.[23)]

3. 김유정 소설의 언어와 정서

김유정은 책에서 배운 언어를 사용하지 않고, 사람들에게서 들은 언어를 사용해서 소설을 썼다. 김유정이 그의 소설 언어를 습득한 대상은 1930년대 전반기에 강원도 춘천 교외의 산촌에서 가난하게 살던 사람들이다. 그들은 대부분 글을 모르는 사람들이다. 「가을」의 복만은 자기의 아내를 황거풍에게 돈을 받고 파는데 복만도 황거풍도 글을 몰라서 재봉에게 영수증을 써 달라고 하고, 또 그것을 읽어 달라고 한다. 「산골」의 이뿐이도 글을 몰라서 석숭에게 연애편지를 써 달라고 부탁을 하는데 석숭이도 글을 잘 몰라서 이틀 밤을 꼬박 새워 다섯 줄을 쓴다. 이렇게 글을 모르는 사람들이 하는 말을 김유정은 그대로 이용한다. 우선 김유정은 그의 소설에서 한글만 사용하고 한자를 사용하지 않는다. 「金따는 콩밧」 「이런 音樂會」 「夜櫻」 「生의 伴侶」 「貞操」 「兄」의 여섯 편에 한해서 제목에서는 한자를 사용하기도 하였지만 소설 본문에서는 한자를 사용하지 않았다. 수필에서는 한자를 사용하였지만 소설에서는

23) 이런 사정에 대한 좀더 구체적인 논의에 대해서는 다음 논문을 참조하기 바람. 전신재, 「19세기 판소리의 연극적 형상」, 『고전희곡연구』 제1집, 한국고전희곡학회, 2000.

한자를 사용하지 않았다. 어휘를 선택할 때에도 주로 우리말 어휘를 선택하였고, 한자어는 되도록 선택하지 않았다. 한자어는 농민사회에 침투되어 있는 어휘만 사용하였다. 그것도 그 한자의 원래 발음을 따르지 않고, 농민들이 발음하는 대로 표기하였다.

> "**관객**이 낫어유, 아이구 배야!" (「봄·봄」, 165)[24]
> 첫대**사발화통**된 속곳부터해입히고 차차할수박겐업다. (「산ㅅ골나그내」, 23)
> 안해가 잔뜩 쓸어안고 매댁질을치고 잇을게니 이건 **오페부득**이다. (「솟」, 150)
> 개동까지는 떠날 **차보**가 다되어야 할것이다. (「솟」, 147)
> 노는 돈에는 난봉나기가 **첵경** 쉬운일이다. (「兄」, 379)
> 제딴은 경을 읽기는 햇건만 조곰도 **효혐**이 없으매 저로도 의아한 모양이다. (「떡」, 93)

위의 인용문들 중에서 굵은 글자인 '관객' '사발화통' '오페부득' '차보' '첵경' '효혐'은 각각 '관격(關格)' '사발허통(四八虛通)' '회피부득(回避不得)' '차비(差備)' '첩경(捷徑)' '효험(效驗)'의 통속음이다.

김유정은 우리말도 생활 현장에서 발음되는 대로 표기한다. '곡괭이' '낟가리' '석쇠' '참외'로 표기하지 않고 '고깽이'(61, 65, 80), '나까리'(105), '석세'(378), '차미'(326)로 표기한다. 사람들은 어느 한 단어를 누구나 같게 발음하지 않는다. 어느 한 사람이 어느 한 단어를 매번 같게 발음하지도 않는다. 사람마다, 또 같은 사람도 매회, 조금씩 다르게 발음한다.

> 풀닢의 이슬은 아즉 다 마르지 않었고 (「산골」, 124)
> "자네들은 안적멀엇네 멀엇서 —" (「만무방」, 112)
> 점순이가 안죽 어리니까 더자라야 한다는 여기에는 (「봄·봄」, 156)
> 이런걸 멀쩡하게 안즉 어리다구 하니까 — (「봄·봄」, 161)

24) 전신재 편, 『원본 김유정전집』, 강, 2007, 165면. 앞으로는 쪽수만 본문에 밝히기로 한다.

> 남편의 령을 거역키어려워 양근댁안테로 또다시 안 갈수없다. (「金따는 콩밧」, 71)
> "근대 또 떠난대든걸, 홍천인가 어디 즈 성님안터로 간대" (「만무방」, 107)

'아직'이라는 서울말을 사용하지 않고, '아즉' '안적' '안죽' '안즉' 등의 방언을 함께 사용한다. 같은 작품에서도 서로 다른 형태의 방언을 혼용한다. '한테로'라는 서울말을 사용하지 않고 '안테로,' '안터로'라는 방언을 함께 사용한다. 그의 소설에 준말, 음운변이가 일어나기 이전의 고어(古語),[25] 전통적 관용어 등이 흔히 사용되고 있는 것은 이러한 언어가 농촌사회에서 실제로 사용되고 있었기 때문이다.

이처럼 김유정은 삶의 현장에서의 농민들의 발음을 정확하게 포착해 내고, 그것을 그대로 기록한다. 그러니까 김유정에게 문자는 의미를 함축하고 있는 독립된 존재가 아니라, 발음기호인 셈이다. 그가 비록 문자로 소설을 썼지만 그가 살려내고자 한 것은 문자 자체가 가지고 있는 의미의 세계가 아니라, 문자로 녹음을 해 놓은 말의 세계이다. 그는 소리를 포착한다. 그래서 그의 소설을 읽으면 우직한 농부의 구수한 목소리나 다부진 처자의 앙칼진 목소리가 실제로 우리의 귀에 들리는 듯한 착각을 하게 된다. 그리고 그 목소리의 주인공들은 빈궁한 농민들이다. 등장인물의 대부분이 빈궁한 농민들이니 그들의 언어가 풍부하게 나타날 수밖에 없다. 그의 소설에 토속적인 육담, 욕설, 비속어 등이 풍부하게 나타나는 것도 이 때문이다.

김유정의 소설은 읽히기 위한 소설이라기보다는 들려주기 위한 이야기이다. 「봄과 따라지」 「두꺼비」 「슬픈 이야기」는 작품 전체가 한 개의 단락으로 되어 있고, 대화 부분에 따옴표를 사용하지 않았고, 문장의 호흡이 길다. 말이 끊이지 않고 이어지고 있어 숨이 가쁠 지경이다. 입심 좋은 사람이 쉬지 않고 떠들어대는 목소리가 들리는 듯하다. 「떡」과 「兄」은 두 작품 다 9개의 단락으로 되어 있고, 나머지 조건들은 위의

25) 거즛말(125), 걱다(125), 나히(31), 낭종(49) 우음(25) 등.

세 작품과 같다.

시골의 어느 허술한 집에서 벌어진 이야기판을 상상해 보자. 이야기판에서 어떤 사람이 자기 아내를 흉보고 있다. 이야기하는 사람은 가난한 소작인이다. 아내와 네 살 먹은 아들이 있으며 여름에는 품을 팔고 겨울에는 나무를 해다 팔아 근근이 살아가고 있는 처지이다.

①

그리고 에미가 낯짝이 글렀다고 그 자식까지 더러운 법은 없으렸다. 아 바루 우리똘똘이를 보아도 알겟지만 즈 에미년은 쥐였다 논 개떡같에도 좀 똑똑하고 낄끗이 생겼느냐. 비록 먹고도 대구 또 달나고 불아귀처럼 덤비기는 할망정. 참 이놈이야말로 나에게는 아버지보담도 할아버지보담도 아주 말할수없이 끔찍한 보물이다. (「안해」, 169~170)

②

없는 놈이 양이나 좀 적어야지 이렇게 대구 처먹으면 너 웬밥을 이렇게 처먹니 하고 눈을 크게 뜨니까 년의 대답이 애난 배가 그렇지 그럼, 저도 앨 나보지 하고 샐쭉이 토라진다. 압따 그래, 대구 처먹어라. 낭종 밥값은 그 배, 따기에 다 게있고 게있는 거니까. 어떤 때에는 내가 좀 들 먹고라도 그대로 내주고 말겟다. 경을 칠 년. 하지만 참 너머 처먹는다. (「안해」, 173~174)

③

내가 밤에 집에 돌아오면 년을 앞에 앉히고 소리를 가르키겟다. 우선 내가 무릎장단을 치며 아리랑타령을 한번 부르는구나. 아리랑 아리랑 아라리요, 춘천아 봉의산아 잘있거라, 신연강 배타면 하직이라. 산골의 계집이면 강원도 아리랑쯤은 곧잘 하련만 년은 그것도 못배웠다. 그러니 쉬운 아리랑부터 시작 할밖에. 그러면 년은 도사리고 앉어서 두손으로 응뎅이를 치며 숭내를 낸다. 목구녕에서 질그릇 물러앉는 소리가 나니까 낭종에 목이 티이면 노래는 잘 할게다 마는 가락이 딱딱 들어맞어야 할텐데 이게 세상에 되먹어야지. 나는 노래를 가르키는데 이 망할 년은 소설책을 읽고 앉었으니 어떻거냐. (「안해」, 174)

남편이 마을가서 동네 사람들에게 자기 아내를 흉보고 있다. 얼굴은 못생겼고, 밥을 너무 많이 먹고, 노래도 부를 줄 모르는 것이 아내의 치명적 결점이다. 아내를 들병이로 내세우면 먹고살기가 좀 나아질 텐데 아내가 못생긴데다가 노래도 부를 줄 모르니 들병이를 시킬 수 없어 남편은 걱정이 태산 같다. 이러한 고민을 남편이 동네 사람들에게 털어놓고 있다.

①의 '없으렸다' '생겼느냐', ②의 '거니까' '말겟다', ③의 '가르키겟다' '부르는구나' '되먹어야지' '어떻거냐' 등의 종결형은 상대방에게 말을 건네는 어투이다. 여기에서 '~겟다'는 자기 의지를 다짐하는 어투가 아니라 자기의 관습적 행위를 상대방에게 확인시켜 주는 어투이다. ①의 '아 바루'와 ②의 '압따 그래'는 이야기판의 현장을 실감나게 재현해 준다. ②에서는 대화 부분이 지문으로 처리되어 있고 ③에서는 노래가 자연스럽게 삽입되는데 그 노랫말이 지문으로 처리되어 있다. ②에서 '배따기'라고 적지 않고 '배, 따기'라고 적은 것은 이야기판 현장에서의 실제 발음 방법을 실감나게 재현하는 기법이다. ①의 '쥐였다 논 개떡', ②의 '경을 칠 년', ③의 '질그릇 물러앉는 소리'는 서민 사회에서 즐겨 사용하는 관용어구이다. ②와 ③의 '낭종'은 고어(古語)인데 당시에 실제로 사용된 것으로 보아 글보다 말이 보수적임을 알게 해 준다. 전체적으로 보아 문장 하나하나가 주어와 서술어를 완벽하게 갖춘 문법적 문장이 아니라 일상생활에서 말이 실현되는 방식을 그대로 옮겨놓은 채록 자료에 가깝다. 그런데 말하는 방법이 즉흥적이고 따라서 거친 것 같으면서도 잘 뜯어보면 그 속에 운율이 들어 있는 것을 주목할 만하다. 가령 ①의 마지막 문장에서 '할아버지보담도'를 빼고 다시 읽어 보면 운율이 파괴된다.

모더니즘이 각광을 받고 있던 1930년대에 김유정 소설의 등장은 신선한 충격이었다. 강원도 산골의 비속한 언어를 문학 창조의 매체로 삼은 것은 신선한 충격이었다. 강원도 산촌의 궁핍한 농민들의 일상생활을 문학 창조의 소재로 삼은 것도 신선한 충격이었다. 당시의 문단에서 그것은 중대한 발견이었다. 우리는 여기에서 김유정 특유의 신선한 사실주의 정신을 읽어낼 수 있다.

그러고 보면 김유정 소설의 등장은 판소리의 등장과 그 상황이 유사한 데가 있다. 김유정 소설의 언어는 여러 면에서 판소리의 언어와 유사한 데가 있다. 서민사회의 비속한 언어를 사용한다는 점, 그것도 서민들이 일상생활에서 발음하는 대로 표기한다는 점, 언어의 청각적 쾌감 자체를 즐긴다는 점, 요설체(饒舌體)의 문장을 구사한다는 점 등에서 김유정 소설의 언어는 판소리의 언어와 유사하다. 언어의 청각적 쾌감에는 발음 자체의 쾌감도 있고, 운율에서 오는 쾌감도 있다. 김유정 소설에 흔히 쓰이는 '~겟다' '~렸다' '~구나' '~느냐' 등의 어미, 서민들이 일상생활에서 사용하는 관용어구 등도 판소리적인 어법이다.

「안해」에서 아내의 외모를 묘사한 부분과 〈심청가〉에서 뺑덕어미의 외모를 묘사한 부분을 비교해 봄으로써 우리는 김유정 소설의 언어 사용법과 판소리의 언어 사용법이 유사함을 확인할 수 있다.

> 년이 나에게 되지않은 큰체를 하게된것도 결국 이자식을 낳았기 때문이다. 전에야 그 상판대길 가지고 어딜 끽소리나 제법 했으랴. 흔이 말하길 게집의 얼골이란 눈의 안경이라 한다. 마는 제 아무리 물커진 눈깔이라도 이 얼골만은 어째볼 도리 없을 게다.
>
> 이마가 훌떡 까지고 양미간이 벌면 소견이 탁 티었다지 않냐. 그럼 좋기는 하다 마는 아기자기한 맛이 없고 이조로 둥글넓적이 나려온 하관에 멋없이 쑥내민것이 입이다. 두툼은 하나 건순입술, 말좀 하랴면 그리 정하지못한 운이가 분질없이 뻔찔 드러난다. 설혹 그렇다 치고 한복판에 달린 코나 좀 똑똑이 생겼다면 얼마나 겠다. 첫대 눈에 띄는것이 그 코인데, 이렇게 말하면 년의 숭을 보는것같지만, 썩 잘보자 해도 먼 산 바라보는 도야지의 코가 자꾸만 생각이 난다. (「안해」, 170)

> 그 동내 뺑덕어미라 하는 홀어미가 있는데 생긴 형용 하는 행실 만고사기 다 보아도 짝이 없는 사람이라. 인물을 볼짝시면 백등칠일 보냈으면 묵특정병

풀터이요 육궁분대가 보았으면 무안색을 하겠구나. 말총 같은 머리털이 하늘을 가리키고 됫박이마 횃눈썹에 움푹눈 주먹코요 메주볼 송곳턱에 써렛니 드문드문 입은 큰 궤 문 열어논 듯하고 혀는 짚신짝 같고 어깨는 키를 거꾸로 세워논 듯 손길 은 소댕을 엎어논 듯 허리는 짚동 같고 배는 폐문 북통 만 엉덩이는 부자집 대문짝

—신재효, 〈심청가〉[26]

비속어를 사용한 점, 과장하여 표현한 점, 기이한 모습으로 골계를 유발한다는 점 등에서 두 묘사는 공통된다. 김유정 소설 언어의 이러한 판소리적 특성들은 「안해」뿐만 아니라 대부분의 작품에 해당된다.

김유정 소설에 나타나는, 상대방에게 말을 건네는 어투의 진술 방법, 그 속에 운율이 들어 있는 말발, 이야기 중에 노래가 자연스럽게 끼어 들어가는 현상 등에서 우리는 판소리 초창기의 모습을 확인할 수 있다. '한 명의 광대가 중심이 되어 하던 화극(話劇), 곧 재담극에 광대들이 즐겨하는 소리를 곁들이게 되면 그것은 재담 소리가 되는 것이고, 이 재담 소리가 발전하면 역시 한 명의 광대가 중심이 되어 하는 판소리가 될 수 있기 때문이다.'[27]

우리는 이제까지 김유정 소설의 언어에 대하여 살펴보았다. 이어서 김유정 소설의 정서를 살펴보기로 한다.

김유정 소설의 등장인물들은 잘 운다. 김유정 소설의 모든 소설 30편 중에서 27편에 울음이 나타난다. 울음이 나타나지 않는 작품은 「심청」 「봄밤」 「이런 음악회」의 세 편뿐이다. 이 세 편은 콩트 형식의 짧고 가벼운 작품이다. 이 자리에서는 「동백꽃」 「봄·봄」 「金따는 콩밧」 「총각과 맹꽁이」 「솟」 「땡볕」에 나타나는 울음의 양상을 살펴보기로 한다.

「동백꽃」의 기본 구조는 소작인의 아들인 나(17세)와 마름집의 딸인

26) 강한영 교주, 앞의 책, 213~215면.

27) 손태도, 「조선시대 화극의 전통과 그 역사」, 『공연문화연구』 12, 한국공연문화학회, 2006, 224면

점순(17세)의 대결이다. 점순이 이성(異性)으로서 나에게 접근해 오지만 나는 그것을 거부해야 하는 것이 대결의 내용이다. 이 대결의 배후에는 어머니가 있다. 점순의 어머니는 점순을 감시하고, 나의 어머니는 나를 감시한다. 특히 나의 어머니는 내가 점순이하고 일을 저지르면 땅도 떨어지고 집도 내쫓기게 된다는 것을 나에게 단단히 주지시켜 놓은 터이다. 상황이 이러하므로 점순도 어머니로부터 자유롭지 못하고 나도 어머니로부터 자유롭지 못한데 특히 내가 더 자유롭지 못하다.

나와 점순은 직접 대결하지 않고 닭을 통해서 대결한다. 우리 집 닭과 점순네 닭이 나와 점순을 대리해서 싸워 주는 것이다. 그러니까 우리 집 닭의 배후에 내가 있고 나의 배후에 나의 어머니가 있으며, 점순네 닭의 배후에 점순이 있고 점순의 배후에 점순의 어머니가 있는 형국이다. 이 대결의 과정에서 점순은 한 번만 울지만 나는 세 번이나 운다.

> 우리가 이 동리에 들어 온것은 근삼년째 되어오지만 여지껏 감으잡잡한 점순이의 얼골이 이렇게까지 홍당무처럼 새빩애진 법이 없었다. 게다 눈에 독을 올리고 한참 나를 요렇게 쏘아보드니 나종에는 눈물까지 어리는것이 아니냐. (221)

> 욕을 이토록 먹어가면서도 대거리 한마디 못하는걸 생각하니 돌뿌리에 채키어 발톱밑이 터지는것도 모를만치 분하고 급기야는 두눈에 눈물까지 불끈 내솟는다. (223)

> 나는 약이 오를대로 다 올라서 두눈에서 불과함께 눈물이 펵 쏟아졌다. (225)

> 그러고나서 가만히 생각을 하니 분하기도 하고 무안도스럽고 또 한편 일을 저질렀으니 인젠 땅이 떨어지고 집도 내쫓기고 해야될는지 모른다.
>
> 나는 비슬비슬 일어나며 소맷자락으로 눈을 가리고는 얼김에 엉,하고 울음을 놓았다. (226)

작품의 첫머리에서 점순은 내가 자기의 마음을 몰라주므로 약이 올라서 독살스러운 얼굴빛을 지으며 눈물을 흘린다. 그리고 그 이후로는 절대 울지 않으며 나에게 복수를 감행한다. 복수의 방법은 무차별로 나에게 욕설을 퍼붓기, 우리 집 씨암탉을 암팡스럽게 패주기, 닭싸움을 시켜 우리 집 수탉을 빈사 상태로 만들어 놓기 등이다. 이러한 점순의 복수 작전에 나는 속수무책이다. 나는 점순의 마음속을 다 들여다보고 있지만 나는 의도적으로 바보처럼 그것을 모르는 척해야 하는데 그것이 쉬운 일은 아니고, 거기에다가 우리 집 수탉은 점순네 수탉보다 힘이 약하니 어쩌볼 도리가 없다. 나는 분하고 약이 올라서 울고, 내가 나를 이길 수 없어 운다. 그리고 작품의 끝머리에 가서는 홧김에 점순네 수탉을 때려죽이고 나서는 사태를 수습할 방법이 없어 또 운다. 열일곱 살 먹은 남자가 열일곱 살 먹은 여자 앞에서 무안함을 참을 수 없어 바보처럼 엉엉 소리를 내어 운다.

여자의 독살스럽고 공격적인 울음, 그러나 그 속에 상대방에 대한 호감을 감추고 있는 울음은 비장한 울음은 아니다. 남자의 바보 같은 울음도 비장한 울음은 아니다. 따라서 독자는 점순의 울음이나 나의 울음에 감정이입(感情移入)이 되지 않는다. 점순의 발랄한 울음이나 나의 바보 같은 울음은 오히려 웃음을 유발한다. 울고 있는 등장인물을 보면서 독자는 웃는다.

그런데 나의 바보 같은 울음에서 유발되는 웃음은 그 뒤에 슬픔을 감추어 놓고 있다. 그것은 못 가진 자의 비애이다. 마름이 큰 부자는 아니지만 그래도 마을 단위에서는 마름은 가진 자이고, 그 마름에 의지하여 사는 소작인은 못 가진 자이다. 못 가진 자는 의식에서나 행동에서나 소극적일 수밖에 없도록 길들여지는 것이 세상 물정이다. 독자는 그래도 최선을 다해서 점순에게 대응하는 나를 보면서 웃지만 한편으로는 나에 대해서 연민의 정서를 느끼게 된다.

「봄·봄」의 기본 구조는 나(26세)와 봉필의 대결이다. 봉필은 마름이고, 나는 그 집의 머슴이다. 그 집에서는 나를 데릴사위라고 하지만 실제로는 무보수 머슴이다. 봉필에게는 딸 점순(16세)이 있다. 나는 점순과 빨리 결혼하려 하고, 봉필은 나와 점순의 결혼을 계속 늦추려 하는 것이 나와 봉필의 대결의 내용이다. 점순은 나를 부추겨 아버지(봉필)에게 재촉하여 결혼을 빨리 하자고 하고 있다. 이러한 상황에서 주요 등장인물들이 모두 운다. 봉필도 울고, 나도 울고, 점순도 울고, 점순의 어머니도 운다.

> "올갈엔 꼭 성례를 시켜주마, 암말말구 가서 뒷골의 콩밭이나 얼른갈아라."
> 하고 등을 뚜덕여줄 사람이누구냐.
> 나는장인님이 너무나 고마워서 어느듯 눈물까지 낫다. 점순이를 남기고 인젠내쫓기려니, 하다 뜻밖의 말을듣고
> "빙장님! 인제 다시는 안그러겠어유—"
> 이렇게 맹세를하며 불야살야 지게를 지고 일터로갔다. (167)

> …… 이왕이면 호되게 혼을 내주리라, 생각하고 짓궂이 더댕겼다 마는 장인님이 땅에 쓰러저서 눈에 눈물이 피잉도는것을 알고 좀겁도낫다. …… 나의 생각에 장모님은 제남편이니까 역정을 할른지도 모른다. 그러나 점순이는 내편을 들어서 속으로 고수해서 하겠지—대체 이게 웬속인지(지금까지도 난 영문을 모른다) 아버질 혼내주기는 제가 내래놓고 이제와서는 달겨들며
> "에그머니! 이 망할게 아버지 죽이네!" 하고 내귀를 뒤로 잡어댕기며 마냥 우는것이 아니냐. 그만 여기에 기운이 탁 꺽이어 나는 얼빠진 등신이 되고말었다. 장모님도 덤벼들어 한쪽 귀마저 뒤로 잡아채면서 또 우는것이다. (167~168)

나는 성례를 시켜준다는 봉필의 약속에 감격해서 운다. 그러나 이것은 봉필이 나를 속이는 것이다. 독자들은 그것을 아는데 나는 그것을 모른다. 나는 바보처럼 그것도 모르고 감격해서 우는 것이기에 독자는 내가 감격해서 우는 모습을 보면서 웃는다.

육박전에서 데릴사위(나)에게 지고 데릴사위 앞에서 울고 있는 장인(봉필)의 모습은 오히려 웃음을 유발시킨다. 나의 귀를 뒤로 잡아당기며 우

는 점순의 모습도 오히려 웃음을 유발한다. 점순이 나를 부추기기를 성례시켜 주지 않으면 자기 아버지의 수염을 잡아채라고 하였었다. 여태까지 내 편을 들어주던 점순이 갑자기 아버지 편으로 돌아선 것이다. 이것은 기대의 배반에서 유발되는 웃음이다. 이처럼 「봄·봄」의 끝머리에 나타나는 울음의 장면들은 오히려 웃음을 유발한다. 그리고 이 경우에도 「동백꽃」의 경우처럼 웃음 뒤에 슬픔이 숨겨져 있다. 나는 혈혈단신으로 타향살이를 하고 있는 노총각으로서 남의 집에 얹혀 있으면서 무보수 노동이라도 못하면 먹고 잘 데조차 없는 형편에 처해 있는 것이다.

바보처럼 속고 있으면서도 그것을 모르고 감격하여 우는 울음은 「金 따는 콩밧」의 끝머리에도 보인다. 영식과 아내는 콩밭에서 금이 나온다고 감격해서 운다. 그러나 영식과 아내는 수재에게 속고 있는 것이다.

바보처럼 속고 나서 그것이 분하고 억울해서 우는 울음은 「총각과 맹꽁이」의 끝머리에도 보인다. 덕만은 들병이와 결혼시켜 주겠다는 뭉태의 약속을 믿고 술값을 전담했다. 그러나 덕만은 들병이와의 결혼은 커녕 들병이와의 수작도 못한다. 덕만은 들병이 앞에서 눈물을 흘리며 울고 들병이는 덕만의 바보 같은 행동에 어이없어한다.

「솟」은 다음과 같이 끝난다.

> 안해는 분에 복바치어 고만 눈우에 털썩 주저안즈며 체면모르고 울음을 놋는다.
>
> 근식이는 구경군쪽으로 시선을 흘씻거리며 쓴 입맛만 다실 짜름—종국에는 두 손으로 눈우의 안해를 잡아 일으키며 거반울상이되엿다.
>
> "아니야글세, 우리솟이 아니라니깐그러네 참—" (155)

근식의 아내는 자기 집 부엌에서 뽑아낸 솥을 지게에 짊어지고 늠름히 마을을 떠나는 들병이 부부를 보며 분이 복받치어 울음을 놓는다. 남편 근식이 아내 몰래 자기 집 부엌의 솥을 뽑아다가 들병이에게 주고 술을 먹은 것이다. 입장이 난처해진 근식은 그것은 우리 솥이 아니라고 입막음을 하며 울상이 된다.

이상에서 살펴본 바와 같이 등장인물들의 울음은 독자들에게 웃음을 유발시켜 준다. 남주인공은 바보로 나타나기에 독자는 바보에 대해서 상대적 우월감을 가지게 되어 웃는 것이다. 여주인공은 남주인공의 바보 같은 의외의 행동 때문에 분이 복받치어 운다. 울음의 장면은 소설의 결말 부분에 배치되어 있다. 이것은 속이고 속는 상황을 결말 부분에 가서야 밝힘으로써 독자에게 충격을 주기 위한 기법이다.

남주인공이 바보처럼 울지만 그가 단순한 바보는 아니다. 그의 행동은 바보짓이 아니라 극도로 궁핍한 상황에서 그가 취할 수 있는 최선의 삶의 방법이다. 그는 그렇게 할 수밖에 없다. 이러한 사정은 독자들이 바보 같은 남주인공에 대하여 연민의 정서를 가지게 한다. 따라서 독자는 남주인공을 바라보면서 겉으로는 웃지만 속으로는 시대의 아픔을 느끼게 된다.

「땡볕」은 덕순이 아내의 병든 몸을 병원에 연구용으로 제공하려다가 실패하는 이야기이다. 덕순은 아내의 아랫배가 부어오른 것이 희귀한 병이어서 아내의 병든 몸은 의학 연구용으로 소중한 가치가 있다고 생각한다. 그러나 진찰을 해 보니 그것은 희귀한 병이 아니다. 뱃속에 아기가 있는데 그 아기가 죽어 있는 것이다. 아내의 몸이 연구거리가 되지 않는다 하므로 덕순은 실망하여 아내를 지게에 짊어지고 병원을 나온다. 일주일 이내에 수술을 하지 않으면 아내가 죽게 된다는 것이 진찰의 결과이지만 덕순과 아내는 그냥 병원을 나온다. 「땡볕」의 마지막 장면은 다음과 같다.

> 덕순이는 이것이 마즈막이라는 생각으로 나머지 돈으로 왜떡 세개를 사다주고는 그래도 눈물도 씻을줄 모르고 그걸 오직오직 깨물고 있는 안해를 이윽히 바라보고 있었다. 그러다 안해가 무슨 생각을 하였는지 왜떡을 입에 문채 훌쩍훌쩍 울며

"저 사촌형님께 쌀두되 꿔다먹은거 부대 잊지 말구 갚우."
하고 부탁할제 이것이 필연 안해의 유언이리라 깨닫고는
"그래 그건 염녀말아!"
"그러구 임자옷은 영근어머이더러 사정얘길하구 좀빨아달래우."
하고 이야기를 곧잘 하다가 다시 입을 이그리고 훌쩍훌쩍 우는것이다.
덕순이는 그 유언이 너머 처량하야 눈에 눈물이 핑돌아가지고는 지게를 도루 지고 일어슨다. 얼른 갖다 눕히고 죽이라두 한그릇 더얻어다 먹이는것이 남편의 도릴게다.
때는 중복허리의 쇠뿔도 녹이려는 뜨거운 땡볕이었다.
덕순이는 빗발같이 나려붓는 얼골의 땀을 두손으로번갈라 훔처가며 끙끙 나려올제, 안해는 지게우에서 그칠줄 모르는 그 수많은 유언을 차근차근 남기자, 울자, 하는것이다. (331)

김유정 소설의 등장인물들은 남성이나 여성이나 몸을 이용하여 생계를 유지한다. 그런데 덕순 아내의 몸은 더 이상 이용 가치가 없게 되었다. 이처럼 냉혹한 상황에서 덕순은 여전히 바보 노릇을 하고, 그의 아내는 그런 바보 남편의 옷 빨래를 걱정한다. 김유정 소설에서 대체로 남성들은 무기력하고, 여성들은 발랄하다. 남성을 먹여살리는 일도 여성의 몫이다. 그런 여성이 이제 죽음을 맞는다. 김유정의 소설들 중에서 여성의 죽음을 다룬 작품은 「땡볕」이 유일하다. 이 「땡볕」(1937.2)을 발표하고 나서 한 달 후에 김유정 자신도 세상을 떠난다(1937.3).

「땡볕」의 울음은 웃음을 유발하지 않는다는 점에서 김유정의 다른 소설과 다르다. 그렇다고 울음을 유발하는 것도 아니다. 이 울음에 감정이입이 되지 않는 것은 '낯설게 하기'의 기법 때문이다. 덕순의 행동 체계는 정상적 질서에서 어긋나 있다. 이런 낯선 장면은 감정이입을 차단한다. 냉혹한 현실과 덕순 내외의 바보 같은 천진성이 겹쳐지는 장면을 보면서 우리는 웃을 수도 없고 울 수도 없다. 웃기에는 상황이 너무 심각하고, 울기에는 상황이 너무 경이롭다. 감정이입이 되지 않는 울음을 보면서 우리는 울 수조차 없는 아픔을 느끼게 된다.

김유정의 소설은 가난한 서민들의 삶을 울음과 웃음을 섞어 형상화하였다는 점에서 판소리와 유사하다. 여성이 남성보다 강한 인물로 나타나는 것도 유사점이다. 그러면서도 김유정의 소설은 다음 몇 가지 점에서 판소리와 다르다. 판소리는 감정이입이 잘 되고, 이에 따라 카타르시스도 잘 이루어지는 예술이다. 이에 반해 김유정 소설은 감정이입을 차단하고, 이에 따라 현실을 냉철하게 관찰하게 하는 문학이다. 판소리는 울음 부분과 웃음 부분이 분리되어 있고, 이에 따라 청관중은 울다가 웃고, 웃다가 운다. 이에 반해 김유정 소설은 울음과 웃음이 결합되어 있고, 이에 따라 독자는 겉으로는 웃으면서 속으로는 운다. 판소리에서는 주인공이 고통을 통해서 새로운 인물로 재생한다. 기생 춘향은 감옥의 고통을 겪고 나서 양반의 아내로 재생하고, 가난한 봉사의 딸 심청은 인당수의 죽음을 겪고 나서 황후로 재생한다. 심봉사는 피할 수 없는 땡볕 아래에서 알몸으로 절규한다. "아이고, 나는 죽네. 훨씬 벗었으니, 디여서도 나는 죽고, 굶어서도 영영 죽네." 이러한 몰락의 극한을 딛고 일어서서 심봉사는 눈을 뜬다. 김유정 소설에서는 주인공의 욕망이 실현되는 경우가 없다. 나는 끝내 점순과 결혼하지 못하고, 영식은 끝내 콩밭에서 금을 따지 못한다. 덕순의 아내의 병든 몸은 끝내 의학 연구용이 되지 못하고 피할 수 없는 땡볕 아래에서 조용히 죽음을 맞는다.

4. 맺음말

말(음성언어)과 글(문자언어)은 언어로서의 기능이 서로 대조적이다. 말은 인간과 인간을 결속시키고, 글은 인간과 인간을 격리시킨다. 여러 사람들이 모여서 서로 말을 주고받을 때 그들은 하나로 결속되고, 여러 사람들이 모여 있더라도 각자가 글을 읽을 때 그들은 각자가 격리된다. 말은 정서의 유발을 용이하게 해 주고, 글은 사고의 집적을 용이하게 해 준다. 강렬한 정서를 체험하기 위해서는 말을 이용하는 것이 유리하고, 치밀한 논리를 구축하기 위해서는 글을 이용하는 것이 유리하다. 말은 청각의 작용이고, 글은 시각의 작용이다. 청각은 내면적이고, 시각은 외면적이다. 청각은 인간의 마음에 사무치고, 시각은 화려한 영상을 감촉하게 해 준다.

판소리는 말의 기능을 최대한 이용한다. 판소리는 창우와 고수와 청관중이 강렬한 정서를 통하여 하나로 결속되는 체험을 하게 한다. 이것은 소중한 체험이고, 이것이 판소리 예술의 정수이다. 그런데 판소리가 글로 정착이 되면, 즉 판소리계 소설로 정착되면 판소리 예술의 정수는 사라진다. 말과 글은 그 기능이 다르기 때문이다. 〈춘향가〉는 말의 예술이고, 〈춘향전〉은 글의 예술이다.

김유정 소설은 글로써 말의 기능을 발휘하려고 시도한다. 그는 구술문화의 생생한 세계를 구술(口述)의 매체인 말로 표현하지 않고, 기술(記述)의 매체인 글로 표현하였다. 이것은 하나의 실험이다. 이 실험은 글로써 글의 차가운 세계가 아니라 말의 뜨거운 세계를 창조해내려는 의욕에서 출발한 것이다. 그러나 글로써 말의 기능을 발휘하는 것은 근본적으로 불가능하다. 따라서 이 실험은 불가능한 것을 성취해내려는 열망과 그것이 성취되지 않는 안타까움을 동시에 보여준다.

울음과 웃음이 공존하는 양식에는 여러 가지 경우가 있다. 울음과 웃음이 각각 독립적으로 공존하는 경우, 울음과 웃음이 서로 같은 비중으로 결합하는 경우, 울음과 웃음이 충돌하는 경우, 울음 속에 웃음이 함몰하는 경우, 웃음 속에 울음이 함몰하는 경우 등 여러 가지 조합이 있을 수 있다. 대체로 판소리에서는 울음과 웃음이 각각 독립적으로 공존하고 있고, 김유정 소설에서는 울음과 웃음에 같은 비중으로 결합되어 있다. 이것은 대체적인 경향이고 작품이나 장면에 따라서 예외가 있을 수 있다. 김유정 소설은 판소리의 정서를 계승하였으면서도 판소리와는 다른 방법으로 정서를 조직하였음을 알 수 있다. 이것이 김유정 소설의 독자성이다.

서로 다른 정서를 조합하는 방법은 이 밖에도 여러 가지가 있을 것이므로 앞으로도 계속해서 새로운 실험을 하여야 할 것이다. 이질적인 것들이 공존하는 상황을 만들어내는 것, 또는 이질적인 것들을 결합시켜 놓는 조화의 정신은 한국문화의 특징이기도 하다.

보편의 수용

김유정 단편선의 프랑스 출판 성과

최미경

1. 머리말

본고에서는 김유정의 문학세계에 대한 접근보다는, 2000년 가을 프랑스어로 번역되어 소개되고 2005년 재판된 김유정 단편선의 번역과정, 현지 수용과정 그리고 단편선 소개 의의에 대해 초점을 두고자 한다.

프랑스 문단에서는 1990년부터 점진적으로 생존 작가들 중심으로 한국소설이 소개되고 있었다. 이문열 · 이청준 · 박완서 · 윤흥길 · 최윤 등의 작가들이 번역되어 2~3개의 출판사에서 나오고 이중 몇 작품은 문단과 언론의 관심을 끌고 성공적으로 소개가 되었다. 특히 1995년 프랑스 외무부 주최 해외문학 홍보 행사인 "아름다운 이방인들"의 주빈국으로 한국이 선정되면서 적극적인 홍보가 이루어진다.

당시 생존작가 중심, 특히 전쟁이나 민주화투쟁 주제 위주의 한국 문학소개를 지켜보면서, 김유정과 같은 주제와 문체를 구사하는 작가의 소개도 필요하다는 번역자의 판단에 따라 번역을 시도하게 되었다. 번역본을 읽은 출판사가 호의적으로 출판을 결정했다. 의외의 성공을 거두게 된 것은 우선 이 작품이 프랑스 독자의 감수성에 맞았으며, 번역상의 문제가 없었고, 지원기관 및 현지 출판사의 홍보 노력에 기인했다고 판단된다. 부연 설명을 하자면 선정된 작품의 주제가 인류의 보편적인 주제인 삶의 부침, 사랑, 인간성 등에 대한 것으로 시대 및 지리적인 구분을 막론하고 공통적인 것이라 프랑스 독자는 한국이라는 배경에서 이국정서를 느끼면서도 주제에 대한 친근감을 가졌다고 판단된다. 또 출판사의 적극적인 홍보로 인해 언론과 문단의 관심을 끌게 되었는데, 언론은 특히 여러 편의 단편이 부부, 이성간의 문제 등 인류 공동 관심사를 주제로 한다는 점에 중점을 두고 보도를 했다. 또 대산문화재단의 번역과 출판에 대한 지원에 힘입어 번역자들이 양질의 번역을 제공한 점도 간과할 수 없다. 문학작품의 번역은 작가의 문체와 문학의 질을 살린 작품으로 독자에게 제공되어야 한다. 그러나 서양어를 모국어로 하는 번역자들이 한국어에서 직접 번역하는 경우가 드물어, 대부분 한국인 번역자가 서양어로 번역을 진행하다 보니, 도착어 번역의 질이 문학작품의 수준에 도달하지 못하며, 이를 보완하기 위해서 해당어를 모국어로 하는 감수자의 도움을 받게 된다. 합리적인 협력과정을 거친 경우 훌륭한 번역작품이 생산되나 그렇지 못한 경우도 발생한다. 번역자들의 언어와 문화지식 수준, 번역에 대한 자세, 적용하는 번역 방식 등에 따라 결과가 다르다.

본고에서는 김유정의 단편선 소나기(Une averse)의 소개과정과 의의, 시사하는 바를 살펴보기로 한다.

2. 한국문학의 해외소개 상황

1990년대부터 한국문학은 세계문학의 반열에 들기 위해 대표적인 서구언어들로 번역을 시도한다. 세계에 몇 개의 지배적인 문화권과 언어권이 있다는 것은 부인할 수 없는 사실로, 가장 대표적인 것이 영어권이라면 그 외에도 불어, 스페인어, 독어 등의 언어와 문화권이 문학을 전파하는데 많은 영향력을 가지고 있으며, 저명한 문학상 등의 제도적인 인정을 받기 위해서는 이들 언어권으로의 번역이 불가피하다. 이러한 현상은 프랑스의 언어학자 칼베에 의해 잘 지적된 바 있다. 여기서 이 현상을 한국에 적용한 장-노엘 쥬떼를 인용해보면,

> Il me semble éclairant de transposer aux littératures du monde le modèle écologique que le linguiste français Jean Calvet utilise pour décrire les langues et les rapports de force qu'elles entretiennent entre elles. Calvet décrit les langues comme appartenant à un système gravitationnel, calqué sur les lois de la gravitation universelle. Autour d'une langue centrale (aujourd'hui l'anglais) gravitent une dizaine d'autres langues de moyenne importance (français, espagnol, chinois, etc.) autour desquelles gravitent une centaine d'autres langues de moindre importance sur la scène internationale, autour desquelles gravitent quatre à cinq mille langues périphériques. Ces langues sont reliées entre elles par le bilinguisme, les bilingues manifestant les rapports de force qui s'exercent entre ces langues il convient de remarquer que c'est presque toujours une langue de rang supérieur que le bilingue en devenir s'efforce d'acquérir.
>
> 세계의 문학의 양상에 프랑스 언어학자 칼베가 주장하는 언어와 언어사이의 관계모델을 적용해보는 것이 적절하다고 생각된다. 칼베에 따르면 세계의 수많은 언어들 간에는 보편 인력(引力)의 법칙을 모방한 인력의 법칙이 작용한다고 한다. 하나의 중심 언어(오늘날은 영어)의 주변에 10여 개의 중간정도의 주요어(불어, 스페인어, 중국어 등)가 돌고 있고, 다시 그 주변에는 국제무대에서

그보다 영향력이 적은 1백여 개의 언어가 돌며, 그 외곽에는 5천여 개의 주변어가 돌고 있다는 것이다. 이 언어들은 사용자들의 이중언어성으로 서로 연결이 되어있는데, 여기에서 바로 언어간의 힘의 관계가 드러난다. 즉 상층의 언어를 습득하고자 하는 방식으로 이중언어성이 형성이 된다는 것이다.[1]

즉 소수언어나 문화적·경제적으로 약소국의 언어에서 강대국의 언어쪽으로 이중언어 습득이 진행된다는 논리로, 이 논리를 번역에 적용하면, 소수어의 번역자가 상대적으로 중심에 있는 언어를 습득하여 번역을 제공하게 된다는 이야기로 환원이 된다. 한국어와 영어, 불어, 스페인어의 경우, 한국어 번역자가 영어, 불어를 습득, 번역을 수행하게 되고, 이 과정에서 출판사에서 희망하는 작품의 번역을 의뢰하는, 정상적인 출판시장의 논리가 적용되기보다는, 즉 수용자 중심의 출판보다는 공급자의 판단에 따른 작품의 공급이 예상된다. 물론 중심어와 주변어의 현상은 한 언어권의 발전 등을 고려하여 변화가 가능한 것이지만 당분간은 영어 및 서구어의 우세가 지속될 듯하기 때문에 한국문학은 이들 언어로 번역 소개 되어야 세계의 문학지도에 자리매김 할 수 있게 되는 것이다. 이런 상황이 지속되면서 이들 중심어권의 연구자중 한국학 연구, 한국어 학습을 하는 자의 숫자는 한국에서 중심어권 연구를 하는 학자보다 상당한 열세에 놓여있다. 경제·교역·정치·문화의 교류 상태에 따라 이 상황은 진전이 되며, 한국의 경우 1990년대에 비해 2000년에 이르러 한국어 학습자의 숫자가 상당히 늘고 있다. 아마도 한류, 한국의 경제·정치 발전, 국제행사 유치, 한국영화, 온라인 게임의 발달 등에서 기인한 긍정적인 변화라고 여겨진다. 그러나 이들 중심언어를 모국어로 가지고 있는 번역자가 한국어 작품을 독자적으로 번역하는 역량이 생기기까지는 상당한 시간이 소요되어 국가의 발전과 통번역자 양성간에는 길게는 수십 년까지의 시차가 있다. 이런 중도기적인 시간에 한국문학은 한국인 번역자와 외국인 감수자의 공동작업에 상당히 의존할 수밖에 없

1) Jean-Noël Juttet, 한국문학번역원 주최 국제출판번역심포지움, 2003.12, 서울대.

으며, 이런 작업의 양태는 번역의 질, 번역방식, 번역 이데올로기뿐만 아니라 작품의 선택에도 영향을 미치게 된다.

한국문학은 현재까지 주로 한국인 번역자와 외국인 감수자의 협력을 통해 소개가 되고 있으며, 한국인 번역자가 번역작품을 선정하는데 문학번역지원기관의 우선 선정 목록 등이 선정에 영향을 미치게 된다. 기성세대의, 문학적인 명성이 있고 한국의 문단에서 증명이 된 작가, 한국인 비평가들이 보았을 때 문학성이 있다고 판단되는 작가와 작품이 우선적으로 소개가 되고 있다.

3. 김유정 단편선 불역본

①제목 : Une averse (소나기)
② 번역자 : 최미경, 장-노엘 쥬떼(Jean-Noël Juttet)
③출판사 : 줄마(Zulma)
④지원기관 : 대산문화재단
⑤초판년도 : 2000, 재판 (2005)

단편선은 김유정의 9개의 대표적인 단편으로 구성이 되어 있다. 번역자가 선정을 하는 과정에서 불어권 독자에게 공감을 느끼게 할 수 있는 작품이라고 여겨지는 것을 제일 중요한 기준으로 하여, 줄거리, 유머, 한국문학에서의 인지도 등을 고려하였다.

단편선의 제목은 『소나기』이며 9개의 단편은 다음과 같다.

①「소나기」 (아내를 파는 노름꾼 이야기)
②「가을」 (소장수에게 아내를 파는 농민이야기)

③「동백꽃」(점순이와 화자의 닭싸움을 빗댄 연애이야기)
④「솥」(들병이에 홀린 남편이 솥까지 바치고 버려지는 이야기)
⑤「봄봄」(데릴사위 젊은이가 결혼 허가를 초조하게 기다리는 이야기)
⑥「아내」(들병이가 되고자 하는 아내와 남편인 화자 사이의 일화들)
⑦「정조」(하녀를 농락한 남편 때문에 고통받는 아내 이야기)
⑧「산골 나그네」(병든 남편을 위해 도둑질한 아내)
⑨「땡볕」(아내의 죽음을 앞둔 가장 이야기)

4. 프랑스 수용의 과정

1) 번역과정 및 성과

(1) 번역계기

1998~1999년 생존 작가의 작품들만이 번역되어 거의 소개된 바가 없는 고전 작품을 소개하기로 결정, 열녀춘향 수절가, 김유정 단편선, 변강쇠전 등을 불역하게 되었다. 번역자가 판단하기에 김유정의 유머나 간결한 문체, 씁쓸한 삶의 무게, 인간성의 연구와 사회적인 환경의 영향 등이 인본적인 프랑스 문학전통에 잘 맞으며, 서정적 장면 묘사는 번역자로서 기량 발휘에 대한 도전의식을 갖게 하였다.

(2) 번역과정

번역자의 번역을 한국어를 모르는 감수자에게 검토하게 하는 공동 번역 방식으로 작업이 진행되었다. 원작의 독특한 표현, 지방색, 시대적

채색의 어휘, 화자의 작중인물에 대한 동조의 미묘함 표시 등에서 등가적 문장을 사용하도록 노력하였다.

출발어 언어 형태가 갖는 효과와 이미지를 등가로 살려낸 총체적인 의미의 전달이 중요하며, 원어의 시니피앙을 그대로 옮겼을 경우에는 오히려 작가의 유려한 문체의 조화를 깨는 결과를 낳게 된다. 의성어나 의태어에 있어서는 문맥이 허용하는 범위에서 원어의 시니피앙을 활용하려는 시도를 해보기도 했지만 전체 번역 방법론은 등가를 추구하며, 수사학, 속담 등의 표현에서는 원문의 내용과 적절한 형태가 결합하는 방식의 메카니즘을 다시 도착어내에서도 생산하는 것이었다.

원문 그대로 번역해서 완전히 역효과가 난다는 좋은 경험을 한 예를 들어보겠다. 「아내」에서 화자의 아내는 박색이나 편안한 삶을 안위하기 위해 들병이가 되고자 한다. 들병이는 미모와 더불어 가창력 등을 갖춰야 하는데 아내는 외모가 영 부족한 사람이었다. 본인의 부족한 외모에 대해 부인이 안달을 하니까 보다 못한 화자가 못생긴 것이 괴로우면 "면사포로 얼굴을 가리고 다니지"라고 하는 부분이 있다. 인용해보면,

> 망할 년, 밉다는 게 그렇게 진저리가 나면 아주 면사포를 쓰고 다니지 그래. 년이 능청스러워서 조금 더 이뻤더라면 나는 얼렁얼렁해버리고 돈 있는 놈 군서방해갔으렸다. 그렇게 생각하면 년의 낯짝 더러운 것이 나에게는 불행 중 다행이라 안 할 수 없으리라.
>
> Si ça lui est si pénible de s'entendre dire qu'elle est pas jolie, <u>elle a qu'à se mettre un voile sur la tête.</u> Elle se monte tellement la tête, cette conne, que si elle avait été mieux foutue, y a longtemps qu'elle serait partie avec un autre, un riche, en me plaquant là. Sûr, les jolies filles, leur minois, elles s'y entendent pour le vendre, et pas pour rien! Quand j'y pense, qu'elle soit si mal fichue, ma femme, c'est peut-être une chance …… 2)

2) 김유정, 「아내」, 『동백꽃』, 일신서적, 1997, 110면; *Une averse*, Zulma, Paris, 2005, p.102.

처음에 불어번역에서는 줄친 부분이 “elle a qu’à se mettre un voile de mariée sur la tête”라고 면사포에 대한 불어 대응 번역으로 처리를 하였고 감수자는 이 어색한 불어를 개선한다는 의도하에 “elle a qu’à se remarier(재혼하면 되지)”라고 바꿔놓아서 완전히 오역이 되어 버렸다. 더군다나 뒷부분에 군서방해 간다는 이야기까지 있어서 감수자가 오역하기에 좋은 환경이 되었다. 한국어를 모르는 감수자의 문화환경에서 면사포는 결혼을 의미하는 것이기 때문에 오해가 생긴 것이다. 출발어에서 면사포는 얼굴을 가리는 베일의 뜻이었는데 도착어에서 상징하는 바가 다르기 때문에, 즉 언어들 사이의 제유법의 현상이 나타나기 때문인 것이다. 언어에 따라서 하나의 사물이나 현상을 지칭하는 방식이 다르기 때문에 원어에 충실한 대응 방식은 작가의 의도를 잘못 전달하는 오류를 낳는다. 의미와 언어형태 사이의 상호작용과 기능을 파악하고 도착어에서 동일한 방식의 연관관계를 만들어 주는 것이 등가의 번역에 달하는 길이다. 언어의 시니피앙과 시니피에 사이에 자의적인 관계로 인해 언어권, 문화권마다 의미와 형태사이의 관계 맺기가 다르다는 점을 유의하고 문학작품의 번역은 문학작품이 되도록 해야 하는 것이 번역자와 감수자의 임무이다. 김유정의 문체와 그 효과를 불어로 재창조하여 등가의 단편선이 되게 하는 것이 번역자들의 목표였다. 한국인 번역자가 원문의 기억 때문에 과감하게 불어적인 표현을 추구하지 못하는 경우가 있어도 한국어를 모르는 불어 감수자는 더 자유스럽게 창조적인 표현을 제안하는 장점이 있다. 즉 그는 김유정이 불어로 글을 썼더라면 추구했을 표현을 의미에 의거해서 찾아낼 수 있는 것이다.

우리의 번역 대상은 김유정이 사용한 한국어가 아니라, 그 한국어로 씌여진 문학텍스트이므로 한국어의 시니피앙을 그대로 옮겨 재생산하는 방식을 배제하고, 그가 사용한 언어가 작품에서 갖는 기능, 작가의 의도, 문맥이 제한해주는 뜻을 정확하게 이해한 이후에 불어로 등가의 표현을 제시하는 방식으로 번역을 하였다.

2) 번역방식

번역자와 감수자가 채택한 번역 방식 또는 이론은 의미이론(la théorie interprétative)으로 내용과 형태를 포함한 총제적인 의미를 도착어에서 가장 등가적인 표현으로 번역하는 이론이다. 특히 출발어로 씌인 의미가 이해된 비언어화된 과정을 거쳐 도착어로 다시 재표현이 되는 방식이 텍스트의 충실성을 보장할 수 있다는 이론으로 대조언어적인 번역문법을 배격하며, 커뮤니케이션과 발화의 전달을 그 목적으로 하는 이론이다. 이 이론에 의거해서 유머, 수사학적 표현이 들어간 부분에 대한 번역 제안을 살펴보도록 하자.

우선 다음 예는 한국어 원문의 시니피앙을 대응해서 그대로 사용해도 도착어 독자의 이해에 장애가 없다는 판단하에 번역을 시행한 부분이다.

> 가물에 콩나기로, 어쩌다 도라지순이라도 어지러운 숲속에 하나 둘 뾰족이 뻗어오른 것을 보면 그는 그래도 기쁨에 넘치는 미소를 띠었다. 때로는 바위도 기어올랐다. 정히 못 기어오를 그런 험한 곳이면 칡덩굴에 매달리기도 하는 것이었다. 땟국에 전 무명 적삼은 벗어서 허리춤에다 죽 찌르고는 호랑이 숲이라 이름난 강원도 산골에 매달려 기를 쓰고 허비적거린다. 골바람은 지날적마다 알몸을 두른 치맛자락을 공중으로 날린다. 그제마다 검붉은 볼기짝을 사양없이 내보이는 그를 칡덩굴이 본다면, 배를 움켜쥐어도 다 못 볼 것이다. 마는 다행이 그윽한 산골이라 그 꼴을 비웃는 놈은 빼꾸기뿐이었다.
>
> Au contraire même, quand elle venait à apercevoir une ou deux pousses de raiponce au milieu de la capricieuse profusion du bois — ce qui évoquait pour elle l'image de haricots poussant en plein désert —, elle ne pouvait s'empêcher de laisser éclore un sourire radieux. Pour grimper sur les rochers, elle s'agrippait aux sarments des marantes. Elle ôtait sa veste de coton, sale et trempée de sueur, l'attachait à sa taille. Elle allait en tous sens dans ces montagnes de la province du Kangwon où des tigres, disait-on, parfois surgissaient. Sa jupe, que soulevait le vent qui montait des vallées, s'accrochait aux ronces.

Si les fleurs rouge sombre des marantes qui couraient au sol avaient eu des yeux, elles n'auraient pu s'empêcher d'éclater de rire. Mais par chance, il n'y avait, dans ces forêts profondes, que les coucous pour se rire d'elle.[3)]

"빙모님은 참새 만한 것이 그럼 어떻게 앨 낳지유? (사실 장모님은 점순이보다도 귀바퀴가 작다)"

장인님은 이 말을 듣고 껄껄 웃더니 (그러나 암만해도 돌 씹은 상이다) 코를 푸는 척하고 날 은근히 골리려고 팔꿈치로 옆 갈비께를 퍽 치는 것이다.

Madame ma mère, votre femme, elle qui est grande comme un moineau (c'est vrai, elle est encore plus petite que Chomson), elle a bien su faire des gamins, non?

Là-dessus, mon beau-père a éclaté de rire, mais tout de suite après, sa figure a changé comme s'il venait de mordre sur un caillou en mangeant son riz. Et en faisant semblant de se moucher, il m'a filé un coup de coude dans les côtes pour se venger.[4)]

또 하나의 예는 아주 독특한 정서의 썰렁한 이야기를 하는 부분이다. 이 예는 번역의 기법뿐만 아니라 작가의 독특한 사고와 시선의 측면에서도 눈여겨 볼만한 대목이라고 여겨진다. 너무나 가난해서 부인을 팔려고 하는 친구의 계약서를 작성해주기 위해 가면서 화자는 처음에는 그들 부부를 동정한다. 그러나 잠시 후에는 자신의 상황을 돌아보고 크게 다를 것이 없다는 생각을 하면서 "여편네라고는 병든 어머니 밖에 없다"는 뜻밖의 독백을 한다. 요즘의 엽기적인 개그에나 나올 듯한 발상이 당시로서는 아주 놀라운 것이라 여겨진다.

다른 짓은 다 할지라도 영득이(다섯 살 된 아들이다)를 생각하여 아내만은 팔지 말라고 사실 말려보고 싶지 않은 것은 아니다. 그러나 내가 저를 먹여주지 못하는 이상 남의 일이라고 말하기 좋아 이러쿵 저러쿵 지껄이기도 어려운 일이다. 맞붙잡고 굶느니 아내는 다른 데 가서 잘 먹고 또 남편은 남편대로 그

3) 김유정, 「소나기」, 위의 책, 18면; *Une averse*, Zulma, Paris, 2005, p.11.

4) 김유정, 「봄봄」, 위의 책, 68면; *Une averse*, Zulma, Paris, 2005, pp.80~81.

돈으로 잘 먹고 이렇게 일이 필 수도 있지 않느냐. 복만이의 뒤를 따라가며 나는 도리어 나의 걱정이 더 큰 것을 알았다. 기껏 한 해 동안 농사를 지었다는 것이 털어서 쪼개 보니까 내 몫으로 겨우 벼 두 말 가웃이 남았다. 물론 털어서 빚도 다 못 가린 복만이에게 대면 좀 날는지 모르지만 이걸로 우리 식구가 한겨울을 날 생각을 하니 눈 앞이 고대로 캄캄하다. 나두 올 겨울에는 금점이나 좀 해볼까, 그렇지 않으면 투전을 좀 배워서 노름판으로 쫓아다닐까, 그런대로 밑천이 들 터인데 돈은 없고 복만이같이 내 팔 아내도 없다. 우리 집에는 여편네라곤 병든 어머니 밖에 없으나 나이도 늙었지만 (좀 부끄럽다) 우리 아버지가 있으니까 내 맘대론 못하고—.

이런 생각에 잠기어 짜장 나는 복만이더러 네 아내를 팔지 마라 어째라 할 여지가 없었다. 나도 일찍이 장가나 들어 두었더라면 이런 때 팔아먹을 걸 하고 부지러운 후회뿐으로 큰길로 빠져나와서 ……

En marchant derrière lui, je me disais que j'avais, en fait, pas moins de soucis à me faire que lui : toute ma récolte de l'année était passée à rendre, à droite, à gauche, ce que j'avais emprunté. Il me restait guère qu'une quinzaine de kilos de riz non décortiqué. Mais quand même, j'étais, somme toute, mieux loti que Pongman, car lui, il arrivait pas à les rembourser, ses dettes. Pourtant, quand je me suis rendu compte qu'il allait falloir tenir tout l'hiver avec juste ça, j'ai vraiment eu l'impression que le ciel me tombait sur la tête. Je me suis même dit que j'aurais intérêt à aller me faire embaucher dans les mines d'or à compter de l'hiver, ou à me mettre à jouer — c'est pas les occasions qui manquent par ici. Mais, pour ça, faut des capitaux, et moi, j'ai pas de femme à vendre comme mon copain. Chez moi, comme femme, y a que ma pauvre mère, qui est vieille, mais en plus, y a que mon père qui est en droit d'en faire quelque chose. Moi, ça me regarde pas …

Et comme ça, j'ai pas pu dire à mon copain qu'il fallait pas la vendre, sa femme … J'ai quand même regretté de pas être marié, comme lui : j'aurais pu, moi aussi, vendre ma femme …[5]

위 인용 부분들은 화자의 또는 작가의 독특한 위트와 골계미를 느끼

5) 김유정, 「가을」, 위의 책, 249면; *Une averse*, Zulma, Paris, 2005, pp.28~29.

게 하는 부분으로 부인을 팔아야 할 정도로 가난한 환경에서 주인공들이 체념하고 절망만 하기보다는 유머로 상황을 빗대어 보는, 거리 두기가 가능함을 보여준다. 또 사용된 표현은 상당히 현대적이라 거의 동시대적이라는 느낌이 들 정도이다. 이런 점들이 불어권 독자로 하여금 문화적, 시대적인 거리를 넘어서 한국 작가의 작품을 애호하게 한 요인이라고 여겨진다.

그런가 하면 다음 유머의 경우는 대응어 그대로 번역했을 경우 이해의 문제가 제기될 수 있어서 같은 뜻을 갖는 등가적인 표현을 찾아야 했다.

> 목구멍에서 질그릇 물러앉는 소리가 나니까 나중에 목이 트이면 노래는 잘할 거다마는 가락이 딱딱 들어맞아야 할 텐데 이게 세상에 돼먹어야지. 나는 노래를 가르치는데 이 망할 년은 소설책을 읽고 앉았으니 어떡하나. 이걸 데리고 앉으면 흔히 닭이 울고 때로는 날도 밝는다. (아내 107면)
>
> Elle m'imite, assise, en se tapant des deux mains sur les fesses. Elle chante comme une casserole, mais quand elle aura un peu d'entraînement, elle fera de jolies choses. Quand même, il faudra d'abord qu'elle chante juste. Elle y arrive pas.
>
> Quand je chante pour lui apprendre, cette conne, et qu'elle essaie après moi, on dirait qu'elle déchiffre un roman, tellement elle est mauvaise. À force de la faire répéter, plus d'une fois j'ai entendu le coq chanter et j'ai vu le jour se lever. (p.98)[6]

불어의 경우 "소설을 읽다"는 노래를 못 부른다는 표현을 대신하는 뜻을 가지고 있지 않기 때문에 "간신히 소설을 읽어가다"라는 표현으로 바뀌었다. 이 구문이 비유법의 형태를 띠고 있기 때문에 비유의 의미를 전달하는데 있어서 비유의 언어형태가 치환이 되어도 무방하다는 점을 상기할 필요가 있다.

다음 예의 경우에는 출발어의 독특한 수사학적 기법으로서 그 대응어가 도착어인 불어에 없기 때문에 동일한 기능을 갖는 등가의 번역을

6) 김유정, 「소나기」, 위의 책, 98면; *Une averse*, Zulma, Paris, 2005, p.107.

추구해야 하는 경우이다. 한국어 번역자의 1차 번역, 1차 감수본, 그리고 최종본을 차례로 보면서 어떻게 적절한 대안을 찾아가는지 번역과정을 보도록 하자.

쇠돌 엄마도 처음에야 자기와 같이 천한 농부의 계집이련만 어쩌다 하늘이 도와 동리의 부자 양반 이 주사와 은근히 배가 맞아 금방석에 뒹구는 팔자가 되었다. 그리고 쇠돌 아버지도 이게 웬 땡이냔 듯이 아내를 내어 논 채 눈을 살짝 감아 버리고 이 주사에게서 나는 옷이나 입고, 주는 쌀이나 먹고 연년이 신통치 못한 자기 농사에는 한 손을 빼고는 히짜를 뽑는 것이 아닌가!

1차 번역	1차 감수본	최종안
Pourtant, elle avait la même origine que la mère de Soedol : elle était la femme d'un paysan miséreux. Mais depuis que la mère de Soedol avait eu les faveurs du ciel — et que son ventre a rencontré celui de maître Li, [cette expression linguistiquement traduite est bizarre en français, à trouver une autre formulation] l'homme le plus riche de toute la région — elle se pomponnait, soignait ses habits, n'avait plus de soucis à se faire pour se nourrir … enfin, elle roulait sur l'or[dans le texte original : elle se tournait et se retournait sur un coussin d'or, mais ça fait un peu bizarre].	Pourtant, la mère de Soedol était de même origine qu'elle, elle était la femme d'un paysan miséreux. Mais depuis qu'elle avait eu les faveurs du ciel — et de la braguette de maître Li, l'homme le plus riche de toute la région — elle se pomponnait, soignait ses vêtements, n'avait plus de soucis à se faire pour manger … en somme, elle roulait sur l'or.	Pourtant, la mère de Soedol était de même origine qu'elle, elle était la femme d'un paysan miséreux. Mais depuis qu'elle avait eu les faveurs du ciel — et de la braguette de maître Li, l'homme le plus riche de toute la région — elle se pomponnait, soignait ses vêtements, n'avait plus de soucis à se faire pour manger … en somme, elle roulait sur l'or.[7]

이 부분에는 두 개의 문채가 사용되었다. 우선 쇠돌엄마가 어떻게 팔자를 고치게 되었는지 하는 부분과 금방석에 구르게 되었다는 부분이다.

1차적으로 은근히 배가 맞다는 은유에 대한 처리 부분에서 1차 번역에서 번역자가 감수자에게 그대로 대응 번역을 하면 불어의 표현으로는 이해가 되지 않을 것이므로 불어에서 등가의 표현을 찾아야 한다는 제시를 한다. 그리고 감수자는 "les faveurs du ciel—et de la braguette de

7) 김유정, 「아내」, 위의 책, 19면; *Une averse*, Zulma, Paris, 2005, p.12.

maître Li", 즉 "하늘의 도움과 이주사의 바지춤을 갖게 됨으로서"라는 표현으로 쇠돌네의 행적을 역시 은유적으로 표현한다. 은유가 가지고 있는 기능이 재창조가 된 것이다. 두 번째 문채는 제유법인 "금방석"으로 불어로 그대로 번역이 되면 이해가 어렵다. 이 부분에 대해서도 마찬가지로 "rouler sur l'or", 즉 금 위를 구르는 팔자가 되었다는 표현으로 제유법의 기능, 일부로 전체를 표현하는 기능을 살렸다.

이러한 처리 방식은 번역이 단어나 언어차원의 대응, 치환만으로 이루어지지 못하며, 출발어 표현의 기능을 이해, 분석하고, 등가의 효과를 제공하는 도착어의 적절한 표현을 대응, 등가, 또는 재창조를 통해 대입시키는 소통의 작업이라는 것을 보여준다. 특히 일상의 소통이 아니라 문학적인 소통의 경우, 작가의 문체의 특수성이라는 점을 고려해야 한다. 다시 말해서 단순히 한국어 고유의 어법에 속한, 언어적인 영역과 작가의 문체에 속한 특수한 글쓰기, 개인적인 글쓰기의 영역을 나눠 등가의 문체를 추구하도록 번역자는 노력해야 한다.

문채뿐만 아니라 유머의 경우, 언어권마다 문화적인 배경이 다르기 때문에 무조건 언어 대응방식으로 번역했을 경우, 도착어에서는 전혀 이해가 안 되는 경우도 발생한다. 본래 유머를 사용한 의의가 상실되는 것뿐만 아니라 해당 구절이 이해가 되지 않아 전혀 다른 의미의 해석으로 이어질 수 있다.

3) 출판 및 언론, 문단의 반응

출판은 프랑스의 문학 전문 출판사인 쥘마사에서 맡아서 편집자들이 다시 꼼꼼히 읽고 수정이나 개선의 제안을 했고 번역자들은 그 제안을 대부분 수용했다. 수정의 경우, 지나치게 반복적인 부분의 경우, 반복어 표현 대체, 대화체에서 더 자연스런 표현 추구, 구두점위치 등이었고,

제안의 대부분이 번역에 참가하지 않은 편집자의 입장에서 더 명확하고, 문학적인 작품의 생산을 위한 것이어서 번역자들은 수용을 했다. 쥘마는 전문 문학 출판사로서 출판 후 언론 홍보를 적극적으로 했고 그 결과 『르몽드』, 『리베라시옹』, 『텔레라마』 등 대표적 일간지 주간지에 좋은 평이 실렸고 당시까지 쥘마에서 출판된 한국 문학 작품 중에서 가장 단시일 내에 판매부수가 증가했다는 평을 들었다.

『르몽드』의 장 수블랭 기자는 김유정의 일생을 자세히 소개하고 당시 한국의 정치, 사회 상황과 농민들의 핍박받는 생활에 대해 묘사하고 몇 구절을 인용하기도 하며 김유정의 문체와 등장인물들이 자연주의적으로 그려졌다고 지적하기도 한다.

> 배고픔에 지치고, 음주에 빠진 사람들, 지역경제에 타격을 입히며 돌아다니는 들병이들, 건강과 부부의 문제 등 거의 전통적인 인간의 문제를 작가는 자연과 풍토, 계절의 변화에 예민함을 가지고 그려낸다. 과장함이 없이 그저 몇 단어를 통해서 김유정은 겨울의 찬바람과 서리, 찌는 여름의 땀방울 그리고 오월의 향긋한 꽃내음을 우리에게 전해줄 줄 아는 작가이다.
>
> —『르몽드』 2000년 12월 21일 판

『리베라시옹』은 좌파 신문답게 김유정이 농민과 헐벗은 사회의 사람들을 즐겨 다뤘으며 이들은 "가난으로 인하여 부부간의 애틋한 정을 모르고 나날이 매질로 불평과 원한 중에서 복대기는 그들도 이 밤에는 불시로 화목하였다"(「소나기」)를 인용하며 쥘마출판사가 프랑스에 한국의 매력있고 재능있는 작가를 소개했다"고 2000년 10월 19일자에 적고 있다.

대표적인 카톨릭 주간지인 *La vie*지는 2000년 9월 14~20일 호에서 김유정을 모파상에 비교하면서 김유정의 문체가 더 단순하며 정제되었지만 이야기는 더 예리하고 신랄해서 경제적인 공리주의와 농민들의 계산의 치밀함을 그리며, 일이 고달픈 농촌 세상에서 생존의 전략이 종종

도덕을 대신한다는 평을 싣고 있다.

그 외에 주간지 『찰리 엡도*Charlie Hebdo*』의 기자이며 프랑스의 대표적인 문예기자인 미셸 폴락 기자는 전 단편 중에서 가장 마지막에 실린 「땡볕」은 정말 대단한 걸작이라고 칭찬을 아끼지 않았으며 가장 판매부수가 많은 주간지 『텔레라마*Télérama*』는 애정문제, 부부간의 문제와 갈등을 유모와 해학으로 계절의 변화에 맞춰 그리며(제목에 계절명이 직접 여러 번 언급되었음) 현대에도 여전히 이 문제는 중요한 문제라고 중점을 맞췄다. 아마도 『텔레라마』의 이 비평이 판매부수를 올리는 데 가장 기여하지 않았나 한다.

마지막으로 『플라스 피블릭*Place Publique*』은 인터넷 판에서 1930년대 한국 농민의 헐벗은 현실에 대해서 묘사하고 여성인권의 유린 장면이 많다는 점도 주목하며 작가가 인간의 폭력성, 생존이 달린 농민경제 속에서 인간관계를 자세히 분석했으며 정말 아름다운 작품이라고 보도하고 있다.

또 고무적인 현상은 재판이 표지가 바뀌어 나온 이후에도 평이 계속 나왔다는 점이다.

재판에 대해서 『르 마트릴퀼 데 장주*Le matricule des anges*』는 김유정의 일생과 단편선의 작품들을 간단히 소개한 후에 작가가 "대단한 유머를 가지고 인간의 바보스러움, 천한 감정, 그로테스크함, 애정문제를 다룬다. 어둡고, 무시무시한 세상 속에서도 작가는 인간에 대한 따뜻한 우애를 가지고 있다. 특히 생동감, 대비효과, 수사학적 표현들을 적절하게 사용하는 매력적인 문체는 아주 현대적이다"라는 평을 하고 있다(2005.6, 64호).

4) 보편성 수용

프랑스 문단은 우선 주제의 보편성에 주목했다고 보인다. 유럽도 1세기 전까지 농민들의 생활, 경제는 핍박받는 상태였고, 여성인권도 상당히 유린당한 상태였다. 또 프랑스의 19세기 말 농민 소설들을 읽어보면 부부간의 갈등, 경제적인 어려움, 인간관계의 삭막함 등이 드러나며, 인간관계의 황폐함, 사악함 등은 사실주의, 자연주의 작가들이 잘 보여준 바 있다.

또 부부, 연인 관계가 자주 주제로 등장해 여러 가지 형태의 부부생활이 가능하며, 애정의 시발점에서부터 애증이 교차하는 모습이나 또는 사정상 부부가 헤어지는 경우, 또는 정조를 가지고 끝까지 남편을 지키는 전통적인 부인의 모습도 다뤄진다. 동서고금을 막론하고 남녀관계, 애정문제는 보편적이라는 점이 많은 문학작품을 검토해보면 드러난다. 한국의 사회, 역사적 배경은 독특하지만 공통분모로서 남녀간의 관계를 다룬다는 점에서 일반독자들의 관심을 많이 끌었다고 여겨진다.

이러한 정서적인 유사함은 문체의 정교함, 정치함, 적확성으로 보강이 되고 한국을 배경으로 했지만 인류가 겪었던 또는 현재 진행형인 사회상이란 느낌을 준다.

또 지금까지 프랑스에 소개된 한국 문학이 정적인 정서인 한, 고통의 애잔함, 고독, 방랑, 6·25를 주제로 한 것이 주류를 이루는 가운데 유럽이 즐기는 유머, 해학이 중요한 작품을 소개했기 때문에 독자나 문단의 반응이 좋았다고 볼 수 있다.

5. 맺음말

한국문학 작품은 서구권에 최근에나 본격적으로 소개되기 시작했고 그런 의미에서 아직도 도입, 소개단계에 있다고 보인다. 프랑스에서는 중·장편 소설 장르를 독자들이 선호한다는 이유에서 중·장편 중심으로 소개가 되어왔다. 그러나 김유정 단편선의 성공적인 프랑스 도입은 한국의 대표적인 단편 장르가 프랑스에서도 성공할 수 있다는 것에 대해 현지 출판사로 하여금 확신을 갖게 했다. 쥘마 출판사의 경우 이후 『삼포가는 길』, 『객지』(이상 황석영), 『초식』(이제하), 『이상 단편집』(이상), 『무진기행』(김승옥), 『한국 여성소재 단편선』 등을 기획, 출판하게 되었다. 김유정의 『소나기』는 한국의 단편선 소개에 대한 지평을 연 작품이라고 자부할 수 있다. 특히 김유정 및 한국의 단편은 서구의 꽁트에 가까운 짧은 단편이기보다는 기승전결의 구조를 갖춘 총체적인 작품이라 독자들이 소설이면서 단지 짧은 작품을 읽는다는 느낌을 받은 점도 단편소설 성공에 기여했다고 본다. 또 아시아 문학 독자들은 일본의 소세끼, 가와바다 야스나리 등의 작품을 읽어 보았기 때문에 아시아 작품의 경우 단편이 우수하고 중요한 장르라는 점을 이미 알고 있는 듯하다.

물론 이러한 원문의 가치와 문체 외에 해외 진출에 기여한 것은 그저 원문 대조 번역에서 그쳐서는 안되며 문학작품의 외국어로의 재창조 역량을 갖는 번역작업이라고 하겠다. 국내의 번역계는 해외의 출판시장에서 요구하는 독자적으로 존재가능하며, 한국의 문화와 정서를 무리없이 전달하고, 독서의 즐거움을 제공할 수 있는 문학텍스트를 제공할 역량이 부족한 감이 없지 않다. 또는 번역의 이데올로기적인 면에서, 원문의 언어 형태를 수용하는 원전주의 입장, 또는 언어적인 대조 번역에 만족하는 경향도 있다. 이는 문학번역의 정수를 무시한 번역방식이며, 특히 한국어의 흔적을 전달하려는 노력으로 인해서 작가의 문체와 작품의 내용을 완전히 왜곡할 위험을 무릅쓰는 행동이다. 문학번역은 작품의 번역이지 언어의 대조 번역이 절대로 아님을 번역자는 명심해야 한다. 문학번역은 단어, 1개의 구나 문장의 대응가치를 추구하는 방식으로 진행될 것이 아니라 작품의 총제적인 의미의 단위가 전달되고, 문화가 이해되며, 감동이 있어야 하는 것이다.

또 한가지 고려해야 할 점은 작품, 장르, 작가의 선정에 있어서 문화권 간의 감수성의 문제이다. 각 국가나 문화권별로 선호하는 문학 장르가 있기 때문에 그 분야의 소개를 우선적으로 하면서 다양성을 추구하고, 작가의 선정에 있어서도 해당 문화권에 우선 알려지기 용이한 경향의 작품을 소개 한국문학을 존재하게 하는 것이 중요해 보인다. 이것은 미묘한 독자의 감수성의 문제로 사실 예측하는 것이 용이하지는 않다.

> 우수한 한국 문학작품, 한국의 독자를 열광시킨 작품이라 하더라도 본래 작품이 생산된 문화와 완전히 다른 문화권의 감수성을 가진 독자들이 읽게 되었을 때 그 반응은 다를 수 있다는 점을 고려해야 한다. (…중략…)
>
> 한국 영화의 경우를 보면 이해가 더 쉽다. 일례로 프랑스 관객들은 홍상수, 임상수, 김기덕, 임권택, 신상옥 감독 등의 작품을 보며 열광한다. 〈살인의 추억〉, 〈괴물〉 등의 봉준호 감독은 드물게도 한국과 프랑스에서 모두 환영받은 감독이다. 김기덕의 〈봄 여름 가을 겨울 그리고 봄〉은 프랑스에서는 수십만이 본 영화이며, 홍상수 감독의 작품은 파리의 영화관 어디에선가 반드시 상영이 되고 있다. 이런 현상은 감수성의 차이, 미적 감각의 차이에서 기인한다.
>
> 한국의 분단문제, 민주화과정 등에 대한 소설은 상당히 소개된 편이고 이제 해외의 독자들은 다른 종류의 작품, 현재 한국 사회에 대한 작품을 기대하고 있다. 그러므로 지나치게 한국적이고, 민족주의적인 경향의 대하소설 등의 번역은 현단계에서 제어되어야 한다고 본다. 한국문학이 해외에 정착하고 다양한 경향의 작품이 동시에 수용되는 상태에 이르게 될 때까지 작품 선정에 있어서 해당 국가의 감수성을 고려해야 한다.[8]

더불어 현지에서 전문편집 정책과 홍보를 하는 출판사에게 번역작품을 의뢰 제3자의 시선으로 편집장이 번역작품을 읽고 다시 한번 교열을 보는 작업이 반드시 필요하다. 또 국내 지원기관들의 다각적이며 장기적인 지원 노력도 중요한 성공의 요소가 된다.

김유정 단편선의 프랑스 호응의 예를 보면서 결론적으로 지금 단계

8) 한국문학번역원 기획 · 최미경 외, 「전략으로서의 한국문학 번역 in」, 『문학번역의 이해』, 북스토리사, 2007, 112~113면.

에서 한국문학 소개를 더욱 활발히 하기 위해서, 감수성, 주제 면에서 독자들을 고려하며 작품을 선정할 것, 한국적이면서도 보편적인 작품을 골라야 하며, 번역작품이 독자적인 작품으로 존재하게끔, 원본과 등가의 또 하나의 문학작품을 창조하는 번역을 제공하고, 전문 출판사에 출판을 의뢰 최대한의 언론홍보를 집중적으로 해야 한다는 것이다. 점점 더 독자가 줄어들고 흥미위주 거리를 읽는 상황에서 영화화 되거나 현대의 관심사, 보편적인 관심사를 다룬 작품을 전달해 주면서 한국문학에 관심을 갖게 유도해야 하며, 한국에 대한 관심이 고조되는 국제적 행사 등의 기회도 적극 활용해야 할 것이다.

김유정, 문화콘텐츠로의 확장

곽효환

1. 문화산업 시대 문화콘텐츠의 미래

문화의 산업적 생산과 판매라는 새로운 제도적 유형의 출현을 의미하는 문화산업이라는 말은 오늘날 너무 당연하게 들리기도 하고 어떤 측면에서는 진부하게 들리기까지도 한다. 당초 테오도르 아도르노(Theodor W. Adorno)와 막스 호르크하이머(Max Horkheimer) 등의 프랑크푸르트 학파에 의해 자본주의 사회에서 대중문화의 발달성향을 비판하면서 부정적인 개념으로 사용되었던 이 용어는 20세기 후반 이후 정보화가 고도화되고 지식정보사회가 급속히 진행되면서 긍정적인 개념으로 변화되어 사용되고 또 접근되고 있다. 문화산업은 자유주의 경제학적 관점에서 긍정적으로 논의되어 왔는데 이 관점은 문화산업이 문화발전과 문화의 민주주의 실현에 기여할 것이라고 보았다. 문화산업의 발달로 인해 대중은 다량의 문화 정보와 지식을 얻을 수 있게 되고, 예술가들은 대중과 자신의 작품이 접할 기회가 확대될 수 있다는 것이다. 또한 후진국이나 개발도상국들의 경우 문화가 선진국에 종속될 위험성은 있지만 문화산업에 따른 생산능력을 확보하게 되면 오히려 탈집중화현상을 가져와서 문화적 도약의 계기가 될 수 있다고 보았다.

이러한 논의는 이제 문화산업의 순기능을 부각시키면서 문화산업을 거대한 시대적 조류로 인식시키고 있다. 따라서 문화예술의 각 장르들이 시장 또는 문화예술 소비자들의 요구를 읽고 이에 부응하려는 노력들이 활발히 진행되고 있으며 때로는 대형자본과 결합하여 새로운 문화적 욕구를 이끌어 내기도 한다. 한편으로는 기업이나 정부 및 지방자치단체에서도 문화산업적 관점에서 문화예술에 접근하기도 한다. '문화를 산업화하는 것에서 산업 그 자체를 문화화'[1]하는 쪽으로 확산해 가고 있는 것이다. 문화예술에 대한 이와 같은 개념과 성격의 변화는 문화예술 작품의 '생산자로서 작가와 수용자로서 독자의 지위 및 관계 변화를 유발하는 지점에 이르렀으며, 작품 창작이 지향하는 지고한 가치, 이른바 작가의 독자에 대한 '교사'의 지위를 위협하는'[2] 상황을 낳고 있을 뿐만 아니라 근본적인 관계 변화를 가져오고 있기도 하다.

최근 출간된 경영관련 서적 『보랏빛 소가 온다 1』(재인, 2004), 『보랏빛 소가 온다 2』(재인, 2005)를 보면 문화산업의 미래와 발전방향을 관찰할 수 있다. 세계적인 마케팅 전문가 세스 고딘(Seth Godin)이 쓴 이 책들은 아름다운 벌판에 천편일률적으로 발견할 수 있는 누런 소들 가운데 보랏빛 소(Purple Cow)를 발견했을 때를 의미하는 새로움을 주장한다. 리마커블(Remakerble), 즉 주목할 만한 어떤 것이라는 새로운 마케팅 개념의 도입을 통해 날로 치열해지는 혹은 비슷비슷한 상품들이 우열을 가리기

1) 박덕규, 「문화예술기행의 문화산업적 의미」, 『한국문화기술』 01, 한국문화기술연구소, 2005, 94면.

2) 김종회, 「『객주』 문학테마타운의 문화산업적 효과」, 『객주문학테마타운 조성을 위한 심포지엄 자료집』, 청송군, 2007, 23면.

어렵게 치열한 경쟁을 벌이는 시장에서 승리하는 방법(『보랏빛 소가 온다 1』)과 그것을 위한 구체적인 실행 전략(『보랏빛 소가 온다 2』)을 제시하고 있다. 이 책은 새로운 마케팅에 대해서 말하고 있지만 여기에서는 초기 단계를 벗어나고 있거나 벗어나려고 하는 문화산업에 몇 가지 의미심장한 시사점을 주고 있다는 관점에서 살펴 볼 수 있다.

첫째, 아무리 좋은 상품(콘텐츠)이라 할지라도 그것이 다른 것들과 차별화되지 않고 비슷비슷한 것이라면 이내 진부해지고 식상해서 소비자(수용자)에게 지루한 것이 되고 만다는 점이다. 수많은 누런 소 가운데 보랏빛 소가 등장했을 때의 시선 주목이나 놀랍고 낯선 새로움이 필요하다는 의미이다. 이는 문학에서도 이미 잘 알려진 '대상을 친숙하지 않게 만들고, 형태를 난해하게 만들고, 지각과정을 더욱 곤란하고 길어지게'[3] 만드는 러시아 형식주의의 주요 용어인 '낯설게 하기'라는 말과도 상통한다. 벤치마킹이라는 이름 아래 뒤의 것은 앞의 것을, 앞의 것은 다시 뒤의 것을 서로 베끼거나 변별성이 없이 나열하는 문화예술작품이나 상품은 결국에는 소비자로부터 외면 받고 결국은 문화산업 시장에서 도태되고 만다는 것이다. 과거와 같이 막대한 비용을 들이는 광고와 홍보 등을 통해 어느 정도 버티기는 하겠지만 이 또한 오래가지 못하고 도태되기 십상이다. 따라서 문화예술 또는 문화산업 역시 자기만의 특성을 가지고 이를 드러내 보여 주어야만 한다. 주목할 만한 어떤 것이란 전혀 다른 낯선 창조가 아니라 본질을 유지하면서도 작은 차이를 통해 새롭고 예외적이고 흥미롭게 만드는 것으로 이룩할 수 있다. 또한 이것은 문화산업 팽창기에 지향해 나가야 할 방향이기도 하다.

둘째, 문화산업의 미래의 발전 모델을 읽을 수 있다. 『보랏빛 소가 온다 2』에서 역설하고 있는 핵심은 멀티테인먼트 시대가 도래한다는 사실이다. 고도산업사회와 디지털화가 몰인간적이고 기계중심적으로 사

3) 조셉 칠더즈 · 게리 헨치 편, 황종연 역, 『현대문학 · 문화비평 용어사전』, 문학동네, 1999, 144면.

회를 변모시켜 가면서 사람들은 역설적으로 재미와 즐거움과 같은 감각적이고 감성적인 가치, 즉 엔터테인먼트를 추구하게 된다. 그리고 이 엔터테인먼트는 사회 경제 문화의 각 부분과 결합하고 융화하는 형태로 발전한다. 느림, 소용량, 개별화로 요약되는 아날로그 시대와는 달리 고속화, 대용량화, 컨버전스(융합화)를 특징으로 하는 디지털 시대의 이러한 특성은 점점 더 강화된다. 과거 아날로그 시대의 매체가 데이터, 소리, 문자, 이미지를 개별적으로 사용하고 전달하였다면 디지털 시대에서는 이들이 통합하는 형태로 변모한다. 활용감각도 시각, 청각, 후각, 미각, 촉각이 개별적이었던 데서 이들 오감이 융합하는 형태로 변모한다. 라이프스타일도 거점중심 동질성 집단성에서 연결중심 다양성 이질성 독립성으로, 커뮤니케이션도 주체와 객체 간의 커뮤니케이션과 감각지향에서 커뮤니케이션 도구의 무경계와 감성지향으로 변모한다. 이러한 변화의 중심에는 '즐거움'이 자리 잡고 있다.

엔터테인먼트가 사회 문화의 각 부분과 결합한 멀티테인먼트 시대에는 재미나 즐거움이 독자적으로 존재하는 것이 아니라 각 부분의 활동에 재미와 즐거움이 결합 또는 가세하는 것을 의미한다. 스포츠와 엔터테인먼트가 결합한 스포테인먼트, 일과 엔터테인먼트가 결합한 워크테인먼트, 정보와 엔터네인먼트가 결합한 인포테인먼트, 교육과 엔터테인먼트가 결합한 에듀테인먼트가 등장하며 문화도 엔터테인먼트와 결합하여 컬처테인먼트로 변화해 나가게 된다. 여기서 추가로 주목해야 할 점은 문화와 엔터테인먼트 또는 교육과 엔터테인먼트식의 1대1 결합에 그치지 않고 다른 분야와 계속해서 결합하고 영향관계를 긴밀하게 갖게 되는 쪽으로 변모해 나갈 것이라는 점이다. 또한 멀티테인먼트의 주체는 소비자(수용자)이다. 소비자들의 기호와 요구에 따라 멀티테인먼트는 계속해서 진화하게 될 것이고 문화산업 역시 이러한 변화를 적극적으로 수용하지 않으면 안 된다는 사실이다. 초보적인 도입과 발전단계를 넘어서 새로운 단계로 이전하고 있는 오늘날 우리 문화산업의 미래를 가늠할 수 있는 대목이 이 지점이다.

한편으로는 오늘날 문화예술에 대한 사람들의 태도를 생각해 볼 필요가 있다. 프랑스의 미래학자 자크 아탈리(Jacques Attali)는 자신의 저서 『21세기 사전』에서 "가상의 현실이나 꿈 속 유토피아를 넘어 예술은 실제로 체험하는 예술이 될 것이다"라고 21세기의 문화예술에 대해 언급하고 있다. 오늘날 많은 사람들은 문화예술의 수동적인 수용자에 머물지 않고 예술의 주체가 되려 한다는 것이다. 자신의 삶을 보다 능동적으로 가꾸고 이를 예술작품의 경지로까지 끌어내고 싶어 한다. 문화예술의 생산자와 소비자가 과거처럼 분명히 구분되는 것이 아니라 소비자의 행위가 곧 생산자와 같은 층위나 아니면 생산자적인 의미를 갖는 차원으로 승화시키고 싶은 욕구가 발현되고 있으며 이것이 앞으로 사람들이 문화예술에 대해 취하게 될 태도라고 할 수 있다.

이러한 당위성과 시대적 흐름에도 불구하고 문화산업의 개념에서 문학을 논의하기는 아직 불편하다. 실제로 문학 분야의 문화산업화가 타 예술 장르에 비해 상대적으로 뒤처져 있는 것이 현실이다. 이는 문학에 대한 고전적인 가치와 존경심을 여전히 유지하려는 뿌리깊은 전통과 인식이 남아있는데 원인을 찾을 수 있다. 한편으로는 문학을 산업화하려는 노력이 상대적으로 부족했던 데서 기인하는 것이기도 하다. 하지만 문학의 산업화는 다른 문화예술분야와 마찬가지로 피해갈 수 없다. 적어도 고전적 의미의 작품생산과 유통의 고리는 차치하고라도 문학이 독자(소비자)가 원하는 방식으로 해석되고 재가공되고 활용되는 것은 불가피한 현실이기 때문이다. 뿐만 아니라 문화예술의 핵심이자 원천 소스의 역할을 하는 문학의 특성상 문화산업 전반의 발전을 위해서 문학에 대한 새로운 차원의 인식과 접근, 그리고 원천소스로서의 문학의 변주는 문화산업의 중요한 추동력을 얻는 토대가 될 수 있다. 따라서 이 글에서는 지금까지의 문화산업적인 차원의 기본적인 논의를 바탕으로 김유정과 그의 작품들의 문화콘텐츠적 특성과 원천 소스로서의 김유정이 어떻게 변화, 발전할 수 있는지 그리고 독자와 문화소비자들의 기대에 부응하는 문화동력이 될 수 있을 것인가에 대해 검토하고자 한다.

2. 김유정 소설의 문화콘텐츠적 특성

20세기말, 특히 1995년 WTO세계무역기구의 출범을 전후하여 시작된 세계화란 공산품과 농산물 및 서비스 교역에 이르기까지 전면적인 무역 자유화를 추구하는 한편 외국의 산업과 국내 산업이 정부의 지원이나 보호 없이 자유롭고 공정한 경쟁을 하게 된 것을 가리킨다. 여기서 간과해서는 안 되는 것은 세계화의 의미가 경제적 문제에 한정하고 있지 않다는 사실이다. 이로써 이념과 체제, 지역, 민족, 관습, 전통 등 그동안 우리를 둘러싸고 있었던 유형, 무형의 많은 경계들을 넘어서는 무한경쟁과 무한소통의 시대로 진입했다. 이는 문화의 개념 또한 과거와는 다른 차원에서 생각하고 접근해야 함을 의미한다. 한 사회 구성원들에 의해 습득・공유・전달되는 지식과 예술작업의 총체이며 한 민족의 행동방식과 생활양식 및 정신의 총화를 의미하던 데서 보다 크고 넓은 단위의 사고와 행동양식을 요구받고 있는 것이다. 실제로 시차와 거리감이 거의 없이 문화적 생산과 소비가 이루어지고 있으며 엄청난 규모의 유형・무형의 경제적 가치를 만들어내고 있다.

여기서 성패를 가르는 요소는 개개의 특수성을 어떻게 보편성이라는 그릇에 담아내느냐 하는 데 있다. 이는 『반지의 제왕』 『해리포터』 『나니아 연대기』와 같은 문학작품이 영상 등 문화산업의 등을 타고 세계적인 대중성과 상업성을 이끌어낸 경우에서 쉽게 확인할 수 있다. 뿐만 아니라 노벨문학상을 수상한 오르한 파묵이나 동구출신의 대작가 이스

마일 카다레와 같은 작가들의 경우에서도 찾아볼 수 있다. 이들은 각각 터키와 알바니아라는 문화적 변방 출신 작가이지만 자국의 문화적 특수성에 문학적 뿌리를 두고 있으면서 여기에 세계가 공감할 수 있는 가치와 보편성을 입혀냄으로써 자신과 자국의 문학을 세계무대의 중심에 진입시켰다. 이들 뿐만 아니라 비서구 출신으로 세계적인 주목을 받는 많은 작가들의 경우도 이와 비슷한 공통점을 가지고 있다. 세계의 중심에 진입한 작가와 문학작품은 자신과 모국의 문화적 위상을 높일 뿐만 아니라 엄청난 경제적 문화적 부가가치를 낳기도 한다.

1930년대 작가인 김유정(1908~1937)을 이들과 동일한 선상에서 비교하는 것은 어려움이 있지만 상당한 가능성을 가지고 있다는 점에서 주목할 만하다. 2001년 대산문화재단의 번역, 출판지원으로 프랑스에서 출판된 김유정 단편집 『소낙비(*Une averse*)』는 당시 프랑스 문화계와 언론으로부터 이례적인 주목을 받았으며 출간된 지 얼마되지 않아 초판 3,000부가 다 팔리고 재판에 들어가는 등 상업적으로도 성공하였다. 특히 이 책이 출간된 후 많은 프랑스 언론들은 생존작가도 아닌 20세기 초반에 들어서야 근대문학을 수용한 변방 한국의, 그것도 1930년대에 활동한 근대문학 초기 작가의 단편집에 이례적인 찬사를 잇따라 쏟아 냈다는 점은 시사하는 바가 크다.

프랑스의 유력 일간지 『르 몽드(*Le Monde*)』는 주옥같은 단편들을 남기고 요절한 김유정의 삶을 소개하며 "김유정은 자연에 대한 깊은 통찰을 바탕으로 전통적인 농민들의 삶, 여름날의 땀방울, 겨울의 매서운 북풍 등을 자연스럽게 묘사하고 있다"고 평했다. 또한 「동백꽃」 「안해」 등의 작품을 인용하며 부부 간, 남녀 간의 관계 등 인물을 중심으로 이야기를 전개해 나간 김유정의 독특한 문체에 주목하였다. 정평있는 보도자료와 함께 TV 프로그램과 설명을 싣는 대중주간지 『텔레라마(*Télérama*)』는 '김유정 단편이 불어로 처음 번역, 소개되었는데 이 작가의 작품이야말로 한권을 읽으면 전권을 읽어보고 싶다는 생각이 들게 하는 혜성 같은 작가'라고 극찬하며 줄마(Zulma)출판사에 김유정의 나머지 단편도 번역하여 출판할 것을 권고하였다. 또한 『텔레라마』는 "김유정은 가벼움을 가장하나 실제는 어두운 목소리로 우리를 웃게도 하고 울게도 한다. 불행이도 단명한 이 작가가 작품에 담은 것은 인생 그 자체이고 그가 쓴 글들은 그보다 오래 남아 있다"고 분석하기도 했다.[4] 프랑스 문화월간지 *BCLF*는 "일제시대 한국농민들의 어려운 삶을 훌륭한 필체로 그리고 있다"고 평하면서 뛰어난 번역을 칭찬하였다. 이밖에 여성주간지 『코테팜므(*Côté Femme*)』, 문화 지리 전문월간지 『두 세계(*Revue des deux mondes*)』 등 많은 잡지들이 김유정의 단편집을 소개하고 문학적 의의를 높이 평가하였으며 프랑스 도서잡지 『비블리오테크 푸르 투스(*Bibliothèque pour tous*)』는 이 작품집을 독서 우수평가 1순위에 올려놓기도 했다.

이와 같은 프랑스 독자와 언론들의 김유정과 그의 작품에 대한 주목은 1차적으로 번역자(최미경 · 장 노엘 주테)의 뛰어난 번역에서 기인하는 것이라 할 수 있다. 하지만 여기서 주목해야 할 중요한 사실은 20세기 초반에 활동한 작가의 작품이 시공을 넘어서 여전히 유효하게 통용될 수 있다는 것을 확인할 수 있다는 점이며 이는 한국문학 해외 소개에 있어 의미 있는 성과를 거둔 지점이기도 하다. 이 책에 수록된 작품들은 표제작 「소낙비」를 비롯하여 「가을」 「동백꽃」 「봄봄」 「솟」 「안해」 「貞操」 「산ㅅ골나그내」 「땡볕」 등 9편인데 이 작품들은 1930년대의 일제 식민치하의 고달프고 피폐한 한국농민과 도시빈민들의 삶이라는 특수성에 기초하고 있는 동시에 이를 보편성의 영역에까지 확장시켜내는데 성공하고 있다.

주지하고 있듯이 김유정의 작품들은 1930년대 한국농촌 현실 및 도시서민들의 궁핍하고 고단한 생활상을 구두어 · 방언 · 비어 · 속담과 속어 등을 자유롭게 구사하면서 그리고 있다. 김유정 소설의 농촌은 '1930

4) 안영국, 「가벼움을 가장한 어두운 목소리－김유정 단편집 『소나기(*Une averse*)』 프랑스 언론의 호평받아」, 『대산문화』 통권 4호, 2001년 상반기, 126~127면.

년대라는 식민지 시대의 착취와 수탈의 역사를 환기시키는 복합적인 공간'이며 도시는 '가난에 시달리는 도시 변두리의 밑바닥 인생들이 어떻게 파탄하고 그들의 삶이 어떻게 패배해 가는가를 드러내는 기능'[5]을 한다. 김유정 소설의 이러한 특성은 한국적 요소와 한국문학의 특질을 가장 잘 갖추고 드러낸 토속문학 또는 향토적인 작가로 그의 작품과 그를 한정시키는 결과를 가져오기도 한다.

하지만 앞서 프랑스에서의 김유정의 작품에 대한 반응에서 살펴보았듯이 김유정의 소설은 '한국적 · 토속적 · 향토적'인 동시에 시공을 뛰어넘어 공유할 보편성을 끌어안고 있다고 볼 수 있다. 김유정은 당대 빈민의 문제와 같은 어둡고 무거운 주제를 다루면서도 이상주의적인 관념에 연루되지 않고 해학과 같은 예술적인 방법을 통해 현실을 인식함으로써 특유의 예술성을 확보하고'[6] 있다. 또 그의 소설은 '굶주림 때문에 가족공동체의 기본적인 윤리마저 파괴되고 개인의 도덕적 기초마저도 바닥이 나버린 밑바닥 인생들의 삶의 현장'[7]을 배경으로 하고 있으며 이를 희극적 미의식에 담아내었다. 각각이 처한 상황은 다르고 그에 따른 특수성은 있겠지만 더는 나빠질 수 없는 밑바닥 상황에서 보일 수 있는 인간의 반응과 행동은 시대와 지역의 차이가 있더라도 크게 다르지 않으며 그것을 잘 살려낸 김유정의 문학이 시공을 넘어서 공감을 얻고 소통을 가능하게 하는 보편성의 지점이 되는 것이다. 그리고 이 보편성의 지점에 자리잡고 있는 김유정 문학의 요소는 가장 열악한 상황에서 빚어내는 해학과 아이러니, 그리고 남녀간의 성애를 담은 육담 등이다. 그리고 이것들이 유기적으로 만들어내는 어두움을 딛고 피워낸 웃음과 재미가 그의 문학을 정전의 반열에 올려놓았을 뿐만 아니라 다

5) 홍기삼, 「김유정문학을 통해 본 토속문학의 세계화」, 『문학사와 문학비평』, 해냄, 1996, 13면.

6) 전상국, 『김유정, 시대를 초월한 문학성』, 건국대 출판부, 1995, 35면.

7) 홍기삼, 앞의 책, 13면.

양한 유통과 활용의 가능성을 열어 놓고 있다고 할 수 있다.

김유정은 1930년대 피폐한 농촌과 도시빈민의 삶을 그린 작가가 빠지기 쉬운 민중을 깨우칠 대상으로 삼는 계몽주의적인 관점이나 계급의식을 바탕으로 지주와 농민을 가진 자와 못가진 자 또는 착취자와 피착취자로 대립시키는 프로문학적 관념에 빠지지 않았다. 궁핍하고 고통스러운 당대의 어두움을 가르침과 분노가 아닌 반어와 해학의 형식을 빌려 빚어냄으로써 문학적으로도 미학적으로도 성공을 거두고 있다.

김유정이 만들어낸 인물들은 고된 현실의 삶 때문에 기본적인 윤리마저 저버리고 기초적인 도덕성마저 잃어버린 밑바닥 인생들이다. 그는 이러한 대상들을 공격적이거나 냉소적으로 대하지 않고 동정적이고 따듯하게 접근하면서도 부조리와 모순을 온전히 드러낸다. 노름밑천을 마련하기 위해 아내의 매춘을 부추기는 춘호(「소낙비」), 들병이의 환심을 사 야반도주하기 위해 자기 집 물건을 죄다 내다주는 근식(「솥」), 아내를 들병이로 내보내서 돈을 벌려하나 이것이 여의치 않자 아이를 많이 낳아서 가난을 벗어나려는 사내(「안해」), 가난에서 벗어나기 위해 콩밭을 파헤치며 금을 캐려하는 영식 부부(「金따는 콩밧」), 가난을 벗어나기 위해 자기 논의 벼를 훔치는 응오(「만무방」) 등과 같이 시대착오적이고 모자라는 바보형 인물들과 아이러니한 상황을 해학적으로 제시한다.

> 비는 춘호의 근심도 씻어간 듯 오날은 그에게도 즐거운빛이 보엿다.
> "저녁 제누리때 되엿슬걸 얼른빗고 가봐——"
> "아즉 멀엇서유——"
> "뭔게 뭐야, 늣젓어——"
> "뭘!"
> 안해는 남편의 말대로 벌서부터 머리를 빗고 안젓으나 온체 달포나 아니가리어 엉크른 머리라 시간이 꽤걸렷다. 그느 호랑이 갓튼 남편과 오래간만에 정다운 정을 바꾸어보니 근래에 볼수업는 희색이 얼골에 떠돌앗다. 어느때에는 맥적게 생글생글 웃어도보앗다.

안해가 꼼지락어리는것이 보기에 퍽이나 갑갑하엿다. 남편은 안해손에서 얼개빗을쑥뽑아들고는 시원스리 쭉쭉 나려빗긴다. 다 빗긴뒤 엽헤노인 밥사발의 물을 손바닥에 연신 칠해가며 머리에다 번지를하게발라노앗다. 그래노코 위서부터머리칼을 재워가며 맵씨잇게 쪽을 딱 찔러주드니 오늘 아츰에한사코 공을드려 삶아노앗든 집석이를 안해의발에 신기고 주먹으로 자근자근 골을 내주엇다.

"인제 가봐!"

하다가

"바루 곳와, 응?"

하고 남편은 그이원을 고이밧고자 손색없도록 실패업도록안해를 모양내어 보냈다.

—「소낙비」[8]

동이 트기무섭게 콩밭으로 모엿다.

수재는 진언이나 하는듯이 이리대고 중얼거리고 저리대고 중얼거리고 하엿다. 그리고 덤벙거리며 이리 왓다가 저리 왓다가 하엿다. 제따는 땅속에 누은 줄맥을 어림하야 보는 맥이엇다.

한참을 밭을 헤매다가 산쪽으로 붙은 한구석에 딱 스며 손가락을 펴들고 설명한다. 큰 줄이란 번시 산운산을 끼고 도는법이다. 이줄이 노다지임에는 필시 이켠으로 버듬이 누엇으리라. 그러니 여기서부터 파들어 가자는것이엇다.

영식이는 그말이 무슨 소린지 새기지는 못햇다. 마는 금점에는 난다는 수재이니 그말대로 하기만하면 영낙없이 금퇴야 나겟지하고 그것만 꼭 믿엇다. 군말없이 지시해 받은 곳에다 삽을푹꽂고 파헤치기 시작하엿다.

금도 금이면 앨써 키워온 콩도 콩이엇다. 거진 다자란 허울멀쑥한 놈들이 삽끝에 으츠러지고 흙에 묻히고 하는것이다. 그걸 보는것은 썩 속이 아팟다. 애틋한 생각이 물밀때 까끔 삽을 놓고 허리를 굽으려서 콩닢의흙을 털어주기도 하엿다.

"아 이사람아 맥적게 그건 봐뭘해 금을 캐자니깐."

"아니야 허리가 좀 아퍼서——"

---

8) 소설의 인용과 표기는 전신재 편, 『원본 김유정전집』, 강, 2007을 따랐다.

핀잔을 얻어먹고는 좀 열적엇다. 하기는 금만 잘 터저나오면 이까진 콩밭쯤 이야. 이밭을 풀어 논도 만들수 잇을 것이다. 눈을 감아버리고 삽의흙을 아무렇게나 콩닢우로 홱 홱내어던진다.

—「金따는 콩밧」

이러한 그의 해학은 '웃음과 슬픔의 이중적 구조'[9]를 가지고 있다. 김유정이 제시하는 아이러니컬한 상황들은 반어적인 웃음을 가져다주며 동시에 오히려 독자에게 현실을 더욱 객관적으로 바라보게 만드는 역할을 한다. 또한 질펀한 육담과 비속어, 성적인 표현들은 가장 밑바닥 상황에 처한 인간들이 취할 수 있는 욕망의 배출구 역할을 하며 이것은 독자들에게 재미와 보편성을 갖게하는 요소가 된다. 김유정의 소설에 나타나는 성적인 표현들은 외설적이거나 말초적으로 작용하지 않고 가장 열악한 상황에 처한 인간이 이를 벗어나거나 극복하기 위해 취할 수 있는 하나의 통로로 사용된다. 가난을 벗어나기 위해, 매를 피하기 위해 몸을 팔고 또 암담한 현실에 처한 무력한 한 개체가 욕망을 분출할 수 있는 유일한 형태로 나타난다. 이러한 비극적인 상황에 질펀한 육담과 비속어 등이 더해지고 뒤섞이면서 문학작품으로서의 품위와 재미를 확보하고 있다. 따라서 김유정의 작품에서 '외형적으로 노출되어지는 것은 비교적 어느 시대에 있어서도 항구성을 지닐 수 있는 인간성의 우직한 고유성이나 우행이 해학적으로 파악되어진 점'[10]이라는 데 동의할 수 있는 것이다.

아주 열악한 상황에 처한 인간의 가장 기본적인 욕망의 분출과 이것을 아이러니와 해학으로 담아 드러낸 김유정 문학의 요소들은 김유정의 문학이 시간과 공간을 넘어서 우리와 세계의 독자들에게 오랫동안 널리 읽히는 부분이라 할 수 있다. 동시에 이러한 보편성의 요소는 오

9) 이선영, 「따라지의 비애와 해학」, 『상황의 문학』, 민음사, 1976, 99면.
10) 이재선, 「김유정의 해학세계와 농촌」, 『한국현대소설사』, 홍성사, 1979; 전상국, 앞의 책, 73면 재인용.

늘의 문화소비자들의 기호에 맞게 새로운 문화적 부가가치를 만들어내면서 문화산업적인 측면에서 유효하게 소통될 수 있는 중요한 단서가 될 수 있을 것이다.

3. 원천 소스로서의 김유정이 지향해야 할 문화콘텐츠

문화산업에 있어 문학이 갖는 핵심 기능은 원천소스로서의 기능이다. 정보기술(Information Technology)의 혁명적인 발전으로 급속한 정보화 사회가 구현되면서 하나의 소재로 다양한 여러 생산물을 낳거나 핵심적인 소스로 활용하는 것을 의미하는 원소스 멀티유스(One-source Munti-use)의 개념은 '문화산업의 기획과 유통, 생산과 판매의 대명제'[11]가 되었다. 또한 각각의 생산물들이 다시 결합하고 여기에 즐거움이 더해지는 방식으로 보다 크게 생산되고 유통, 소비되고 있다.

문학에도 이러한 개념은 낯설지 않다. 일찍이 아놀드 하우저(Arnold Hauser)가 '영화가 소설의 가장 강력한 시장요인'이라고 지적하고 '영화는 소설의 파괴자가 아니라 오히려 구원자'이며 '현대 미국소설의 건강은 전적으로 영화에 의존하고 있다'[12]고 말한 바 있듯이 이제 하나의 문학작품이 독립적으로 존재하던 시기는 지났다. 끊임없이 제기되고 있는 문학의 위기는 역설적으로 전통적인 개념의 문학의 한계를 깨고 나옴으로써 극복되고 확장될 수 있는 것이다. 실제로 문학작품이 연극과 영화로, 게임으로, 애니메이션으로 그리고 캐릭터 산업에 이르기까지

11) 박덕규, 앞의 글, 95면.

12) 아놀드 하우저, 백낙청·염무웅 역, 『문학과 예술의 사회사』, 창작과비평사, 1999, 301면.

전방위적으로 영역을 확장해 나갈 수 있음은 여러 사례를 통해 목도하였으며 이를 익숙하게 받아들이고 지향하는 것은 이미 자연스러운 일이 되었다.

앞서 초기 문화산업시대를 넘어서면서 요구되는 문화콘텐츠의 특성과 김유정과 작품이 시공을 넘어서 통용될 수 있는 지점을 확인한 연장선상에서 김유정과 그의 작품이 어떠한 문화콘텐츠를 지향해 나가야 할 것인가에 대해서 다음 몇 가지로 정리해 볼 수 있다.

먼저 김유정을 전통적인 차원의 해석과 평가에서 빼내어서 새로운 문화콘텐츠로 가치와 자리를 매김하는 작업이 필요하다. 아직까지 김유정에 대한 연구는 문학 내부적인 시선에서 문학사적 평가나 작가론과 작품론 등의 문학내부적인 연구가 주를 이루고 있다. 이를 앞서 언급한 바와 같이 시간과 공간을 초월하면서 소통될 수 있는 김유정의 문학적 가치를 보다 많은 사람들이 공유하고 누릴 수 있도록 이제는 문화콘텐츠로 전환시키고 또 확장시키는 연구와 논의가 활발히 진행되어야 한다.

경제적 부가가치를 갖는 문화상품의 원천이 되는 문화적 요소를 의미하는 문화콘텐츠로 만들기 위해서는 우선 김유정 소설의 핵심적인 요소를 정의하고 이를 원형콘텐츠로 만드는 작업이 필요하다. 핵심적인 원형을 확정한다는 것은 문화콘텐츠로서의 본질적이고도 고유한 특성을 갖게되는 것을 의미한다. 따라서 이를 바탕으로 문화적으로, 산업적으로 다양하게 활용되고 체계적으로 부가가치를 더할 수 있는 중요한 토대를 마련하는 것이 된다.

두 번째로 김유정과 작품이 '보랏빛 소'로서 새롭게 주목받을 수 있도록 해야 한다. 지방자치제가 뿌리를 내리면서 '지방자치제의 최고의 브랜드는 문화예술인'이라는 개념이 정립되면서 많은 지방자치단체들이 해당지역 출신이거나 자신의 지역과 작품의 주요무대가 연관이 있는 저명 문화예술인들을 찾아 브랜드화하려는 노력을 기울이고 있다. 문학의 경우에도 현재 김유정문학촌을 비롯하여 36개의 문학관(촌)이 있는 것으로 확인되고 있으며 건립을 추진 중에 있는 문학관이나 문학촌도 12개에 달한다.[13] 또한 이들 작가의 이름을 딴 문학제가 열리고 있는 곳도 김유정문학제, 이효석문학제, 이병주문학제, 영랑문학제 등을 비롯하여 여러 곳에서 달하고 많은 사람들이 찾고 있다.

그런데 이들 작가축제가 가지고 있는 가장 큰 과제는 다른 여러 지역 문화축제에서 가지고 있는 문제와 마찬가지로 독특한 자기만의 색깔을 가지고 문화소비자에게 강하게 인식시키는 데까지 만족할 만큼 나아가지 못하고 있다는 데 있다. 시간이 지나도 특색 없는 비슷비슷한 프로그램들이 반복되거나 다른 지역의 그것과 차별화된 특색이 없는 문학제는 시간이 가면 갈수록 '창밖으로 계속되는 아름답지만 지루하고 무료한 들판의 풍경'처럼 되어버리기 십상이다. 따라서 항상 오늘의 시점에 유용한 그리고 새롭고 흥미진진한 무엇을 입힌 '보랏빛 소'를 만드는데 많은 고심이 따라야 한다.

그러기 위해서는 지금까지의 문학관이나 문학제들이 가지고 있는 일반화된 틀을 극복해야 한다. 1차적으로는 프로그램의 차별화를 검토해 볼 수 있다. 작가와 문학작품을 이해하거나 일정한 관심을 전제로 한 프로그램이 아니라 최소한의 관심이나 나아가 사전 지식이 없이도 참여하고 즐기고 그 과정에서 역순으로 작가와 작품을 이해하는 방식의 프로그램에 대한 연구와 개발을 추진해 볼 수 있을 것이다. 2차적으로는 근본적으로 김유정과 그의 작품에 대한 새로운 차원의 접근을 생각해 볼 수 있다. 지역의 상징이나 아이콘으로 삼고 이를 도시마케팅의 핵심에 두는 방안을 생각해 볼 수 있다. 유럽 오지의 소도시가 한 계절 동안 작은 축제나 문화적 상징물을 통해 막대한 부가가치와 지명도를 획득하는 사례는 문화콘텐츠를 지역을 대표하는 상징으로 삼고 도시마

13) 경기문화재단, 『경기문학 활성화를 위한 지역문학관 정책연구』, 2006.5, 20~28면 참조. 이 책에서는 2006년 12월 현재 한국문학관 협회에 소속회원으로 등록된 문학관은 36개에 달하고 2007년까지 12개소가 추가로 개관될 예정이라고 밝히고 있다.

케팅의 핵심요소로 활용함으로써 가능한 것이라고 볼 수 있다. 따라서 비슷비슷한 문학관과 문학제 가운데 하나 또는 지역에 산재해 있는 수많은 문화콘텐츠 가운데 하나로 바라보는 기존의 발상을 과감히 전환할 때 '보랏빛 소'의 탄생은 가능하다 할 것이다.

셋째, 이미 익숙해진 문화산업의 유형을 넘어선 새로운 무엇을 찾는 노력이 필요하다. 문학이 연극과 영화로 만들어지고 게임과 애니메이션이 되고 또 캐릭터 산업으로 확장되는 것은 이미 정석화된 문화산업의 유형이다. 이제는 여기서 한발짝 더 나아가 문학과 다른 예술장르가 대등하게 만나고 결합하고 또 서로 영감을 줌으로써 제 3의 예술텍스트를 만들어내는 시도가 필요하다.

앞서 살펴본 바와 같이 문화산업적인 측면에서 콘텐츠와 콘텐츠간의 결합 또는 융합은 불가피하다. 특히 핵심콘텐츠이지만 기초콘텐츠로서 한계를 가지고 있는 문학의 경우 다른 분야와의 결합은 더욱 긴요하다. 따라서 문학작품의 기본축이 되는 공간과 융합하는 콘텐츠를 개발하는 방식으로 진행되는 것이 바람직하다. 작가와 작품을 음식, 특산물, 생활양식 등의 독특한 지역문화나 지역 내 다른 문화축제 등과 융합시킴으로써 더 크고 새로운 콘텐츠들을 지속적으로 만들어내는 것이 중요하다. 특히 새로운 콘텐츠는 수용자가 주체가 되어 참여하는 형태로 그리고 여기에 재미를 더함으로써 부가가치를 높이는 형태로 발전되어야 한다. 이는 곧 문학이 원천 소스가 되는 문화산업이나 지역문화축제가 자신만의 고유한 특성을 갖는 길인 동시에 스스로가 주체가 되어 자신의 삶을 예술적인 경지로 끌어올리려는 오늘날 문화소비자들의 욕구와도 일치하는 지점이기도 하다.

끝으로 문화소비자들이 참여할 수 있는 창의적이고 가변적인 콘텐츠로 거듭나야 한다. 어쩌면 문학이라는 고유의 혹은 전통적인 영역에 매달리는 것으로는 오늘날 문화소비자들의 요구와 기대치를 따라잡는다는 것이 불가능해졌다고 할 수 있다. 디지털시대에 문화산업의 핵심은

'멀티'와 '엔터테인먼트'에 있다.

콘텐츠가 수용자 혹은 소비자들로부터 흥미를 끌어내고 참여할 수 있어야 하며 참여했을 때 재미를 느낄 수 있어야 다시 참여하게 된다. 이러한 선순환을 통해 재화가 창출되고 문화시장은 확대될 수 있다. 여기에는 복잡하고 거대한 담론이나 매커니즘보다는 쉽고 가볍게 참여하고 즐길 수 있는 '엔터테인먼트'가 중요하게 작동한다. 따라서 문학 자체에 매달리기보다는 문학이 원천 소스가 되고 나아가 다양하게 파생되고 창의적이고 진화, 발전하면서도 원형은 잃지않는 가변적인 문화콘텐츠가 되려는 노력이 중요하다. 항상 새로운 영감과 재미를 제공하는 보고로 그리고 일상의 문화콘텐츠로 변신하는 것이 문화산업시대에 문학콘텐츠가 지향해 나가야 할 방향인 것이다.

4. 맺음말

오늘날 문화적 환경은 각 분야에 재미와 즐거움으로 대표되는 감성적인 가치가 결합하고 이를 바탕으로 서로 다른 분야가 다시 결합하고 긴밀하게 영향관계를 맺는 방식으로 진화, 발전하고 있다. 문화예술을 감상하고 수용하는 사람들의 태도 역시 종래의 수동적 소비자의 위치에 만족하지 않고 스스로 주체가 되려 하고 생산자와 같은 층위에 서려 하는 등 적극적이고 능동적인 경향을 보이고 있다.

문학 역시 이러한 흐름으로부터 완전히 자유롭기는 어려워 보인다. 1970~80년대까지 가지고 있었던 문학의 교육적인 기능과 오락적인 기능은 이제 더 이상 병행하기 어려운 시대에 와 있다. 특히 오락적인 기능은 더 이상 문학의 영역 안에 공존하기 어려울는지도 모른다. 그렇다고 문학 고유의 기능과 관련한 교육과 연구 활동을 도외시하거나 접을 수는 없다. 따라서 문학 고유의 창작과 소비 그리고 교육과 연구 활동은 계속되어야 한다. 동시에 문학이 소비자인 독자가 원하는 방식으로 새롭게 해석되고 재가공 되는 것은 불가피한 현실이자 병행해 나아가야 할 지점이기도 하다. 문화예술의 핵심이자 원천 소스의 역할을 하는 문학의 특성상 문화산업 전반의 발전을 위해서 문학에 대한 새로운 차원의 인식과 접근, 그리고 다양한 형태로의 문학의 변주는 문화산업의 중요한 추동력을 얻는 토대가 될 수 있기 때문이다. 문화산업적인 관점에서 볼 때 문학은 문학콘텐츠가 아닌 문화콘텐츠로서의 역할을 할 수 있도록 변신하여야 하며 원천 소스로서의 새로운 역할을 모색하고 수행해야 한다고 말할 수 있다.

이 글은 이러한 관점에 입각해서 새로운 시대에 요구되는 문화콘텐츠적 특성에 대해 살펴보았다. 이어 김유정 소설이 갖는 독특한 향토성과 토속성이 시공을 뛰어넘어 통용되는 보편성의 지점을 확인하는 한편 김유정 소설의 문화콘텐츠적 특성을 고찰하였다. 그리고 이를 토대로 김유정 소설이 문학콘텐츠에서 문화콘텐츠로 확장해 나아가기 위해 지향해야 할 방향을 모색하였다. 김유정 소설을 문화콘텐츠로 확장하는 방안에 대한 검토는 문학이 가지고 있는 고정개념의 한계를 깨고 새로운 방식으로 독자 및 대중과 호흡하고 나아가 문화적, 경제적 부가가치를 창출하는 문화산업적인 차원의 논의를 보다 활성화하는 데 기여할 수 있을 것이다.

김유정의 소설과 영화

조희문

1. 한국영화와 소설

영화를 만드는 사람들에게 소설은 늘 관심의 대상이다. 영화는 이미지를 통해 보는 사람의 감성을 자극하지만 기본적으로는 '이야기'에서 출발한다는 점에서, 소설은 유용한 소재이기 때문이다. 소설이 이미 확보하고 있는 대중적인 지명도는 흥행에서도 크게 도움을 받을 수 있는 요소라는 점도 영화인들의 관심을 끄는 요소다. 더 나아가 문학적인 평가를 받은 소설의 경우라면, 영화의 수준 또한 원작과 같은 것이란 평가를 미리 얻을 수 있다는 점도 큰 매력이다.

미국이나 프랑스 등의 나라들은 물론 일본이나 한국, 중국 등 아시아 각국들의 영화 중 상당수는 유명한 소설을 각색해서 만든 작품들이다. 미국영화인 〈바람과 함께 사라지다〉, 〈벤허〉 등은 같은 제목의 소설을 각색해서 영화로 만든 경우이며 〈킬리만자로의 눈〉, 〈무기여 잘 있거라〉, 〈노인과 바다〉 등도 마찬가지다.

한국영화는 초창기는 〈춘향전〉, 〈흥부놀부전〉, 〈심청전〉 같은 고대 소설을 각색한 영화들로 서막을 열었다. 한국인이라면 모르는 사람이 없을 정도로 친숙한 이야기라는 점에서 영화 제작자들의 관심을 받은 것이다.

이어 〈개척자〉(1925, 이광수), 〈벙어리 삼룡〉(1929, 나도향), 〈오몽녀〉(1937, 이태준) 같은 영화들이 원작의 문학적 명성을 업고 영화의 격을 높이려 한 경우들이다.

1960년대에 접어들면서 이범선의 「오발탄」이나 주요섭의 「사랑방 손님과 어머니」, 나도향의 「벙어리 삼룡」, 「물레방아」 같은 작품들이 잇따라 영화로 만들어진다. 이른바 '문예영화' 시대를 맞았다고 할 수 있는데, 이는 영화진흥정책과 상당한 연관성이 있다. 정부가 한국영화의 진흥과 보호에 적극적으로 나서기 시작한 것은 1958년 무렵부터였는데, 문교부는 1958년 4월 16일자로 공포한 고시 제53호를 통해 '국산영화 제작 장려 및 영화오락 순화를 위한 보상특혜조치'[1])를 발표했다. 우수

1) 이 조치는 우수 국산영화 제작자에 대한 보상특혜를 비롯 국산영화 수출장려를 위한 보상특혜, 국제영화제 참가자에 대한 보상특혜, 문화영화 및 뉴스영화 수입자에 대한 보상특혜, 우수 외국영화 수입 배급자에 대한 보상특혜 등 다섯 가지 사항에 대한 보상 특혜 조치를 포함하고 있다. 이 같은 조치의 핵심은 우수한 국산영화제작과 외국영화의 수입을 동시에 유도하는 것이었고 그것을 위한 구체적 보상책으로 외국영화 수입권을 배정하는 것이었다. 우수국산영화의 기준은 ① 전년도 중에 문교부 상영허가를 필한 작품으로서 ② 35미리 이상으로, 극영화는 8,000피트 이상, 문화영화는 4,000피트 이상이어야 하며 ③ 우수 국산영화의 선정은 1년에 1회 시행하며 1회에 5편 이내로 한다고 밝히고 있다. 또한 국산영화의 외국 수출에 대해서는 ① 수출지에서 10일간 이상 상영했다는 사실을 확인하는 우리나라 해외공관의 증명서와 ② 수출지에서 2,500달러 이상의 외화를 획득하였다는 사실을 확인하는 우리나라 해외공관의 증명서를 첨부하면 해당 영화사에 외국영화 수입권을 부여했다. 이 같은 정부의 영화시책은 기본적으로 국산영화제작 활성화와 해외수출 촉진을 유도하기 위한 것이었다. 실제로는 외국영화 수입권을 배정하는 것으로 보상책을 대신함으로써 영화제작의 기반적 환경을 보강하며 국내외적 경쟁력을 키우는데 성공하지는 못했지만 정책운용을 통한 국산영화 진흥을 시도했다는 점에서는 주목할 만한 조치였다.

한 한국영화의 제작을 유도하기 위한 정책적 방안으로 시행된 이 조치에 따라 정부는 보상으로 외국영화 수입권을 활용하기 시작했다.

이때 '우수국산영화'의 기준은 문학적인 가치가 높다고 판단되거나, 반공의식 고취에 도움이 될 수 있는 영화들이 가장 높은 평가를 받았다. '국산영화 제작장려 및 영화오락 순화를 위한 보상특혜조치'를 발표한 정부는 그것을 보완하기 위한 행사의 일환으로, 1958년부터 문교부(현 교육부)에 의해 실시되던 '국산영화상'을 시행했는데, 이때 적용한 기준이 바로 문예영화, 반공영화에 대한 집중적인 평가였다. 국산영화상은 제2회 이후부터 공보부(현 문화관광부)에서 주관했고, 1961년부터는 '대종상'으로 명칭을 바꾸어 1962년 제1회 시상을 가졌다. 대종상은 그 후 1969년 제8회와 1970년 제9회 때 대한민국 문화예술상(영화 부문)으로 명칭을 바꾸었다가 1971년 제10회부터 다시 대종상으로 개칭한 뒤 지금까지 이어지고 있다. 이들 시상식에서 문예영화와 반공영화는 높은 평가를 받을 가능성이 특별히 높았으며, 그것은 곧 외국영화 수입권을 확보할 수 있을 것이란 기대를 높여 주는 요소였다. 외국영화 수입권을 보상으로 활용하는 방식은 외국영화 수입자유화 조치[2)]가 이루어지는 전년도인 1985년까지 계속되었다.

이 같은 조치에 따라 한국영화 중에서 문학적 지명도를 영화의 평가로 활용하려는 시도가 꾸준하게 나타났다. 「소낙비」를 영화로 만든 것은 그 같은 변화의 신호탄이나 다름없었다. 1960년대에 접어들면서 문예영화 제작은 한국영화계의 한 경향으로 자리 잡는 수준으로 변했다. 〈사랑방 손님과 어머니〉(1961, 주요섭), 〈오발탄〉(1961, 이범선) 〈두고 온 산하〉(1962, 선우휘), 〈김약국의 딸들〉(1962, 박경리), 〈갯마을〉(1964, 오영수), 〈싸리골의 신화〉(1967, 선우휘), 〈역마〉(1967, 김동리), 〈까치소리〉(1967, 김동리),

2) 1962년 영화법 제정 이후 영화사 설립은 정부의 엄격한 통제를 받았으며, 외국영화 수입 역시 정부의 승인을 받아야 했다. 그러나 1985년 영화법 개정으로 영화제작 자유화와 외국영화 수입자유화 조치가 법제화되었으며, 1986년부터 시행에 들어갔다.

〈봄봄〉(1967, 김유정), 〈감자〉(1968, 1987, 김동인), 〈젊은 여인들〉(1969, 오유권) 등의 영화들이 나왔다.

이 같은 경향은 1970년대나 1980년대에도 별로 달라지지 않았다. 1970년대에는 〈무영탑〉(1970, 현진건), 〈무녀도〉(1972, 김동리), 〈배따라기〉(1973, 김동인), 〈광화사〉(1974, 김동인), 〈극락조〉(1975, 김동리), 〈불꽃〉(1975, 선우휘) 등이 뒤를 이었고, 1980년대에 들어서는 이문열의 「사람의 아들」「깃발없는 기수」「추락하는 것은 날개가 있다」「레테의 연가」「안개마을」「우리들의 일그러진 영웅」 등의 작품들이 영화로 만들어졌다.

문학작품을 원작으로 삼은 영화들의 경향이나 의도는 크게 두 가지로 나눌 수 있는데, 하나는 소설의 인기와 지명도를 영화흥행에 적극적으로 반영하려는 경우이고, 또 하나는 문학적 평가를 영화의 작품성으로 흡수하려는 경향이다. 소설의 인기를 영화흥행에서 활용하려는 경우는 대부분 당대의 베스트셀러를 각색하는데, 〈순애보〉(박계주), 〈별들의 고향〉(최인호), 〈나는 소망한다. 내게 금지된 것을〉(양귀자) 같은 경우를 들 수 있다. 문학적 평가를 영화의 평가로 연결하려는 경우는 대부분 단편을 원작으로 삼고 있다는 점에서 차별성을 드러내고 있다.

2. 김유정과 영화들

김유정의 문학적 위상에 비해 한국영화에서 차지하는 그의 비중은 평범한 수준이다. 모두 8편의 작품을 영화로 각색했지만 제작의 집중도나 완성도, 흥행성과 등을 고려하면 특별한 우대를 받았다고 보기 어려운 탓이다.

처음 김유정의 소설을 각색한 것은 〈소낙비〉로, 1958년에 이르러서였다. 1935년 조선일보 신춘문예에 작품이 당선된 지 23년만의 일이다. 김유정은 1908년에 태어나 1937년에 타계했기 때문에 소설 작품의 시대적 배경은 그가 생활하던 일제 시대에 집중되어 있다. 김유정의 소설은 대부분 일제시대를 배경으로 하며 가난한 현실에 시달리는 순박한 서민들의 한계 상황을 토속적인 분위기로 묘사하고 있다. 허황한 일확천금을 꿈꾸거나 그것을 조장하는 암울한 가난과 빈부 격차, 야박한 인간의 속성을 주로 묘사한 그의 소설을 당대에서 영화로 만들기에는 제작 여건이 극히 미비했을 뿐 아니라 영화를 정치적 선전 수단으로 삼으려는 일제의 극심한 통제도 장애 요인이 되었다.

그의 작품 중 문학성을 앞세우며, 본격적인 제작에 착수한 경우는 〈봄봄〉을 꼽을 수 있다. 순박한 청년을 머슴으로 부리면서, 나이가 되면 자기 딸과 혼인시켜 주겠다는 말로 약을 올리는 주인 영감의 뻔뻔한 행동을 야박스러우면서도 웃음이 배어나는 풍경으로 묘사하고 있는 원작을 각색한 영화는, 소설의 내용과 분위기를 가능한 수준까지 재현하고 있다.

우직하고 순박한 청년 춘삼이는 장차 데릴사위가 되기 위해 봉필 영감의 집에서 머슴살이를 하고 있다. 키가 웬만큼 더 크면 딸 점순이와 혼인시켜주겠노라는 주인 영감의 약속만 믿고 이제나 저제나 기다리고 있다. 때로는 답답함을 넘어 부아가 끓기도 하지만, 장인이 될 어른에게 함부로 내색을 하며 대들 수도 없어 그저 꾹꾹 참을 뿐이다. 어느덧 점순이는 시집가도 될 만큼 어른스럽게 성장하였지만 영감은 그녀가 아직 어리다며 혼인을 시켜주지 않는다. 영감은 아예 점순이를 춘삼에게 시집보낼 생각이 없었던 것이다. 헛물만 켜고 머슴살이만 죽도록 했다는 사실을 알게 된 춘삼은 영감에게 대들어 한바탕 싸움이 벌어진다. 이를 본 점순이는 아버지를 도와주지 않고 오히려 춘삼의 편을 들면서 좋아한다. 점순이도 춘삼이를 좋아하고 있었던 것이다.

이 영화를 감독한 김수용은 이미 〈갯마을〉이란 영화를 통해 문학작품을 영화로 만드는 과정에서 상당한 능력을 인정받았다. 〈갯마을〉은 〈사랑방 손님과 어머니〉와 함께 문예영화 중에서 성공한 대표작으로 꼽힐 만큼 원작의 정서를 살렸다는 평가를 받았다. 그런 김수용 감독이 열정을 가지고 영화 만들기에 나선 〈봄봄〉은 토속적인 러브스토리로 전환하고 있다. 점례의 아버지는 심술궂은 방해꾼 역할을 맡고 있다.

이후에 김유정의 소설이 진지하게 영화로 옮겨진 경우는 1984년의 〈땡볕〉과 1988년의 〈떡〉, 1995년의 〈소낙비〉를 꼽을 수 있다.

〈땡볕〉은 1930년대 일제 강점기 시대를 배경으로, 가난한 현실에 내몰리는 젊은 부부 이야기를 그리고 있다. 춘호와 그의 아내 순이는 살 곳을 찾아 전국을 찾아 헤매지만 반듯하게 기반을 잡지 못한다. 갈수록 마음이 황폐해지는 춘호는 아내를 괜히 윽박지르고 툭하면 성질부리고 주먹질까지 한다. 그러던 중 서울에서 일본인과 큰일을 하는 삼촌을 소개시켜준다는 술집여자 향심의 말에 넘어간 춘호는 순이에게 뒷돈을 구해오라며 윽박지르며 폭행한다. 순이는 돈을 구하기 위해 사채업자 이주사의 첩을 찾아가지만 이주사랑 마주치게 되고 반항하는 순이를 돈으로 유혹해 범하고 만다. 순이를 통해 돈을 구한 춘호는 향심과 함께 서울의 삼촌이라는 사람을 찾아간다. 한편 돈을 갚지 못해 이주사에게 겁탈을 당한 한 아낙네의 시체가 물에 떠내려 오자 마을사람들은 분노하여 이주사의 집과, 모두를 향락의 길로 이끈 향심의 술집을 습격한다. 집으로 돌아온 춘호는 향심과 마을을 떠나기 위해 살림도구를 챙기지만 마을사람들에 의해 폭행을 당하고 순이가 마을사람들을 말리는 사이, 춘호는 향심을 만나기 위해 사력을 다해 도망친다. 수소문 끝에 향심과 향심의 삼촌을 찾게 되지만 그들의 모습은 창녀와 거지 폐병환자였고 향심의 삼촌이 실은 향심의 남편이라는 것을 알게 된다. 실의에 빠진 춘호는 다시 순이를 찾아가지만 뱃속의 아기가 죽은 채로 오래 방치돼 생명이 위험하다는 걸 알게 된다. 병원비가 없는 춘호는 일본인 병원을 찾아가지만 수술비를 지불해야만 수술해 주겠다고 하고, 이에

순이는 수술을 거부한다.

이 영화는 작품적인 평가나 흥행에서 상당한 성과를 거두었다. 일제시대를 배경으로 벌어지는 일이기는 하지만 1980년대의 현실과 공감할 수 있는 수준으로 전환하는데 성공했고, 주연을 맡은 하명중, 조용원, 이혜영 등 배우들의 연기도 분위기를 살리는 중요한 요인으로 작용했기 때문이다.

〈소낙비〉의 내용도 비슷하다. 가난한 농촌 살림에 넌더리를 내던 주인공은 떠돌이 화장품 장수의 허풍에 빠져 서울로 갈 결심을 한다. 집과 소작농을 정리하여 70원 가까운 돈을 마련해서. 꺼림칙해 하는 아내와 갓난아이를 데리고 고향을 떠나지만 화장품 장수에게 사기를 당하고 빈털터리가 된다. 절망한 부부는 떠돌이 생활을 시작하고, 배고픔에 시달린 아이는 죽는다. 그러던 중 어느 마을에 도착한 이들은 이 마을의 지주인 이 주사를 찾아가 소작을 달라고 부탁한다. 달가워하지 않던 이 주사는 아내의 반반한 얼굴을 보고 음흉한 웃음을 지으며 감자밭을 소작 준다. 그러나 이 주사의 유혹을 거절한 아내에 대한 보복으로 감자밭은 쑥밭이 되고, 엄청난 부채를 지게 되자 서울 갈 경비를 마련하기 위해 노름을 할 생각을 하고 아내에게 돈을 구해오라고 매일 고함친다. 쇠돌 엄마를 비롯한 동네 아낙들은 가난한 생활을 면하기 위해 이 주사와 관계를 맺게 된다. 돈을 구해오라는 남편의 닦달에 아내는 치근거리는 이 주사의 제의를 받아들이게 된다. 이 이야기를 들은 남편은 노름하여 돈을 벌 수 있다는 희망에 아내의 치장을 도와준다. 이주사와 잔 판술네는 쫓겨나고 목을 매어 자살한다. 이 주사를 만나러 서낭당에 가는 길에 아내는 판술네의 장례행렬과 마주치고 소낙비가 내리기 시작한다.

이 영화는 다른 어느 경우보다 원작의 재현에 충실한 영화라고 할 만하다. 시대적 고증이나 등장인물들의 역할, 이야기의 진행 등 모든 부분에서 원작의 내용과 정서를 시각적으로 전환하려고 애쓴 경우로 평가할 수 있기 때문이다.

그러나 이 영화가 거둔 성과는 참담할 정도로 빈약했다. 흥행에서 외면당한 것은 물론 영화의 완성도에서도 별다른 특성을 보여주지 못했다. 김유정의 소설을 원작으로 삼았다는 사실을 제외하고는 어떤 영화적 성과도 거두지 못한 채 잊혀진 시도가 되고 말았다.

〈떡〉 역시 시대적 배경이나 이야기 구성은 앞의 두 경우와 비슷하지만 전체적인 분위기는 성인용 에로영화에 더 가깝게 다가선 경우라고 할 수 있다. 나도향의 〈뽕〉을 영화로 만들 때 짙은 에로티시즘을 해학적으로 묘사한 경우와 유사한 사례라고 할 수 있다. 건달인 남편 덕희와 아들 용이를 위해 소작일을 하는 점례에게 동리남자들의 끈덕지게 추근거린다. 지주인 염감의 요구를 거절한 것이 오히려 마님의 오해를 사게 되어 점례는 소작지를 빼앗긴다. 점례를 짝사랑한 머슴 삼수는 덕희에게 돈을 빌려준 댓가로 점례를 원한다. 덕희는 거액에 아내를 팔아버리나 점례의 의지로 인신매매 사기죄로 고발된다. 점례의 진실을 안 삼수의 고소취하로 풀려난 덕희는 병을 얻어 뒤늦은 참회를 하며 세상을 떠난다. 어린 용이마저 떡에 체해 죽자 점례는 정신이상이 되고 만다.

3. 원작의 영화화 문제

영화는 자주 소설을 원작으로 삼지만 끊이지 않는 논란은 과연 어느 수준까지 묘사해야 하는가에 대한 부분이다. 마가레트 미첼의 『바람과 함께 사라지다』나 헤밍웨이의 『무기여 잘 있거라』 『누구를 위하여 종은 울리나』, 톨스토이의 『전쟁과 평화』, 박경리의 『토지』, 조정래의 『태백산맥』은 모두 영화로 제작한 경우이지만 원작을 읽고 감동받은 독자들 중에서 상당수는 영화가 원작의 내용이나 분위기를 전하는데 어림

없이 미치지 못한다고 지적한다.

이같은 논란은 장편, 단편을 불문하고 소설을 영화로 옮긴 경우라면 예외 없이 적용되는 문제라고 할 수 있다.

이런 논란의 바탕에는 소설과 영화의 표현 양식의 유사성과 차이에 대한 문제, 영화제작에서 소설을 원작으로 삼을 경우 영화적 표현의 특성을 어느 단계까지 인정하는가에 대한 문제가 담겨있다. 소설을 지지하는 입장에서는 영화제작이란 원작의 내용과 정서를 가능한 한 충실하게 재현하는 것이어야 한다고 하지만, 영화를 만드는 측에서는 원작이란 이야기의 소재에 불과하다는 입장을 보이는 경우가 많다. 영화는 소설의 이야기 구조를 그대로 옮겨놓은 작업이 아니라 소설과는 다른 새로운 시·공간을 만들며 완전히 다른 창작물을 만든다고 보는 것이다. 규모가 큰 대하소설일수록 영화화 작업은 어느 부분을 선택하며 어떤 요소를 강조할 것인가를 결정하는 문제가 큰 과제다. 소설이 다루고 있는 상황, 인물, 사건 등을 상당부분 제외하거나 변형해야하는 경우도 많다.

김유정의 소설은 대부분 단편이며, 일제시대를 배경으로 당시의 시대상을 묘사하고 있다. 소설의 특성상 인물들간의 대사보다는 지문적인 설명에 더 치중한다. 이런 요소들을 영화화하기 위해서는 불가피하게 새로운 구성과 배치를 만들어야 한다. 영화는 영상을 통한 시각적 묘사라는 점에서 내면의 심리를 표현하는데 근본적인 한계가 있다는 점도 소설과 다른 측면이다. 소설은 그것을 읽는 사람마다 다른 연상을 통한 이미지 창출이 가능한데 비해 영화는 특정한 이미지에 대해 공유해야 하며 이 과정에서 호오(好惡)의 구분이 격렬하게 드러날 수 있다.

김유정의 소설이 한국 근대문학의 주목할 만한 성과로 평가받고 있는 것에 비해 영화로 만든 경우가 빈약한 것은 이같은 여러 가지 요소들이 작용한 결과이며, 영화적 소재로는 부담스러운 부분이 많다는 뜻이기도 하다.

최근의 한국영화 제작 경향이 빠른 템포와 강렬한 자극, 언어적 논리보다는 시청각적 감성을 앞세우는 측면이 강하고, 관객층의 대부분이 10대~20대 사이의 연령대라는 점은 그들을 주요 소비자로 수용해야 하는 영화의 소재가 이전보다 더 감각적인 수준으로 변할 가능성이 높여주는 부분이다. 김유정 류의 소설이 영화의 소재로 활용될 가능성은 점점 더 줄고 있는 것이다. 영화와 소설의 반목이 심해지는 것이라기보다는 시대적 감성의 변화에 따라 스타일이 바뀌고 있는 것이다.

김유정 소설을 각색한 영화

제작연도	제 목	감 독	주 연	줄거리
1958	소낙비	이경식	서춘광, 이민자	화가와 모델 사이에서 전개되는 이색(변태)적인 사랑을 묘사.
1969	봄봄	김수용	신영균, 허장강	춘삼이는 장차 데릴사위가 되기 위해 봉필 영감의 집에서 머슴살이를 하고 있다. 어느덧 영감의 딸 점순이는 어른스럽게 성장하였지만 영감은 그녀가 아직 어리다며 혼인을 시켜주지 않는다. 영감은 아예 점순이를 춘삼에게 시집보낼 생각이 없었던 것이다. 그리하여 마침내는 둘 사이에 싸움이 벌어진다. 춘삼은 영감을 혼내준다. 이를 본 점순이는 영감을 도와주지 않고 오히려 춘삼의 편을 들면서 좋아한다.
1978	산골 나그네	문여송	백일섭, 김보미	눈보라가 휘날리는 날 낯선 여인이 덕돌이네 집 앞에 허기져서 쓰러진다. 덕돌이는 그녀를 구해 한가족처럼 산다. 그러나 그녀는 밤만 되면 물레방아에 숨겨둔 남편을 위해 몰래 밥을 나른다. 그는 바로 대금의 명인 곽파람이었다. 덕돌이는 가희를 사랑하게 되나 가희는 곽파람이 부는 대금소리에 끌려 남편을 찾는다.
1979 (한국기독교 십자성선교회 협찬)	석양의 10번가 (빛을 마셔라)		이대근, 김보미	김덕팔은 아버지의 방종 때문에 어린 나이에 건달이 된다. 그런 생활을 하다가 고선미를 알게 되어 새사람이 되려고 하나 실패하고 폭행을 당한다. 아버지가 돌아가시고 계모와 이복동생들을 위해 덕팔은 건달생활을 다시 하는데, 어느 날 자신을 폭행했던 자들과 싸움하다가 경찰에 쫓겨 교회당에 피신한다. 그러나 목사는 형사에게 덕팔을 인계하고 덕팔은 종교인을 증오한다. 그러나 목사의 인간적인 배려에 감동을 받고 성경에 의해 완전히 개심한 덕팔은 출감하여 전도사가 된다.

제작연도	제 목	감 독	주 연	줄거리
1984 대종상(23회) 촬영상 (정광석) 조명상 (강광호) 음악상 (김수동) 특별상 신인부문 (조용원), 각색부문 (이영일, 나미봉) 아시아 태평양영화제 (30회) 특별상 (조용원) 영평상(5회) 남자연기상 (하명중) 신인상 (조용원)	땡볕	하명중	하명중, 조용원, 이혜영	1930년대, 일제 강점기, 춘호와 그의 아내 순이는 살 곳을 찾아 전국을 헤맨다. 번번이 실패만 하는 춘호는 순이와 함께 탄광촌에 자리잡지만 순이를 상습적으로 윽박지르고 폭행한다. 그러던 중 서울에서 일본인과 큰일을 하는 삼촌을 소개시켜 준다는 술집여자 향심의 말에 넘어간 춘호는 순이에게 뒷돈을 구해오라며 윽박지르며 폭행한다. 순이는 돈을 구하기 위해 사채업자 이주사의 첩의 집에 찾아가지만 이주사랑 마주치게 되고 반항하는 순이를 돈으로 유혹해 범하고 만다. 순이를 통해 돈을 구한 춘호는 향심과 서울로 향심의 삼촌을 찾아간다. 한편 돈을 갚지 못해 이주사에게 겁탈을 당한 한 아낙네의 시체가 물에 떠내려 오자 마을사람들은 분노하여 이주사의 집과, 모두를 향락의 길로 이끈 향심의 술집을 습격한다. 집으로 돌아온 춘호는 향심과 마을을 떠나기 위해 살림도구를 챙기지만 마을사람들에 의해 폭행을 당하고 순이가 마을사람들을 말리는 사이, 춘호는 향심을 만나기 위해 사력을 다해 도망친다. 수소문 끝에 향심과 향심의 삼촌을 찾게 되지만 그들의 모습은 창녀와 거지 폐병환자였고 향심의 삼촌이 실은 향심의 남편이라는 것을 알게 된다. 실의에 빠진 춘호는 다시 순이를 찾아가지만 뱃속의 아기가 죽은 채로 오래 방치돼 생명이 위험하다는 걸 알게 된다. 병원비가 없는 춘호는 일본인 병원을 찾아가지만 수술비를 지불해야만 수술해 주겠다고 하고, 이에 순이는 수술을 거부한다.
1988	떡	김수형	선우일란 김인문	건달인 남편 덕희와 아들 용이를 위해 소작일을 하는 점례에게 동리남자들의 빈번한 유혹이 따른다. 상전의 유혹을 거절한 것이 오히려 마님의 오해를 사게 되어 점례는 소작지를 빼앗긴다. 점례를 짝사랑한 머슴 삼수는 덕희에게 돈을 빌려준 대가로 점례를 원한다. 덕희는 거액에 아내를 팔아버리나 점례의 의지로 인신매매 사기죄로 고발된다. 점례의 진실을 안 삼수의 고소취하로 풀려난 덕희는 병을 얻어 뒤늦은 참회를 하며 세상을 떠난다. 어린 용이마저 떡에 체해 죽자 점례는 정신이상이 되고 만다.
1995	소낙비	최기풍	하재영, 최지수	농촌생활의 빈곤에 환멸을 느끼던 남편은 떠돌이 화장품 장수의 허풍에 서울로 갈 결심을

제작연도	제 목	감 독	주 연	줄거리
				한다. 집과 소작농을 정리하여 70원 가까운 돈을 마련해서. 꺼림칙해 하는 아내와 갓난아이를 데리고 고향을 떠나지만 화장품 장수에게 사기를 당하고 빈털터리가 된다. 절망한 부부는 떠돌이 생활을 시작하고, 배고픔에 시달린 아이는 죽는다. 그러던 중 어느 마을에 도착한 이들은 이 마을의 지주인 이 주사를 찾아가 소작을 달라고 부탁한다. 달가워하지 않던 이 주사는 아내의 반반한 얼굴을 보고 음흉한 웃음을 지으며 감자밭을 소작 준다. 이 주사의 유혹을 거절한 아내에 대한 보복으로 감자밭은 쑥밭이 되고, 엄청난 부채를 지게 되자 서울 갈 경비를 마련하기 위해 노름을 할 생각을 하고 아내에게 돈을 구해오라고 매일 고함친다. 쇠돌 엄마를 비롯한 동네 아낙들은 가난한 생활을 면하기 위해 이 주사와 관계를 맺게 된다. 돈을 구해오라는 남편의 닦달에 아내는 치근거리는 이 주사의 제의를 받아들이게 된다. 이 이야기를 들은 남편은 노름하여 돈을 벌 수 있다는 희망에 아내의 치장을 도와준다. 이 주사와 잔 판술네는 쫓겨나고 목을 매어 자살한다. 이 주사를 만나러 서낭당에 가는 길에 아내는 판술네의 장례행렬과 마주치고 소낙비가 내리기 시작한다.

김유정, 비참한 풍속에서 피어난 염화미소

성석제

소설을 쓰기 시작한 이후 좋아하는 작가가 누구인가 하는 질문에 나는 대체로 연암 박지원과 벽초 홍명희를 꼽아왔다. 연암에게서는 얽매이지 않는 자유로움과 천부적인 낙천성을 느꼈고 벽초는 연면하고 도도한 서사성으로 나를 압도했다. 그리고 근래 어떤 계기로 『김유정 전집』을 통독하고 나서 좋아하는 작가가 두 사람이 아니라 연암, 벽초, 김유정 세 사람이라고 말하게 되었다. 아니 이들 작가의 후인으로서 충심으로 경애한다고 해야 옳을 것이다.

김유정의 소설을 처음 읽은 것은 초등학교 시절 자유교양문고 시리즈에서였다. 단편 「동백꽃」이 기억에 남아 있는데 중학교 아니면 고등학교에 다니던 형과 누나들이 보던 시리즈의 '한국단편문학선'에서 읽은 것 같다. 그때는 「동백꽃」의 해학성보다는 사춘기를 보내고 있는 처녀 총각 간의 긴장과 접촉에 관심이 많이 갔고 닭싸움을 시킬 때 고추장을 먹이면 된다는 게 예나 지금이나 비슷하다는 게 흥밋거리였다. 그 뒤로 교과서나 다른 책을 통해 읽은 게 「봄·봄」이나 「금 따는 콩밭」

정도였다. 『김유정 전집』의 산문에서 1930년대 사람들이 사이다를 마신다거나 냉면을 먹는다는 것을 알게 됐고 그게 역시 흥미로웠다.

『김유정 전집』에서 김유정의 소설을 원문으로 읽고 나서 나는 그동안 내가 김유정에 대해 가져왔던 선입관을 버렸다. 아니 생각과 관점을 완전히 바꾸었다. 그는 널리 알려진 대로 해학과 풍자의 작가이기 이전에 독자를 소름 끼치게 하는 작가이다. 그의 작품을 읽으면서 웃거나 미소 짓기보다는 눈시울이 뜨거워질 가능성이 훨씬 높다. 그 이유는 먼저 작중 현실이 너무 처참하기 때문이고, 두 번째는 그 현실의 바탕이 되었을 작가의 현실이 비참하고 곤고하기 때문이며, 세 번째는 그럼에도 불구하고 작가가 당대의 현실을 시종 냉정하게, 심지어 냉랭하게 느껴질 정도로 거리를 두고 사실적으로 그려내고 있기 때문이다. 도대체 이 위대한 시선은 어디서 나타난 것일까.

> 장을 보고 오는 농군을 농군이 죽엿다. 빼앗은 것이 한끗 동전 네 닢에 수수 일곱 되. 게다 흔적이 탄로날까 하야 낫으로 그 얼골의 껍질을 벗기고…….

「만무방」에 나오는 이 포악한 현실의 낫질에 대해 작중 인물들은 그런가보다 하고 순응적이다 못해 속 터지게 만든다.

> "저 사촌형님께 쌀두되 꿔다먹은 거 부대 잊지 말고 갚우" 하고 부탁할 제 이것이 필연 안해의 유언이리라고 깨닫고는 "그래 그건 염녀 말아!" "그러구 임자 옷은 영근어머이더러 사정얘길하구 좀 빨아달래우" 하고 이야기를 곧잘 하다가 다시 입을 이그리고 훌쩍훌쩍 우는 것이다. (「땡볕」)

이러한 피동성은 아예 유전자인 듯 김유정의 작중인물 대부분에 해당이 된다. 「솥」을 보자.

> 안해는 분에 복바치어 눈우에 털벅 주저앉으며 울음을놓았다. 은식이는 구

경군쪽으로 시선을 흘깃거리며 입맛만 다실 따름. 종국에는 안해를 잡아 일으키며 울상이 되었다. "아니야 우리솥이 아니라니깐 그러네."

그리하여 피동성은 무지함으로, 무지함이 아예 후안무치함으로 변해버린다. 남편이라는 작자는 들병이(떠돌이 매춘부)에게 가져다 주려고 제 집 부엌의 솥을 뽑아다 주는데 그 전에 "어젯밤에 아내의 속곳과 그제 밤 맷돌짝을 훔쳐낸 것이 탄로가 났다." "닳아 일그러진 수저가 세 자루 길고 짧고 몸 고르지 못한 젓가락이 너덧매 있었다. 그 중에서 덕이(아들) 먹을 수저 한 개만 남기고는 모집어서 괴춤에 꽂았다." 그런 연후의 정황인즉 다음과 같다.

들병이의 남편, "왜 섰수. 어서 같이 갑시다유." 솥을 빼간다고 들병이에게 달려드는 아내, 들병이 두 내외는 귀가 먹었는지 하나는 짐을 하나는 아이를 업은 채 언덕으로 늠름히 내려가며 한번돌아다보는 법도 없다.

들병이의 두 내외가 그냥 내려가는 게 아니라 '늠름히' 내려가게 만드는 것이 김유정다운 관점이다. 이러한 냉철한 작가적 태도가 작품에서 통속성을 걸러내고 고전성을 획득하게 한다.

이제 김유정 그 자체의 표상이 된 해학성을 이야기할 차례다. 유머, 해학(諧謔)은 자연스럽고 선천적이면서 기질에 근거한다. 김유정이 낙천적이고 웃음을 좋아하고 웃음기에 민감한 기질을 타고난 작가임은 분명하다.

먼저 「봄·봄」에서 "빙모님은 참새만한 것이 그럼 어떻게 앨 낫지유?" 하는 것이나 「金 따는 콩밧」에서 "뽕이 나서 뼉따구도 못추리기전에 훨훨 벗어나는게 상책이겟다"고 하는 언어적 감각이 해학성의 근간이다. 또한 해학성이 높은 작품을 남긴 대부분의 작가에 해당되는 말이지만 특히 대사에 능하다. 「안해」를 보면 "이리와 자빠저 자—"라고 남편이 말하자 아내가 "곤두어 너나 자빠저 자렴—" 하고 대꾸하는 것이 그런 예이고 한참 동안 아내에게 폭력을 휘두르고 나서 '나뿐 아니라 년도 매를 한참 뚜들겨맞고 나서 가치 자리에 누으면 "내 얼굴이 그래두 그렇게 숭없진 않지?"" 하는 대사가 나온다. 웃기면서 리얼하고 한심하면서도 자연스럽다.

이처럼 자연스러운 해학은 진주와 같아서 순결, 무구한 것이 아니라 상처에서 생겨나고 불순하고 냄새 나서 인간다운 희비극이 되고 또한 비희극을 이룬다. 더러운 곳에서 피어나는 연꽃처럼, 그 연꽃을 앉을자리로 형상화한 연화대 위에 앉은 부처의 염화미소처럼 김유정의 소설은 은연중에 피어서 빛나고 있다.

> "더러운걸 널더러 입때 끼고 있으랬니? 망할 계집애년 같으니" 하고 나도 더럽단듯이 울타리께를 힝하게 돌아나리며 약이 오를대로 다 올랐다. 라고 하는 것은 암닭이 풍기는 서슬에 나의 이맛배기에다 물찌똥을 찍 깔겼는데 그걸 본다면 알집만 터졌을뿐 아니라 골병은 단단이 든 듯싶다.(「동백꽃」)

불과 스물아홉 살에 요절한 김유정은 다섯 해 남짓한 작품 활동 기간에 30여 편의 소설을 남겼다. 당시의 지면 사정이나 집필환경을 생각하면 상당히 다작에 속한다. 한편 20대이고 등단한 지 얼마 안 된 것을 생각하면 무조건 많다고 할 수도 없다. 결국 작가적인 성실성이 척도가 되는데 나는 김유정처럼 자신의 삶을 글과 직접 맞바꾼 예를 알지 못한다. 그러면서도 과장한다거나 엄살을 떤다거나 순교자처럼 군다는 느낌이 전혀 없다. 작가는 직설로써 독자의 흉중에 가장 단거리로 단시간에 도달한다.

작가는 역사가는 아니지만 '당대 풍속의 기록자'가 되라는 요구를 받는 경우가 많다. 사람에 따라 예술가로서의 깨끗하고 좁은 길을 선호하는 사람도 있다. 김유정은 스스로가 풍속의 한 부분이었고 그 풍속을 가감 없이 서술하는 데 망설임이 없었다. 그럼으로써 불후성을 얻었다.

한정된 시간과 언어의 장벽만 아니었더라면 당대는 물론 20세기의 작가 가운데 가장 먼저 세계성에 도달했을 것이다. 문학으로서, 또 인간으로서.

피가 되고 살이 된 김유정의 소설

권지예

소설가가 되고 나니, 가장 좋아하는 작가가 누구냐, 가장 감명 깊게 읽은 작품은 무엇이냐는 질문을 자주 받는다. 다른 작가들은 어떤지 모르지만, 나는 이런 질문에 대답하기가 매우 곤란하다. 사실 나는 무엇에 정신없이 빠지거나 열광하는 성미가 아니다. 읽고 나면 그저 좋다, 아니다, 또는 그저 그렇다 이외에는 뭐라고 감상을 잘 표현해내지 못한다. 나를 소설가로 키운 것은 8할이 다른 이들의 소설이 분명할 텐데도, 아무래도 읽자마자 소설들은 내 안에서 금세 화학변화를 일으켜버리나 보다. 이미 피가 되고 살이 되어버려 되새김질을 할 수가 없나 보다.

어떤 작품이 내 작품에 영향을 주었는지는 내 스스로도 일목요연하게 밝힐 능력이 없다. 그러나 대체로 나는 나의 작품경향과 다른 작품을 읽게 될 때 아주 인상적이고 새로운 창작의욕을 얻게 된다.

그런 의미에서 김유정의 「소낙비」라는 단편이 주었던 충격을 잊지 못한다. 이 작품은 그의 다른 작품들과 함께 서른 중반에 프랑스에서 읽었다. 소설가로 등단하기 바로 전이었다. 박사 예비과정에서 한국작가의 문학세계를 소개하는 논문을 써야 했기 때문이었다. 그때까지 교과서에 실렸던 그 유명한 「봄·봄」이나 「동백꽃」같은 작품을 읽은 것 외엔 그의 작품을 심도 깊게 읽은 적이 없었다. 한국에서 공수해온 전신재 교수가 묶은 『원본 김유정전집』을 읽었다. 사실 논문은 불어로 써야했기 때문에 어쩌면 김유정의 소설은 최악의 선택이었다. 그가 소설에서 구사한 강원도 지방의 방언이나 의성어·의태어를 번역할 방법이 없었다. 그 화려한 프랑스에도 우리말처럼 다양한 의성어와 의태어는 존재하지 않는다. 그럼에도 불구하고 나는 그의 소설의 매력에 점점 깊이 빠지게 되었다.

그의 소설을 읽으면서, "아아, 나는 절대로 이 작가처럼은 죽었다 깨도 못 쓰겠구나" 하는 절망스런 확신이 몰아쳤다. 그것이야말로 정확하고 강렬한 깨달음이었다. 그의 모국어는 너무도 한국적이었다. 판소리 가락처럼 리듬과 해학이 살아있는 그 문체를 어줍잖은 번역 투의 문장에 익숙한 나는 흉내조차 낼 수 없다는 생각이 들었다. 또 하나는 그는 몹시 영악한 작가라는 점이다. 영악하다 못해 전략적이기까지 하다. 작가가 농촌이야기를 쓴다고 촌스러운 것은 아니다. 그는 비극적 효과를 극대화할 줄 아는 사람이었다. 비극을 제대로 아는 작가였다. 마치 찰리 채플린의 희극이 그 우스꽝스러움으로 해서 더할 수 없이 페이소스를 가져다주는 것처럼. 김유정은 일제 식민지 시대의 답답한 농촌현실에서 출구 없는 삶을 사는 농민들을 다양하게 그려냈다. 그는 카프계열의 작가처럼 직설적으로 이야기하지 않는다.

「소낙비」는 가난한 이농민 춘호가 노름빚 2원을 마련할 길이 없자 아내를 마구 닦달질하여 그 아내로 하여금 마을의 부자 이주사에게 몸을 팔도록 은연중에 방조하는 이야기이다. 비정상적인 부부의 이야기다. 오죽하면 동방예의지국의 남편이 사랑하는 아내에게 몸을 팔게 하는 비도덕적인 짓을 하겠는가. 남자 주인공 춘호는 고향을 도망쳐 나온 유랑농민이다. 그가 처한 고달픈 현실은 도박으로 한밑천 잡으려는 투기심으로 그를 몰아부친다.

작가는 여기서 한 인간을 도덕적으로 타락하게 하는 요인을 개인적 요인보다 사회의 구조적 모순이라는 맥락에서 과장 없이 현실을 드러내고 있다. 그러한 상황에서 남편의 마지막 목표는 노름밑천 2원으로 돈을 따서 빚이나 대충 갚고 서울로 올라가 아내는 안잠을 재우고(행랑채에서 식모살이를 시킴) 자기는 노동을 하여 안락한 생활을 하는데 있다. 하지만 안락한 생활은 일제의 식민지에 대한 잔인한 수탈이라는 사회구조의 모순 속에서는 개인의 정상적인 노력으로는 불가능해 보인다. 여기서 김유정 소설의 인물들의 비도덕적, 비정상적 행위의 당위성을 찾을 수 있다.

몸을 파는 것 이외에는 달리 돈을 마련할 길이 없다는 것을 잘 아는 춘호는 아내에게 끊임없이 폭력을 가하고 돈 2원을 구해오라고 재촉함으로써 매음을 묵인하고 있다.

> 마는 그래도 안해는 나히 젊고 얼굴 똑똑하겠다 돈 이원 쯤이야 어떻게 라도 될수 있겠기에 묻는 것인데 들은체도 안하니 썩 괘씸한 듯 싶었다.

이주사와 관계를 갖고 돌아온 아내가 내일 돈이 될 것임을 고하는데,

> "네, 낼 될거유." 남편은 시골 물정에 능통하리 만치 난데없는 돈 이원이 어데서 어떻게 되는것 까지는 추궁해 물으려 하지 않았다. 그는 저윽이 안심한 얼굴로 방문턱에 걸터 안즈며 담뱃대에 불을 그었다.

소설 줄거리를 보면, 춘호는 아내가 매음을 하게 되는 것에 적이 안심하게 된다. 아내의 정조를 돈 2원으로 계산하고 매음에 동조하는 춘호의 비윤리적 의식은 분노보다 작품의 결말에 가서 극도의 비애감을 느끼게 한다. 춘호의 아내가 매음을 하고난 다음날 그 대가로 돈 2원을 받으러 가기 전에 아내의 머리를 자신이 매만져 주는 장면이다.

안해가 꼼지락 거리는 것이 보기에 퍽이나 갑갑하였다. 남편은 안해의 손에서 얼개빗을 쑥뽑아들고는 시원스리 쭉쭉 나려 빗긴다. 다 빗긴뒤 옆에 놓인 밥사발의 물을 손바닥에 연신 칠해가며 머리에다 번지르르하게 발라 놓았다. 그래놓고 위에서 부터 머리칼을 재워가며 맵시있게 쪽을 딱 찔러주드니 오늘 아침에 한사코 공을 들여 삶아놓았던 짚세기를 안해의 발에 신기고 주먹으로 자근자근 골을 내주었다. "인제가봐!" 하다가 "바로 곧 와, 응?" 하고 남편은 그 이원을 고이 받고자 손색없도록 안해를 모양내어 보냈다.

「소낙비」에서 춘호는 아내가 매음을 하고 온 사실을 짐작하고 있지만 아내에 대한 애정이 변하는 것은 아니다. 오히려 서울에 올라가 아내와 단란한 생활을 꿈꾸며 그들 부부는 아내가 매음을 한 그날 밤을 화기애애하게 지내는 것이다.

"이런 망할거 남말 하는데 자빠져 잔담—"

남편은 혼자 중얼거리며 바른팔을 들어 이마 우로 흩트러진 안해의 머리칼을 뒤로 쓰다듬어 넘긴다. 세상에 귀한 것은 자기의 아내! 이 안해가 만약 없었던들 자기는 홀로 어떻게 살 수 있었으려는가!

명색이 남편이며 이날까지 옷한벌 변변히 못해입히고 고생만 시킨 그죄가 너무나 큰듯 가슴이 뻐근하였다. 그는 왁살스런 팔로다 안해의 허리를 꼭 껴안아 자기의 앞으로 바특이 끌여당겼다.

남편의 심리가 재미있다. 그러면서 한편 씁쓸한 비애가 느껴졌다. 이 소설이 1930년대에 나온 소설이며, 그의 소설은 상당히 사회고발적인 요소가 많다는 점을 감안할 때, 그 시대 이런 부부상이 무엇을 겨냥하는지 영리한 독자라면 눈치 채게 된다. 검열이 심했던 그 시대에 그는 위장의 천재였던 것이다. 작가는 아무 것도 모르는 척 의뭉스런 문체로 이야기를 하기 때문이다.

나의 등단작은 「꿈꾸는 마리오네뜨」라는 단편이었는데, 프랑스와 한국에 떨어져 사는 부부의 이야기였다. 나는 그 무렵 부부의 이야기를 많이 썼고, 작가로 등단한 후에도 한동안 '비정상적인(?)' 부부의 이야기를 많이 썼는데 아마도 김유정 소설의 부부이야기가 내 뇌리에 강렬하게 박혀있었기 때문이 아닐까 싶다. 60년 전의 작가 김유정은 '아! 부부의 이야기를 이렇게 쓸 수도 있구나!' 하는 일깨움을 그 당시 내게 주었다. 김유정과 나의 작품은 확연히 다르다. 그러나 그의 등단작 「소낙비」는 내게로 와서 어떤 화학변화를 일으켰던 건 분명하다.

또 하나 그의 작품에서 이야기 하고 싶은 것은 성에 대한 문제이다.

소설가로서 등단한 후, 한 시대나 문화현상의 중요한 기표로서의 성에 대해 늘 관심을 기울이며 또 그것의 작품화에 노력을 기울였다. 그런데 내가 한국 근대소설에 나타난 성의 문제에 관심을 가지고 근대소설들을 탐독했을 때, 김유정의 소설들에서 성에 대한 색다른 관점을 발견하고 무척 경이로웠다. 김유정은 1930년대 당시로서는 대단히 대담하고 솔직하게 또 천연덕스럽게 성에 대해 이야기한다. 개인적인 느낌으로는 그 천연덕스러움이 오히려 천진무구하게 느껴지기도 하고 노회하게 느껴지기도 하는 지경이다. 그의 소설에서 느껴지는 묘한 매력은 그가 성이라는 모티브를 사용해서 주제를 장악하는 힘을 여지없이 보여주기 때문이다. 작품에서 일반적인 남녀의 성의 양상을 다룬 것이 아니라 특히 결혼한 부부간의 성의 문제, 특히 결혼한 아내의 매음을 다룸으로써 인간관계의 한 양상이나 사회 병리적 요소를 첨예하게 드러내고 있다.

한국 근대문학사에서 김유정만큼 이 '매음' 모티브를 일관성 있게 그리고 집요하게 작품 속에서 형상화 한 작가도 없다고 생각한다. 특히 관심을 끄는 것은 김유정이 다룬 소설의 주인공들은 매음에 대한 죄의식은커녕 성도덕이 마비되었거나 또는 비윤리적이라는 점이다.

그것은 전통적으로 성에 관한 표현, 특히나 비윤리적인 매음과 같은 문학적 주제가 금기시되어왔던 전통문학의 풍조나 유교적 윤리의식의 잔재가 아직 존재하는 당시의 상황에서도 하나의 충격으로 다가왔을 것이다.

특히 유부녀의 매음이 주제가 된 「소낙비」(1935), 「가을」(1936), 「정조」(1936)뿐 아니라 한국 문학사상 유일무이하게 특히 그만의 독창적인 인물설정으로 들병이라는 유랑매춘부를 등장시키는 「솥」(1935), 「안해」(1935), 「산골나그네」(1936), 「총각과 맹꽁이」(1936) 등은 나로 하여금 그의 작가의식을 '매음'을 통해서 규명하고 싶은 문제의식을 부여했다.

이런 작품들에서 김유정은 한국의 전통적 윤리의식에 비추어 보건대 참으로 충격적인 부부상을 그려놓고 있다. 그러나 우리가 이들 부부의 매음에 관한 타락성 여부를 지적하기보다는 그것을 오히려 김유정 문학의 필연적 효과적 장치로 느낄 수 있는 점은 이렇다.

① 그들의 매음에는 전혀 쾌락의 여지가 없다.

소낙비의 여주인공은 잠깐 도덕적 수치심과 죄의식을 느끼나 남편에게 매 안 맞고 사랑을 받을 수 있다면 아무 상관이 없다. 그녀는 남편을 진정코 사랑하고 있다.

② 아내들이 비록 매음을 하지만 그것은 가족전체의 생존을 위한, 한 가정의 근본적인 파멸을 막기 위한 윤리 이전의 희생정신이 뒷받침된 극히 원초적인 인간애 없이는 불가능함을 보여주고 있다.

결론적으로 김유정 소설의 매음은 남편의 협조 등 외형적으로는 추악한 면을 보이고 있지만 작품의 내적 동인으로서의 그것은 좀 더 인간적인 의미를 내포하고 있다. 오히려 가족 간의 깊은 유대감을 보여주게 된다. 즉 성윤리보다 부부의 인연을 중시하는 한국의 가족주의의 가치규범이 상위 개념으로 나타난다.

결론적으로 말하자면, 그의 소설을 읽고 나면 오히려 눈물겨운 인간의 비참한 한계상황을 더욱 뼈저리게 자연스럽게 절감하게 된다. 바로 이것이 작가의 숨은 의도가 아닐까 생각한다. 결국 작가의, 보다 심각하고 중요한 의도는 그들이 그러한 극단적인 매음행위를 할 만큼 몰락하게 된 당대의 궁핍한 현실을 보여줌으로써 일제 식민통치의 구조적 모순을 대비효과로 드러내는데 있는 게 아닐까. 그런데 이것을 해학과 아이러니의 기법으로 표현하여 오히려 비극성을 더 고조시킨다. 이것은 일제시대 검열제도 하에서의 문학적 위장이며 그의 숨은 의도를 효과적으로 살려주는 미학적 장치로써 김유정의 예술성을 더욱 부각시킨다.

그러므로 소설가인 내 개인적인 의견은 이렇다. 가난과 병마의 고통 속에서 요절한 인간 김유정은 연민하지만 작가 김유정은 존경을 넘어 경외한다. 그는 작품과 작가의 거리를 무섭도록 끝까지, 또한 효과적으로 유지하는 작가다. 그야말로 김유정만큼 '쿨'하고 독한 작가를 한국문학사에서 찾기는 어렵다. 작가적 윤리의식이나 도덕적 교화의 강박관념을 전혀 드러내지 않고도 천연덕스럽게 상황의 대비 효과를 보여주는 고도의 테크닉을 구사한다. 김유정은 보색을 가장 잘 사용하는 화가이자 양날의 칼을 잘 쓰는 검객이라 할 수 있다. 그런 의미에서 내게 김유정의 작품은 당시의 어느 작품보다도 유례없이 지적이고 모던하다고 생각된다.

부록 1

창작판소리 《유정의 사랑》

김유정과 박록주를 중심으로

원작
전상국의 『유정의 사랑』

각색
최기우

감수
최동현

[아니리]

춘삼월 달도 밝은 자정 무렵이었것다. 흐드러진 배꽃 사과꽃 달빛 받아 눈부신데, 경기도 광주군 중부면 상산곡리, 유세준씨 댁에서 숨 넘어가는 밭은 기침소리 울타리를 넘어오는구나. "어구머니 가슴이야, 이 가슴 속에 무엇이 들었는가." 한 사내가 가쁜 숨 몰아쉬며 묵삭은 기침소리 요란허구나.

[창]

방바닥을 뒹굴면서, "아이구, 나 죽어요." 데굴데굴 데굴데굴, 아랫배를 움켜쥐고 방바닥을 기면서 설사하고 피 토하고, 이마에는 진땀 번질, 눈구멍은 퀭엥허니 게게 다 풀렸구나. 저승사자 달려나와 그 사내를 보더니만, "틀림없어. 북망산이 눈앞이여. 어여 내 손 잡소." 사내가 후유 한숨을 쉬더니만, 고였든 눈물 씻고, "갈 때 가더라도, 이 사진 한 장 갖고 가면 안 되겠소?" 저 사자 사내 등을 툭 치더니만, "이보시오, 세상사 맺은 인연 훌훌 털고 가는 게 저승이라오." 저 사내 벌떡 일어나 벼락같이 소리를 지르는디, 눈빛은 샛별같고 목청은 장비같다. "너 이놈, 사자야, 이 사진이 누구인지, 내 너에게 알려주마. 역대 명창 뼌을 보아 법제 더늠 이어받고, 주야장천 수련탁마, 여류 중의 으뜸 여류, 벽력같은 적벽가며, 간장에는 심청가로, 흥한 마당 흥보가며, 어화둥둥 춘향가로, 삼천리 방방곡곡 삼척동자도 다 아는 일류명창 박록주를 모른다곤 못할레라."

[아니리]

저승사자 이 말 듣고 가만히 생각허니, 스물한 살 소설가 김유정이 박록주란 기생한테 얼이 빠져, 외짝사랑 서러움에 맘 상한 일 조선팔도 뉘 모를까. 뒷동산에 두견 울면 한숨짓고 잠 못자던 그 아픈 내력을 익히 들어 아는 바라. "그대가 편지 쓰다 소설 쓰는 춘천 사람 김유정이오?"

[아니리]
유정이 스물아홉 짧은 일생을 통하야 대여섯번의 짝사랑을 했다지만, 그중에서도 소리허는 박록주에 대한 외사랑은 삼천리 금수강산 다 아는 대표적인 연애사였던 것이었다. "이 애, 고수야. 아니, 네 이 놈, 사자 놈아, 내 오늘 그 이야기를 허고, 김유정 이 양반 원풀이라도 좀 해드릴라고 하는데, 잠시, 한 백 년만 기다리겠느냐?"

[창]
국운이 불행하여 왜적이 조선을 강탈하니, 쓸쓸한 조선땅 강원도 춘천부, 남대 이작면 실레마을. 정미년에 이르러 재차 의병이 일어나 민심이 소요할 제, 경주 김씨, 그 부인 청송 심씨 아들 하나 딸 다섯 뒤에 아들을 더 낳았는디, 그게 바로 유정이라. 어릴 적부터 머리가 비상한 데다, 키도 크고, 얼굴 훤칠한 호남 중의 호남이라. 스무살 무렵에는 연희전문 뺏지마저 빳빳하게 달았으니, 부러울 게 없었는디, 인생사 길흉화복 어찌 알 수 있으리오? 부모께서 돌연 돌아가시고, 의지할 형님 한 분 주색잡기로 허송하니, 유정의 딱한 속을 그 뉘라 짐작허리?

[아니리]
그 형이 첩을 첩첩이 두면서 가산을 탕진해도, 구두 양복은 해주었을 터인데, 유정은 광목천 저고리에다 대님도 안 매는 통바지를 입고, 신발은 짚세기를 삼아 신고 다녔는디, 뒤꿈치를 이렇게 접어서 신고 댕겼다고 헙디다. 뒷날 사람들이 이르기를, 금병의숙허던 춘천서 춘천농고생 쉰세 명이랑 싸울 때하고, 박록주 뒤쫓아다닐 때 빼놓고는 짚세기 뒤꿈치를 집어넣은 적이 없었다고 하니, 유정의 짚세기는 짚세기가 아니라 전통 슬리퍼였던가 보더라. 각설하고,

[아니리]

유정이 박록주를 처음 본 것이, 휘문고보 졸업을 앞둔 그해 가을이라고도 하고, 연희전문학교 입학허던 그해 봄이라고도 허는디, 가을이든 봄이든 무슨 상관이 있을까. 그때 유정은 호리병만 보아도 가슴이 설레던 나이가 아니던가? 다 집어치우고, 유정의 소설 「생의 반려」를 따라가면 이러했던 것이었다.

[창]

하루는 무삼 일인지 가슴이 콩닥콩닥 뛰기 시작하여 멈출 줄을 모르는구나. 이리저리 골목으로 발걸음을 옮기는디, 동네 목욕탕에서 조그만 손대야를 들고 나오는 한 여인을 보았으니, '팔도명창대회서 소리허던 그 여인 아닌가?' 헌데, 꿋꿋하던 무대에서의 옛 모습이 아니라, 무슨 병이 들었는지 몸은 수척하고, 화장끼 없는 맨 얼굴은 창백하게 바랬것다. 하얀 치마, 흰 저고리, 가만가만 걸어가다 무심코 멈춰서서 먼 하늘을 바라보며 '후유' 한숨 한 번 쉬더니만, 치맛자락 걷어 안고 수심 가득한 눈으로 유정을 흘끗 보는디, 비맞은 제비 한 마리 물기 털고 날려는 듯, 해당화 한 송이가 이제 막 벌려는 듯, 유정이 그 모습을 보더니, 베락 맞고 풍 맞은 듯 옴짤달싹, 오도가도 못허고 눈만 껌뻑껌뻑, 입술도 오무락 달싹, 달싹 오므락 열지도 못허거니와 닫지도 못허는디, 그래도 가슴은 여전히 달랑달랑거리고 고수머리 앞으로 타래진 머리카락만 털럭털럭 이마를 때리는구나.

[아니리]

한참 넋잃고 보던 유정은 자기도 모르게 짚세기 뒤꿈치를 집어넣고 가분가분 가분가분 녹주 뒤를 따라갔던 것이었다. '바로, 저 집이로구나.' 기생집 〈고래관〉에서 마침 노랫소리가 들리는디,

[세마치]
아리랑 아리랑 아라리요 아리랑 띄어라 노다가세
증기차는 가자고 원고동 트는데 정든님 품안고 낙누낙누
아리랑 아리랑 아라리요 아리랑 띄어라 노다가세
낼 갈지 모래 갈지 내 모르는데 옥씨기 강낭이는 심어 뭐하리
아리랑 아리랑 아라리요. 아리랑 띄어라 노다가세
기생이면 어쩌리요 내사랑이거늘 기생방 오래비로 한 세상 살자
아리랑 아리랑 아라리요. 아리랑 띄어라 노다가세

[창]

그날 밤, 시험이 급하여 과정 낙제나 면할까 눈 까뒤집고 책을 뒤지자니, 그렇게 똑똑하던 글자가 어느덧 먹줄로 변하니 글렀고, 아련히 나타나는 여인의 얼굴은 생각하면 할수록 속만 탈 뿐이라. 몇 번이고 고개를 흔들어 정신을 바로잡아 가지고 들여다보면 또 록주의 얼굴이 아른거리니, 마침내 들었던 책을 내던지는구나. 정신을 차리려 일어서서 들창 열고 내다보니, 벌써 동방이 희번한지라. '내 편지라도 써보아야겠다'하고는 단정히 무릎을 꿇고 편지를 쓰기 시작허는디, '연모하리다' 하고 한 장, '연모 연모하리다' 하고 또 한 장, '연모 연모에 연모를 더하리다' 하고 또 한 장, 이렇게, 매일 한 장씩 보냈것다.

[아니리]

열흘 지나고, 보름 넘어도 소식이 캄캄허니, 유정만 속이 바짝바짝, 애가 타 있었것다. 박록주 소리가 모지락스럽게 맺고 끊는 것이 장기라더니, 사람 대허는 것도 매몰찼던가 보더라. 유정이, 양단 치마저고리며 순금 트레반지며, 가죽신에 털장갑까지 가진 돈냥 탈탈 털어 록주 품에 안겨봐도, 꿈쩍 꿈쩍도 안허니, 유정이 쌔근쌔근 가쁜 숨을 쉬어 가며 신세 한탄을 허는디,

[창]

"어디 사람 동났다고, 길거리서 한 번 보고 답장 없는 편지를 매일같이 썼다던가? 피차 눈이 맞어 달뜬 것도 아니요, 나 혼자만 몸이 달아 이 무슨 지랄인가?" 원통하고 분통한 맘 쏟아내고 보니, 한 편으론 부끄럽고, 한편으론 민망하네. 밤이면은 잠 못들고, 낮이면은 밥 못 먹어 상사병만 깊어가니, 항우 장사라도 배겨낼 수 있겄느냐? 몹쓸 병이 들었는지 기침소리 쿨럭쿨럭 점점 깊어가는구나.

[아니리]

유정이 편지로 안 되니, 이제는 매일같이 록주 집을 찾아가서, 마루에 혼자 쓸쓸히 앉아 있다가곤 했는디, 어쩌면 록주가 매일같이 띄운 편지에 정이 돌아 한번 만나고자 부를지도 모르지……, 하는 마음도 있었을 것이지요. 과연 어느 날 록주가 만나자고 연통을 보냈것다. 수은동 청요리집 〈복혜원〉에서 단 둘이 만났는데,

[창]

"학생이 김유정이오?"
"학생이 아니고 사내요."
"학생이 공부는 안 하고 왜 편지질이오?"
"편지 하는 게 잘못이오? 내가 하고 싶어서 했소."
"학생이 기생과 무슨 연애를 하잔 말이오?"
"왜, 학생은 기생과 연애하면 안 된다고 어디 책에 나옵디까?"
"그나저나, 연모가 뭐요? 몽글몽글 두부요?"
유정이 죄진 어린애같이 입만 종깃종깃하다가, 뱃심 유한 소리로, "연모란, 연모란 사랑한다는 말이오. 나를 사랑해 달라, 하는 말이오."
록주가 이 말을 듣더니만, 공연스레 눈쌀을 접더니, "이보시오 학생도령, 마오 마오, 그리 마오. 당신 몸이나 건사하오. 젊디나 젊은 나이 핏

기 하나 없는 얼굴 마주하기 민망하오. 이 내 몸일랑 깡그리 잊어불고, 그 열정 학업 정진하옵시면 승승장구 큰 인물 되시리다."
그 말 들은 유정이 울화가 터져 벽력같이 외치는디, "내가 돈 없는 학생이라 피하는 거지. 바로 말해라. 네가 돈이 필요하면 임금님 밥상이라도 훔쳐다주지." 하고는 허장허세가 시작되는디, 요리상을 차려 내라, 배갈을 가져와라, 담배를 가져와라, 돈 많은 한량 행세하다가, 독한 배갈을 연거푸 다섯 잔이나 마신 다음, 해태 담배 한 대 피워 물고, 두 눈을 치켜뜨더니, 박록주를 물그러미 바라보고 앉었것다.
록주가 화가 나서 한참을 떨더니마는, "〈고래관〉에 선약한 손님 있어 가야 하오." 그 소리에 유정 가슴 철렁 내려앉는디, 주저주저 입을 열어, "사랑은 목숨과도 바꿀 수 없소. 나와 혼인해 주시오" 애원하며 매달리고, "이 자리 떠나면 가만 있지 않을 것이오" 협박도 하는데, 록주는 더 할 말이 없었던지 멍청히 앉아 있다가 벌떡 일어서서 '쌩'하니 나가버리는구나.

[아니리]
록주는 떠나고 유정만 홀로 남아 하늘을 물그러미 바라보니,

[창]
하늘은 맑고 깊고, 구름은 담담헌디, 춘조는 짝을 지어 쌍쌍이 날아들어 환우성을 지어 울고, 끼리끼리 어르는 소리 멀리멀리 퍼질 적에, 강가의 푸른 버들 청포장을 둘러 있고, 나무나무 속잎 나서 향기를 자랑헌다. 버들 속의 꾀꼬리는 노란 날개 파닥이며 이 가지, 저 가지 옮겨가며 홍겨운 노래를 부르는디,
"고—이! 고이고—이!"
아양 떨며 노래하고,
"담배 먹구 꼴 비어!"

투정 같은 소리로 노래를 부르더라.

[아니리]

그날 그 일이 있은 후로, 유정의 편지는 더 뜨겁고 더 거칠어져 갔는디.

[창]

"나는 술로 밤을 새운다. 술을 먹으며 너만 생각한다. 지금쯤 너는 어느 요정에서 소리를 하겠지만, 이 춥고 외로운 밤, 홀로 술잔 비울 나를 생각해라. 지금 이 순간도 너만을 생각한다. 어제 저녁, 네가 〈천향원〉으로 들어가는 것을 보고 문앞에서 기다렸는데, 만일 그때 만났으면, 너를 죽였을 것이로다."

한 줄 한 줄 쓰다보면 가슴에 칼을 품고 〈아사원〉과 〈고래원〉서 밤새껏 록주를 기다렸던 그 시간이 떠오르고, 혈서 쓰려 칼로 손가락 째며 흘렸던 피눈물이 다시 쏟아지니, 어찌 좋은 문장이 나오겠으며, 록주 또한 분노에 부들부들 떨 뿐이지, 어찌 이처럼 흉악무도헌 사내와 친해질 수 있으리오.

[아니리]

이러구러 세월 갈 적에, 연희전문 보성전문 모두 퇴학당하고 늑막염까지 걸린 유정은, 결국 세상을 원망하며 고향 춘천으로 떠나기로 하였것다. 그 날, 그 이슥한 밤, 가슴속에 먼지가 끼인 듯이 매캐하고 답답하야, "아, 가슴이 뜨끔뜨끔 아프다." 하며 통곡했는디, 그 소리가 너무도 애통하고 절통하여, 아직도 그 메아리가 삼천리를 구석구석 휘돌고 있다고 헙니다.

김유정이 어디엔가 발표한 글을 보면, 이런 내용이 있습니다.

"온종일, 아니 거의 매일 같은 사람에 대해 생각합니다. 도대체 다른 사람 다른 일이 끼어들 틈이 없습니다. 계속 같은 생각만 한다는 일이 이처럼 즐겁다니. 나는 고문하듯 묻습니다. 나는 영원히 결혼하지 않으리라. 나는 문학과 함께 살련다. 그것이 나의 애인이요, 나의 아내이다."

[아니리]

"이 놈 고수야, 이렇게 소리를 끝내면 너무 슬프기만 해서 못 쓰겄제? 그러면, 바로 지금까지의 이야기는 잠깐 접어두고, 다시 청요리집으로 돌아갑니다.

어느 날, 유정이 또 한 장의 편지를 쓰다가, 잠이 들었는디,

[창]

일야는 꿈을 빌어 록주를 찾아가니, 록주가 유정에게 사진 한 장 건네주며,

"험한 운명 유정이여, 그대 모습 서른 되어 지체 않고 날 찾으면,
낭군으로 받들어서 백년 해로키로 굳게굳게 다짐하오."

김유정이 사진을 받아 가슴에 고이 넣고, 박록주 양 어깨에 두 손 얹고 허는 말이,

"이리 보고 저리 보아도 어여쁘고 사랑스럽네.
빵긋빵긋 웃는 양은 꽃 중의 꽃 모란화가
하룻밤 이슬비에 함초롬히 젖었는 듯,
사람은 사람이나 분명한 선녀로다.
이리 보아도 내 사랑, 저리 보아도 내 사랑.
사랑 사랑, 내 사랑이야. 어허 둥둥 내 사랑."

[아니리]

"내 당신 사진 끌어안고 살아가리다." 그러고는 「동백꽃」의 점순이랑 닭 주둥아리에 고추장 밀어넣던 머시매처럼 뭣에 떠밀렸는지 폭 고꾸라졌는디, 그 바람에 춘천 땅 온갖 꿈틀거리는 것들이 겹쳐서 쓰러지고,

한창 피어 퍼드러진 노란 동백꽃밭 속으로 푹 파묻혀버렸것다. 알싸한 그 향기에 춘천 사람들은 정신이 고만 아찔, 아찔아찔, 하였구나.

[창]

김유정이 사진을 들고 곰곰히 살펴보는디, 오매불망 그리던 그 얼굴이 분명쿠나. 광활한 이마, 기름한 눈썹, 삼시불진 눈꺼풀, 오뚝한 콧마루, 바다같이 깊은 눈매는 돌아가신 어머니 얼굴, 그 모습일세. 그러허나 사진 들고 아무리 쳐다봐도 모두 다 쓸데없네.

"일류 명창 박록주야, 어머니 얼굴 박록주야. 보고 싶은 그 마음을 글로 풀어 담으리라. 내 안의 사람들을 내 글로 담으리라. 심장의 남은 피가 다할 때까지 펜 잡은 손 놓지 않으리."

[아니리]

이리 되어 김유정은 죽을 때까지 소설을 써서 문학사에 길이 남을 소설가가 되어, 이렇게 많은 사람들의 사랑을 받고 있습니다. 그러나,

[엇중모리]

소설가 김유정은 서른 살을 다 못 채우고 저 세상으로 먼저 가고, 소리허던 박록주는 인간문화재가 되었으나, 말년에는 실명하여 고생이 자심타가 한 많은 인생을 마쳤더라. 우리가 오늘 유정과 록주를 위하여 판소리도 지어 부르면서, 두 사람을 기억하니, 영혼이 있거든 이제라도 끊어진 인연을 이어 저승에서라도 행복하기를 빌고 또 비옵니다. 할 말은 많지만은, 주어진 시간은 짧아, 더질더질.

부록 2

창작판소리 《봄 · 봄》

원작
김유정

각색
신동흔

[아니리]

이때는 어느 때냐, 1933년 또는 1934년, 강원도 춘천 어름의 한 농촌. 땅 가진 지주님들 위세가 가히 하늘을 찌르고, 그 밑에 시중드는 마름만 하더라도 기세가 아주 등등. 가난한 서민들은 소작 한번 따내기가 수월치 않고, 변변한 머슴 자리 구하기도 녹록치가 않으니, 하 수상한 시절이라. 그 수상한 시절에도 때가 되니 봄은 오던가 보더라.

[중중머리]

낙목한천 찬바람이 엇그젤러니 어느새 봄이 온다. 따사로운 봄바람이 살랑 살랑. 들판에 아지랑이 아른, 아른. 먼 산에 불탄 잔디 밤비에 속잎이 뾰족. 수양버들 휘늘어진 가지마다 봄빛이 파릇파릇. 봄이로구나~ 청춘의 계절, 봄이야~ 두꺼비 순산하고 너구리 손자 보고. 청춘과부 새벽달 바라보며 한숨만 푸욱 쉬다가 에라 모르겠다 단봇짐 싸고. 아이들은 신이 나서 산수유 동백꽃 꺾어 들고 들로 산으로 총총총총총총~~

[아니리]

그해따라 봄바람이 어찌나 따사롭게 사람 마음을 살랑~살랑~ 흔드는지 그냥 봄이 아니라, 무엇? 옳지! 그냥 봄이 아니라, 봄 · 봄!

아 그런디 이 좋은 봄날에, 웬 허우대 멀쩡한 총각 녀석 하나가 눈물을 찔끔대면서, (창조로) 아이구, 아이구, 원통혀! (말로) 애꿎은 돌 냅다 걷어차고 하늘 바라보며 주먹질에 온 지랄을 다하며 길을 가고 있으니 이게 어인 일이냐? 때 마침 호기심 많은 전라도 아지매가 이 모양을 봤으니 그냥 보낼 리가 없지. 한번 불러보는데,

(창조로 길게 뽑아서) "여보소, 초옹각! 초오오옹각~~~!"

(말로. 퉁명하게) "왜 그러시우?"

(상냥한 투로) "아 봄바람 솔솔 불어오는 좋은 날에 생침 맞은 송아지마냥 그 표정 그 걸음이 뭔 일이여?"

(퉁명하게) "그냥 냅두래요. 다 겅칠 놈의 내 팔잔디 뭘."
(달래는 투로) "아, 그러들 말고 한번 얘기를 좀 해보드라고. 길을 가야 돈을 주워도 줍는다고, 얘기를 해야 뭔 수가 생겨도 생겨나지~"
(말투를 바꿔서) "아 그럼 내가 얼마나 기맥히게 억울한지 사연 한번 들어보드래요?"
그래 그 총각 녀석이 억울한 사연을 울퉁불퉁 풀어놓는디, 꼭 이러하던 것이었다.

[엇모리]

이몸으로 말하자면 인물 좋고 몸매 좋고 힘꼴 좋고, 일을 잡았다 하면 일당백! 머슴 중에 일등 가는 상머슴~! 부모 없는 천생 고아 떠도는 신세지만, 갈 곳은 많더구나. 이 집에서 닷 섬 주마, 저 집에서엿 섬 주마. 글쎄요, 좀 약소한걸~ 오냐 알았다, 일곱 섬, 여덟 섬, 아홉 섬, 옛다 열 섬~. 사방에서 잡아 끄니 이만하면 머슴 일도 할 만하제.

[중머리]

그런디 이게 웬 일이냐? 이것이 웬 일이여! 이리 재고 저리 재고 고르고 또 골라서, 그렇지 바로 이거여~! 어깨를 으쓱하고 빼기면서 들어간 곳, 위세도 당당한 마름 집! 봉필인지 욕필인지 마름 집에 들어가서 황소처럼 일한 것이 어언 몇 년이냐? 3년이 벌써 지나 4년이 다 돼가네. 4년이로구나. 4년을 황소처럼 일만 했구나.

[자진모리]

봄이면 소를 몰아 논을 갈아 물을 대고, 때 맞춰서 볍씨 뿌려 모가 송송 자라난다. 모찌기 모심기가 중하기도 중하구나. 어여루 상사데~, 어여루 상사데~, 가락 맞춰 모를 심고, 밤낮으로 물꼬 보기. 어느새 여름 되니, 해는 쨍쨍 땀은 뻘뻘, 초벌 두벌 세벌 네벌, 논매기가 일이로세. 가을이 돌아오니 들판마다 황금물결. 벼 베어 날라다가 와릉와릉 이삭 털고 쿵덩쿵덩 방아질에 양식 장만 힘이 든다. 농사일만 일이런가, 안팎으로 일도 많다. 밭 갈아 감자 놓기, 풀 베기 나무하기, 똥재 쳐서 거름하기, 여물 썰어 소먹이기, 소작인들 도지 받아 벼가마 져나르기, 한시 반시 일초 이초 쉴새가 없구나~. 찬바람이 휘잉~ 휘잉~, 겨울이라 일 없을까. 새끼 꼬기 장작 패기, 가마니 짜기 이엉 엮기, 눈 쌓이면 눈 치우기. 동네 머슴 한데 모여 골패놀음 투전질…… (아차차차, 이건 아니고!)

[아니리]

하여튼 쉴 틈이라고는 눈꼽맨치도 없이 4년을 죽도록 일만 하고서 매만 작신 맞고 쫓겨나니, (창조로) 이것이 웬일이드래요? (눈물 짜내듯) 흑, 흑, 흑. (코를 푸는 시늉을 하며) 힝!
"옳거니! 재수가 없을라니까 사기꾼한테 당했구먼 그려."
"여보시우. 내가 그렇게 미련한 줄 아우? 내가 멍청인가, 사기꾼을 못 알아보게. 그런 게 아니드래요. (창조로) 아이구, 고년, 점순이! 고, 속모를 년~~"
"옳거니! 이제야 본색이 나오는구나. 에끼, 이놈! 니가 가시나를 건드려서 쫓겨났구나. 싸다, 싸!"
"그 아주머니 거 참~ 이제 날 아주 망나니로 모네 그려. 그게 아니고 좀 끝까지 들어보드래요."
"그래. 한번 들어보는디!"

[중중머리]

내 발로 들어간 곳 기세 등등 마름 집. 이름하여 봉필인디, 소문난 노랭이라. 걸핏하면 주먹질에 입에는 욕이 붙어 봉필이가 아니라 욕필이가 되었구나. 아이들은 숨어서 똥필이, 똥필이! 고약키도 고약한 곳, 거길 찾아 들어갈 적 괜시리 그랬을까? 다 이유가 있었제. 이유가 뭣이던가.

권세도 아니야, 새경도 아니아니! 그럼 그게 무엇이더냐? 바로 점순이~! 봉필씨 둘째 딸 점순이~. 그애 모습을 볼 양이면 잘 익은 감참외처럼 몽톡. 토실토실 톱톱. 둥글고 커단 눈이 서글서글. 짓쳐 찢어진 입은 밥 잘 먹게 큼직! 성미가 조끔 급해 때없이 깨빡을 치지만, 영락없는 내 타입! 두 눈에 쏙 집어넣어도 아프지를 않겠구나. 동네 총각 너도나도 침만 꼬르륵. 그런데 이게 웬일이냐. 봉필씨가 은근슬쩍 부르더니만, (잠시 말로. 상냥한 투로) "얘야, 너 그거 아니? 내가 널 유심히 봐두었어. 우리 집 들어와 함께 살지 않을래? 점순이가 이만큼만 크면 너랑 성례시켜 줄게. 사위라고. 내 사위~" (다시 창으로) 어라 이게 웬 말이냐. 이것이 뭔 말이여! 쥐구멍에 볕이 들고 개천에 용이 났네. 점순이랑 혼례란다! 마름집 사위란다! 에헴, 에헴. 으쓱 으쓱~

[아니리]

아, 앞뒤 재보고 자시고 할 게 뭐 있을까. 그날로 그 댁으로 뛰어 들어갔지. 그래 그 집에서 일당백으로 갖은 일 다 맡아 하면서 사위 아닌 사위 노릇을 한 것이 어느덧 4년이라. 아 그런디 돌아가는 꼴이 좀 이상한 것이었다. 점순이 나이 어느덧 열여섯이 되니 성례할 때나 한참 지나고 또 지났건만, 아 이 장인님인지 빙장님인지 웬수인지 봉필이란 작자가 먼산만 바라보며 그저 모르쇠~~ 아 이제 성례를 해야 하지 않겠냐고 말을 꺼낼라치면,

(책망하는 투로) "아 이 자식아. 성례구 뭐구, 미처 자라야지! 저 쬐끄만 걸 성례를 해. 미처 자라도록 좀 기다려 이놈아."

매번 그렇게 눙치고 입을 막아버리니 그만 가슴이 답답. 아, 점순이 고년은 왜 위로는 안 크고 붙박이 키에 모로만 벌어지는지 심화가 불끈. 그냥 쭉 뽑아서 늘려버릴라!

(전라도 아줌마 톤으로) "옳거니! 그리서, 그냥 암말두 못허고 여직 살았다능겨? 멍청이마냥?"

"아이고 아짐씨. 이게 뭔 소리래요? 내가 단도리를 해도 여러번 하더랬지 왜 안 했겄소!"

[엇중모리]

논에다가 물을 대다 땅바닥에 털썩, 아이구 배야, 배 아파 못 살겄네~, 갖은 꾀병도 해보고, 아이고 빙장님, 올해는 제발 성례 좀 시켜주, 눈물 콧물 다 흘리며 애걸복걸~~! 지금 당장 점순이 안 내노면 그냥 갈라요. 밀린 새경 물어내소! 으르고 달래고 흘기고 매달리고 갖은 짓을 다 해봤네. 봉필인지 욕필인지 가슴을 쾅쾅 치며, 오냐. 누가 안 해준다냐? 점순이 고년이 자라야 성례를 하지~ 미처 자라야지~ 내가 답답해 죽겄다 이놈아~!

[아니리]

아 답답한 건 이몸인디 자기가 답답하다고 나서니 이 가슴이 더욱 답답. 친구라고 하나 있는 뭉태란 놈은 아주 그만 고소해 죽겠는지 나만 보면 잘난 척 빈정대는구나. "야 이놈아. 그 의뭉스런 영감탱이가 점순이를 줄 것 같냐? 꿈 깨 인석아! 네가 벌써 세 번째여 이놈아. 점순이 위로 큰 사위 자리에 자그마치 열네 명이 갈린 것 몰러? 그냥 네 명이 아니라 열네 명이여. 떡줄 사람 생각도 않는데 공연히 김칫국 마시지 말고, 어여 새경이나 챙겨서 나와 이놈아!"

아, 아닌 게 아니라 그도 그럴 듯해서 밀린 새경 내노라고 재촉이라도 할라치면,

(책망하는 투로) "야 이놈아, 니가 사위로 들왔지, 머슴으로 들왔어? (무심한 듯) 그래! 사위 하지 말고, 그냥 싹-다 없던 일로 할까?"

'예! 없던 일로 합시다!' 이래 딱 자르려니, 그간 생고생을 한 게 너무나 억울하고, 한창 물이 올라서 탱탱한 점순이 모습이 눈에 아른아른, 가슴에 아슴아슴~. 이거야말로 진퇴양난이구나.

[아니리]

그러던 차에, 이것이 웬 일이냐. (창조로) 점순이 고것이, 이 사나이의 벌판 같은 가슴에, 불을 확 질러 버렸구나.

(말로) "옳거니! 너 같은 건 싫다고 했구나. 하먼, 그러고도 남지!"

"아 이 아짐, 내 허우대 안 보이오? (동작을 하며) 짝 벌어진 어깨에 키는 늘씬, 힘은 장사! (코를 가리키며) 내가 코만 이리 큰 게 아니라…… 아 그런 거 있잖수, 거시기…… 내가 이래 봐도 왕건이여, 왕건이! 킹카~!"

"아 그럼 어떻게 불을 질렀다는 거여. 어여 말해 봐."

"그러잖아도 하려는 참이니 자꾸 끼어들지 말고 한번 들어나 보우."

"그래! 한번 들어보는디!"

[중중모리]

점순이가 총총총총 아침상을 내오는디 심통이 잔뜩 나서 눈이 실쭉 입은 빼쭉. 밥상을 덜커덩 내려던져 쭈르르 들이대니 김칫국물이 출렁. 크단 눈을 하얗게 흘기더니만, "이 바보~, 올해도 그냥 넘길 거여? 나를 아주 처녀귀신 만들 거여?" 어허 이게, 무슨 말~? 무슨 뜻~? "아니 얘야, 내 말 좀 듣거라. 그게 다 네 탓이지, 내 탓이란 말이냐? 네가 미처 자라야 성례를 한다더라. 어서 먹고 빨리 좀 커." 점순이 하는 말이 "흥. 그러니까 바보래지! 울 어매가 영락없이 난장이 사촌인디 날더러 어쩌라고~! 이몸이 이래 뵈도 나올 곳은 다 나오고 뚫릴 데는 다 뚫렸다고. 그것을 몰러?" 그 말을 듣고 나니 말문이 콱 막혀서, (풀죽은 말투로) "안된다는 걸 그래, 어떡한담!" (다시 창으로) 점순이 더욱 성을 내며, "수염을 확 잡아채지 그냥 둬, 이 바보야!"

[아니리]

홱 돌아서서 문을 쾅 닫고서 쿵쿵거리고 나가는디, 그 마지막 말이 귀에 쟁쟁하구나.

(창조로) "수염을 확 잡아채지 그냥 둬, 이 바보야~~~"
각시 될 아이한테 바보 소리를 들으니 얼굴이 그만 어찌나 화끈한지, 가엾기가 어미 잃은 황새 꼴이 되었구나. 각시한테 바보 멍충이 취급을 당하고서야 어찌 사는 게라 하겠느냐. 하지만 그 참 요상한 게 말이지, 속상한 한편으로 실실 헛웃음이 새어나오는 것이었다.
(실실 웃는 투로) '이게, 이게 말이지. 점순이 조것이 나랑 말이지 …… (미련한 웃는 표정으로) 나랑 거시기를 하고 싶다는 뜻이렷다. 헤, 헤, 헤'
그 생각을 하고 나니 두 눈이 부릅! 두 주먹이 불끈. 용기 백 배!
(주먹을 뽐내며 웅변 투로) "알았다 내 여자여! 내 오늘 그대에게 확실히 보여주마. 거기 서라, 봉필영감. 여기 점순이의 사랑, 진짜 사나이가 나가신다!"

[자진모리]

밥상 그냥 밀쳐내고 마당으로 냅다 뛰어 장인님 와락 끌어안고, "장인님, 성례시켜 주." 장인님이 버둥버둥, "어따 이놈, 뭔 짓이여." 그럴수록 힘을 주며 "왜 부려만 먹고 야단이우. 어서 당장 성례시켜 주!" "어허, 이놈이 미쳤구나." 장인이지 봉필인지 아둥바둥 안간힘. 겨우 몸을 빼치더니 작대기를 집어들고 패악질을 시작한다. 이리 쿡, 저리 쿡, 남의 귀한 배때지를 아주 쿡 쿡 쿡. 재미가 훨씬 들렸는지 볼기짝을 냅다 찰싹! 아픈 것은 둘째 치고, 내 사랑 보기 창피하다. 점순이 보기 부끄럽다. 두 눈을 부릅뜨고 작대기를 밀치면서 장인한테 달려들어 수염을 왈칵 잡아챘구나. (뽐내는 말투로) 점순아, 오빠 봤지? 나 한다면 해! (다시 창으로) 장인님이 개구리마냥 납작 자빠졌다가 후닥닥 벌떡 일어서며 "아이고, 이놈이 사람 치네~ 너 한번 죽어 봐라!" 덜컥 우당탕 달려들더니, 아이고 이게 뭔 짓이냐. 나의 중요한 곳 거시기를 단박에 꽉 움켜잡고 아주 그냥 쥐어 짠다. 으아악! 한 소리에 세상이 다 팽그르르~ (늘여서 신음조로) "아이구 빙장님! 빙장님~!"

[아니리]

그만 눈물이 핑 돌더니 하늘이 노래지는 것이었다. 다른 건 다 몰라도 나의 사랑 점순이가 두 눈 뜨고 지켜보고 있는디, 이럴 수는 없지! 사지가 부르르르~ 눈에 뵈는 게 있을 리 없지. 그냥 냅다 장인님을 훽 밀치고서 와락 달려들어 그 아랫도리 중요한 곳을 꽉 잡아챘구나. 장인님 깜짝 놀라,

"아! 아! 이놈아! 놔라, 놔, 놔."

그만 헛손질을 하면서 솔개미에 채인 닭소리를 연해 지르는구나. 놓긴 왜! 이왕이면 호되게 혼을 내주리라, 더 잡아당겼지.

(창조로) 장인님이 그만 땅에 푹 쓰러지며 눈에는 눈물이 핑, "아이고, 할아버지!! 놔, 놔, 놔놔……"

(말로) 할아버지 소리가 다 나온다. 그래도 안 되니까,

(창조로, 죽어가는 소리로) "애, 점순아! 점순아~~~~"

(말로) 점순이를 찾는다고 이몸이 장인님을 봐줄 턱이 없지.

'이 바보 영감탱이야, 점순이는 내 편이라고!'

점순이를 바라보며, 눈썹을 찡긋 미소를 싱긋, 표정으로 말하기를,

(창조로) '자, 봤지? 이게 니 서방님이란다~~!'

[중머리]

어허, 그런디, 이게 웬 일이냐~ 이것이 웬 일이여! 점순이란 년이 후다닥 달려들더니, 지 아버지 혼내랄 땐 또 언제고, "에그머니나, 이 망할 게 아버지 죽이네!" 내 귀를 왈칵 잡더니만 뒤로 훨씬 잡아당기면서 엉엉 어헝헝 우는구나. "엉엉, 엉엉. 이 망할 놈이 아버지 죽이네~~"

[진양조]

어안이 벙벙, 가슴이 절컥. 기운이 탁 꺾이어, 얼빠진 등신이 되었구나. 잡았던 손이 스르르르 그만 맥없이 쓰러지는구나. 점순이 얼굴 멀거니

바라보며, 여봐라, 이 아이야. 그 속이 도대체 무슨 속이냐~~

[자진모리]

그때여 봉필영감, 누웠다 벌떡 일어서서, 작대기 냉큼 움켜잡고, 몽둥이 찜질로 덤벼든다. 이리 쿵 저리 쾅, 요리 철퍽 조리 철퍽, 쿵쾅쿵쾅 철퍽 철퍽~~ 아구구구구…… 힘이 빠져 못 치도록 정신없이 두들기더니 두 눈을 치뜨면서 (창조로 늘여서) "이 자식! 장인 입에서 할아버지 소리가 나오도록 해? 이놈~~~~"

[아니리]

(훽 코를 푸는 시늉을 하며) 힝!

(답답한 듯이) "아 글쎄 일이 이리 된 게 아니겠소. 그나저나 아지매, 말 좀 물어봅시다. 참 알다가도 모를 것이 여자의 마음. 점순이 고년 그 속이 도대체 무슨 속이드래요?"

(한심하다는 투로) "으이구 이 멍충아. 그걸 몰러? 맞아도 싸다, 싸~"

(짜증을 내며) "아이 참, 내가 뭘 잘못했다고 그래요?"

"이놈아, 어디 가 한 3,4년 더 썩으면서 헤아려 보거라. 말하고 말고 헐 것도 없어 이놈아. 어여 가던 길이나 가. 어여"

(확 신경질을 내며) "에이, 내가 여자라는 종자하고는 다시 상종을 안 헌다. 쳇!"

아 그놈 제 모자란 건 모르고서 끝까지 툴툴거리며 떠나가는구나. 떼끼, 호랭이가 물어갈 놈!

[엇모리]

아 그런디 이게 웬 일? 저기 저게 누구냐? 총각놈 오던 길에 먼지 폴폴 풍기더니 한 처녀가 다가온다. 바가지만한 엉덩이를 뒤뚱뒤뚱 흔들면서 쬐끄만 처녀가 달려온다. 심통이 잔뜩 나서 뾰로통한 입술이 댓발은 나왔구나. 아지매 있는 데로 후닥닥 닥치더니, "여보아요 아주머니 말 물드래요. 허우대 멀쩡하고 멀대같이 생긴 총각, 그런 총각 하나 가는 것 못 보았소?" "아, 보았지. 그 멍청한 놈!" "어디로 갑디까?" "황소처럼 씩씩대며 저쪽으로 갑디다." "얼마나 되었소?" "한 댓새 따라가면 만날까? 걸음도 억시게 빠르던걸." 그 처녀 성을 내며, "에이 머저리. 멍충이. 바보. 바보. 바보……."

[아니리]

씩씩거리며 쫓아간다고 가는디, 아 그 처녀의 뛰는 것이 총각놈 걷는 것보다 더뎌도 한참 더디구나. 암튼 먼지를 풀풀 날리면서 총각놈 뒤를 쫓아서 간다고 가는디, 그래서 그 뒤에 어떻게 되었더냐?

아, 세상에 그 사연을 아는 이라고는 김유정이라는 이름을 쓰는 이 한 분밖에 없는디, 글쎄 이 양반이 시치미 뚝 떼고 뒷이야기를 몽창 잘라버리고는 서른 살 꽃다운 나이로 이 세상을 하직하셨으니, 저 처녀 총각의 뒷이야기를 알 사람이 이 세상에 아무도 없더구나.

뭐, 사람 사는 일이니 사람 사는 일처럼 되었겠지. 자세한 일이야 더 알아서 무엇할까.

[중머리]

어화 세상 사람들, 이내 말을 들어보소. 꽃피고 새울고 바람불어 좋은 날, 티격태격 아웅다웅 다투지를 말고, 다른 사람 이용해 먹으려 애쓰지를 말고, 몸은 편안하게 마음은 너그럽게, 아끼고 보듬고 사랑하고 북돋우며, 오순도순 알콩달콩 아기자기 우리 자기, 이 한 세상 행복하게 살아나 봅시다~. 더질더질~

:: 필자 약력

곽효환 건국대 국문과 및 고려대 대학원 국문과 졸업. 문학박사. 시인. 현재 대산문화재단 사무국장. 고려대·경기대·명지전문대 강사. 시집으로 『인디오 여인』, 저서로 『한국 근대시의 북방의식』 등, 논문으로 「백석 기행시편 연구」 「김유정, 문화콘텐츠로의 확장」 「임화 초기시의 경향 연구」 등이 있다.

권지예 이화여대 영문과 졸업, 프랑스국립파리7대학 동양학부 박사. 경주엑스포 프랑스공보관, 동해대학교 국문학과 교수 역임. 1997년 등단. 장편소설 『붉은 비단보』 『아름다운 지옥』, 소설집 『꿈꾸는 마리오네뜨』 『폭소』 『꽃게무덤』, 그림소설집 『사랑하거나 미치거나』 『반 고흐, 서른일곱에 별이 된 남자』, 산문집 『권지예의 빠리, 빠리, 빠리』 『해피홀릭』 등이 있다. 2002년 이상문학상, 2005년 동인문학상 수상.

김양선 서강대 영문과 및 동 대학원 국문과 졸업. 문학박사. 현재 한림대 기초교육대학 교수. 저서로 『1930년대 소설과 근대성의 지형학』 『허스토리의 문학』, 논문으로 「여성작가를 둘러싼 공적담론의 두 양식–좌담회와 공개장을 중심으로」 「근대 여성문학의 형성원리 연구–정전의 형성과 여성성의 제도화 과정을 중심으로」 「탈근대, 탈민족 담론과 여성(문학)연구–경합과 교섭에 대한 비판적 읽기」 등이 있다.

박세현 관동대 국어교육과 및 한양대 대학원 국문과 졸업. 문학박사. 현재 상지영서대 교양과 교수. 저서로 『김유정의 소설세계』, 논문으로 「김유정 소설의 배경」 「김유정의 전기적 편린」 「김유정 소설의 인물 유형」 「김유정 소설의 매춘 구조 분석」 「김유정 산문 읽기」 등이 있다.

성석제 연세대 법학과 졸업. 1986년 『문학사상』 시부문 신인상으로 작품활동 시작. 소설집 『그곳에는 어처구니들이 산다』 『내 인생의 마지막 4.5초』 『재미나는 인생』 『번쩍하는 황홀한 순간』 『홀림』 『황만근은 이렇게 말했다』 『어머님이 들려주시던 노래』 『참말로 좋은 날』 『지금 행복해』 등, 장편소설 『아름다운 날들』 『도망자 이치도』 『인간의 힘』 등, 산문집 『즐겁게 춤을 추다가』 『소풍』 『유쾌한 발견』 『농담하는 카메라』 등을 냈다. 한국일보문학상, 동서문학상, 이효석문학상, 동인문학상, 현대문학상, 오영수문학상을 받았다.

신동흔 서울대 국문과 및 동 대학원 졸업. 문학박사. 현재 건국대 국문과 교수. 저서로 『역사인물 이야기 연구』 『세계민담전집1–한국편』 『한국 구비문학의 이해』(공저) 『한국인의 삶과 구비문학』(공저) 『구전이야기의 갈래와 상호관계에 대한 연구』 『경기지역 성주풀이 무가의 신화적 성격』 등이 있다. 한겨레 옛이야기 시리즈를 기획하고 「조선의 영웅 김덕령」과 「춘향전」 등을 직접 썼다.

양문규 연세대 국문과 및 동 대학원 졸업. 문학박사. 현재 강릉대 국문과 교수. 저서로 『한국근대소설사연구』 『한국 근대소설과 현실인식의 역사』, 논문으로 「신소설을 통해 본 개화파의 변혁주체로서의 한계」 「슬픈모순과 1910년대 비판적사실주의의 문제」 「1910년대 한국소설연구」 「1910년대 나혜석 문학의 또 다른 근대성」 등이 있다.

우한용 서울대 사범대 국어과 및 동 대학원 국문과 졸업. 문학박사. 현재 서울대 국어교육과 교수. 소설가. 저서로 『한국 현대소설담론 연구』 『인터넷 시대의 글쓰기와 표현교육』 『문학교육과 문화론』 『디지털 시대, 문학의 길』(공저) 『서사교육론』(공저), 작품집으로 『불바람』 『생명의 노래』 등이 있다.

유인순 강원대 국어교육과 및 이화여대 대학원 국문과 졸업. 문학박사. 현재 강원대 국어교육과 교수. 저서로 『김유정 문학 연구』 『김유정을 찾아가는 길』, 『한국 현대소설의 이해』(공저) 『동백꽃—김유정 단편선』(편저), 논문으로는 「김유정과 해외문학」 「김유정과 우울증」 「한국소설에 나타난 중국, 중국인」 등이 있다.

전신재 서울대 국어교육과 및 성균관대 대학원 국문과 졸업. 문학박사. 현재 한림대 명예교수. 『원본 김유정전집』(편저) 『강원도 민요와 삶의 현장』(공저) 『강원의 전설』, 「거사고(居士考)」 「아르또연극과 한국의 탈놀이」 「춘향가와 죽음의 미학」 등의 논저가 있다.

조희문 한양대 연극영화과 및 중앙대 대학원 영화학 박사. 현재 인하대 영화학과 교수. 주요 저서로 『위대한 한국인—나운규』 『한국영화의 쟁점 1』, 논문으로 「변사 연구」 「연쇄극 연구」 등이 있다.

최기우 소설가, 극작가. 전북작가회의 기획이사, 전북일보 문우회 사무국장, 극예술연구회 〈봄날에〉 대표 등으로 활동하며, 최명희문학관 기획연구실장으로 있다. 2000년 전북일보 신춘문예 등단. 2003년 전북연극제 희곡상과 전국연극제 희곡상, 2004년 우진창작상 등을 수상했다. 논문으로 「최명희 문학의 원형 비평적 연구」 「전북문학지도 3—"사람의 마을에 꽃은 피고"」 「만경강은 흐른다」 등이 있다.

최동현 전북대 사범대학 및 전북대 대학원 졸업. 문학박사. 〈남민시〉 동인. 전북작가회의 회장 역임. 전북민예총 회장 역임. 현 판소리학회 회장. 군산대 국문과 교수. 저서로 『판소리 이야기』 『판소리의 미학과 역사』 등이 있다.

최미경 서울대 불문과 졸업, 파리 4대학 문학박사, ESIT번역석사 및 박사과정. 현재 이화여대 통역번역대학원 한불과 교수, 국제회의 통역사. 『열녀춘향수절가』 『김유정 단편선』 『손님』(황석영) 『식물들의 사생활』(이승우) 등을 번역, 프랑스에서 출판. 『따굴이와 추백이가 함께 하는 세상』 등 개들에 관한 포토에세이 출판, 동물과 자연보호 활동 중.

최병우 서울대 국어교육과 및 동 대학원 국문과 졸업. 문학박사. 현재 강릉대 국문과 교수. 한국문학교육학회 회장. 저서로 『문학교육론』(공저) 『한국 근대일인칭소설연구』 『한국현대문학의 해석과 지평』 『한국 현대소설의 미적 구조』 『다매체 문화와 사이버 소설』(공저) 『다매체 시대의 한국문학 연구』 『리근전 소설 연구』 등이 있다.